CONNEXIONS: Sach- & Adressbücher rund ums Reisen

SELBSTREISE-HANDBUCH BAND 2

pmv

CONNEXIONS-Leser sind vielseitig interessiert und neugierig auf Neues. Sie halten Ausschau nach ungewöhnlichen Reise-Ideen, wollen auch mal andere Wege gehen und dabei sich selbst etwas Gutes tun. Deshalb finden Sie in diesem umfassenden Ratgeber neben einführenden Themen von Profis überprüfte Informationen, reisepraktische Tipps und hunderterlei nützliche Adressen.

Band 1 für die Reisevorbereitung
lieferbar!
ISBN 3-89859-500-5

DER AUTOR

Norbert Lüdtke genießt es, langsam und über Land ferne Ziele anzusteuern. Es ist ihm wichtig, bei Reisebeginn nicht genau zu wissen, wie lange die Reise dauert und wohin sie führt. Viel Zeit verbrachte er in Afrika und Asien, entlang dem Nil und entlang den Seidenstraßen. Seit 1980 engagiert er sich in der Deutschen Zentrale für Globetrotter e.V. (DZG), er gründete das Archiv zur Geschichte des Individuellen Reisens (AGIR), www.reisegeschichte.de, und zuletzt den Förderverein der Freunde des Abenteuermuseums Saarbrücken e.V. (FAMS), www.abenteuermuseum.de.
Kontakt: Norbert@globetrotter.org, über die dzg oder den Verlag.

DER HERAUSGEBER

Die Deutsche Zentrale für Globetrotter e.V., dzg, wurde 1974 gegründet und ist mit etwa 800 Mitgliedern der größte ideelle Globetrotterclub Europas. Deren gesammelte Erfahrungen finden sich in den beiden Bänden des Selbstreise-Handbuches – und natürlich im Club. Mitglieder zahlen 30 Euro im Kalenderjahr. Info-Paket für fünf Euro in Briefmarken.
Kontakt: Postfach 301033, 40410 Düsseldorf, ✆ 0700/GLOBETROTTER bzw. 0700/45623876, vorstand@dzg.com, www.globetrotter.org.

CONNEXIONS

SELBSTREISE-HANDBUCH

Band 2
Für unterwegs

DEUTSCHE ZENTRALE
FÜR GLOBETROTTER E.V. (HRSG.)

VON NORBERT LÜDTKE

pmv

1. Auflage Frankfurt am Main 2002
PETER MEYER VERLAG

INHALT

Gute Reise!

Nach dem erfolgreichen Selbstreise-Handbuch Band 1, das mit Tausenden von Fakten, Adressen, Ideen und einem reisespezifischen Länderlexikon Ihrer Reisevorbereitung dient, kommt nun von der Profis den Deutschen Zentrale für Globetrotter das Praxis-Buch für unterwegs. Es könnte zu Ihrem wertvollsten Reisebegleiter werden: Denn es enthält rund 1200 konkrete und praxiserprobte Hinweise und Tipps, Checklisteneinträge, Tabellen für 136 Reisesituationen. Nur reisen müssen Sie selbst ...

- Für Ihre Reisen raten wir: Entwickeln Sie Ihren **eigenen Reisestil.**
- **Reisen Sie langsam** – Sie werden gelassener und stoßen weniger an, sehen mehr und fordern weniger. Ansprüche und Aufwand sinken, Reisekasse und Umwelt werden geschont.
- **Reisen Sie bescheiden** – Sie genießen Vorhandenes und vermeiden Sonderwünsche. Erfüllen Sie Ihre Wünsche mit einem geringeren Aufwand. Müssen Sie wirklich alles besitzen, was Ihnen gefällt?
- **Reisen Sie vorsichtig und vorausschauend!**

Das Selbstreise-Handbuch Band 2 liefert Ihnen das **Handwerkszeug.** Es hilft mit Checklisten, an alles zu denken, mit Tipps, Fehler zu vermeiden, mit Regeln, in vielen Situationen schnell zu handeln, mit Internetadressen, Hintergründe zu recherchieren und Handlungsalternativen zu entwickeln.

- Sie reisen jedoch auf **eigenes Risiko**. Benutzen Sie die Angaben dieses Buches maßvoll, handeln Sie frei und eigenverantwortlich.
- Es werden **Erfahrungen** beschrieben, die in Einzelfällen nützlich waren. Doch jede Situation ist neu. Kein Tipp und keine Regel gilt immer.
- Reisen bieten mancherlei Gelegenheit, sehr glücklich oder sehr unglücklich zu sein, denn das Gewohnte ist weit weg, die Sicherheit fehlt. Glücklich zu reisen heißt, die **Schönheit auch im Ungewohnten** und Fremden zu entdecken. Es liegt an Ihnen, welchen Weg Sie einschlagen.
- **Ihr Wissen und Können** müssen Sie in der Praxis selbst erproben.

Alle Hinweise wurden sorgfältig zusammengestellt. Das Thema ist jedoch unerschöpflich. Wir freuen uns über jeden Hinweis und nehmen ihn nach Prüfung gern in die nächste Auflage auf. Auf Ihre Anregungen, auf Lob und Kritik freuen sich alle Beteiligten, die Deutsche Zentrale für Globetrotter, Autor und Verlag.

Ein heißes Reiseherz und einen kühlen Kopf wünschen Ihnen
Norbert Lüdtke und die dzg

Die Deutsche Zentrale für Globetrotter (dzg)

Einem Globetrotter ist in einem längeren Lebensabschnitt das Reisen wichtiger als alles andere. Diese Erfahrung prägt fortan sein Leben. Auch wenn er nicht reist, ist er immer unterwegs. Die DZG wurde 1974 als Selbsthilfeorganisation leidenschaftlich Reisender gegründet und ist mit mehr als 800 Mitgliedern der größte ideelle Globetrotter-Club Europas.

Was bietet die DZG? Das Herz der DZG sind ihre Mitglieder – sie tauschen Informationen aus, treffen sich regional und zentral und gewähren einander Gastfreundschaft.

- www.globetrotter.org steht auch Nichtmitgliedern offen. Kleinanzeigen können aufgegeben werden. Links führen zu den Webseiten unserer Mitglieder und zu internationalen Globetrotterclubs.
- Mitgliederanfragen von unterwegs können in dringenden Fällen an alle Mitglieder mit eMail-Adressen weitergeleitet werden. So wurde schon manches Problem schnell gelöst.
- Viermal jährlich erscheint DER TROTTER, unsere *Clubzeitschrift*, mit jeweils etwa 128 Seiten voller Tipps und Tricks, Reiseberichte, Kleinanzeigen und Reisepartnergesuche, Buchbesprechungen …
- Zu Pfingsten treffen sich mehr als 300 Globetrotter mitten in Deutschland. Auf diesem *Jahrestreffen* werden Informationen aus erster Hand ausgetauscht, Diavorträge angeschaut, wird gegessen und gelacht. Nichtmitglieder sind zu dieser Veranstaltung herzlich eingeladen, Mitglieder zahlen einen ermäßigten Eintritt.
- In etwa 20 Städten finden *Regionaltreffen* statt, unter anderem im Abenteuermuseum Saarbrücken, www.abenteuermuseum.de. Auch dort sind neue Gesichter gern gesehen.
- Jedes Mitglied erhält ein *Mitgliederverzeichnis* mit den Adressen, den bereisten Ländern und speziellen Interessen der Mitglieder. So kann jeder jeden gezielt ansprechen und Fragen stellen. Das verlangt besondere Reiseerfahrung und die Bereitschaft sich mitzuteilen.

:-) **Befreundete Clubs** im deutschsprachigen Raum: Sahara Club e.V. www.sahara-club.de, Euro-Arabischer Freundschaftskreis e.V. EAF www.eaf-ev.de, Traveller Club Austria www.travellerclub.org, Globetrotter Club Schweiz www.globetrotter.ch, www.reisemobil-international.de/clubs, www.pfadi.ch

TIPP **Deutsche Zentrale für Globetrotter e.V., Postfach 301033, 40410 Düsseldorf, ✆ 0700/GLOBETROTTER, 0700/45623876, vorstand@dzg.com, www.globetrotter.org. Mitgliedsbeitrag 30 € im Kalenderjahr, Info-Paket für 5 € in Briefmarken.**

Globetrotter-Clubs weltweit

Die Deutsche Zentrale für Globetrotter e.V. (dzg) pflegt Kontakte zu anderen Globetrottervereinen und Organisationen in vielen Ländern. Dort erhält man unter Umständen Informationen, die auf anderen Wegen nicht zu beschaffen sind. Meist sind dies informelle Clubs ohne Büro, also empfiehlt sich die Kontaktaufnahme über Internet oder per Telefon.

:-) www.reisweb.nl, www.hobo.org

Amerika: South American Explorers Club, www.samexplo.org
Belgien: Wegwijzer Reisinfo www.wegwijzer.be, Taxi Stop www.taxistop.be
Dänemark: Globetrotterskolen Online A.S. Org www.globetrotters.org
Frankreich: Aventure de Bout du Monde www.abm.fr.
Großbritannien: Globetrotters Club www.globetrotters.co.uk,
Wexas International www.wexas.com,
Club 153 www.j.mann.taylor.clara.net/153.hmtl
Italien: Totem et Tabu, www.totemtabu.it
Japan: Trans Cyclist, Tokyo 100-91, Fax 0081/33402-5358
Niederlande: de Wereldfietser, NL, und de Vakantiefietser, B, Amsterdam, ✆ 0031/76/5652016, www.wereldfietser.nl, www.vakantiefietser.be
Nederlandse Globetrotters Organisatie, Almelo, Twente, ✆ 0031/546/827952;
Verenigung Senior Globetrotters, Oatmöske, Twente ✆ 0031/541/293447
Polen: Travel Bit, Andrzej Urbanik, Skr. Poczta 258, PL-30-965 Kraków, www.cybernet.krakow.pl/travelbit/
Russland: Moskauer Fahrradtouristenklub, Warschauer Chaussee 143-1-20, RUS-113405 Moskau, ✆ 007/95/9730625
Nirfi, 24/14B Pecherskaya Str., RUS-603600 Nizhny Nowgorod, ✆ 007/8312/366490, Fax -369902, uf@nirfi.nnov.su
North-Ossetian Sporting Tourist Club, Alexei Struchov, Kosta pr. 273, RUS 362030 Vladikvkaz, ✆ 007/8672-744103 Fax -749967
Cyclist Touring Club Orion, Pavel Protopopov, Volgograd, go.to/bccl, bikeclub@volgadmin.ru
Türkei: Gezginter Klubu, kural@sariyer.cc.itu.edu.tr
Tunesien: Club International des Grands Voyageurs, Rached Triméche, 26 Av. Bourguiba, 2013 Ben Arous, cigv-hq@planet.tn, www.cigv.com
Ukraine: Regionalnij Club Velotouristov Imeni Trawina, Alexej Potupin, Mikrorajon-5, 33-33, UA-313540 gor. Losowaja, Charkovskaja oblast, ✆ 00380-5745-74085

WELTWEIT INFORMIERT

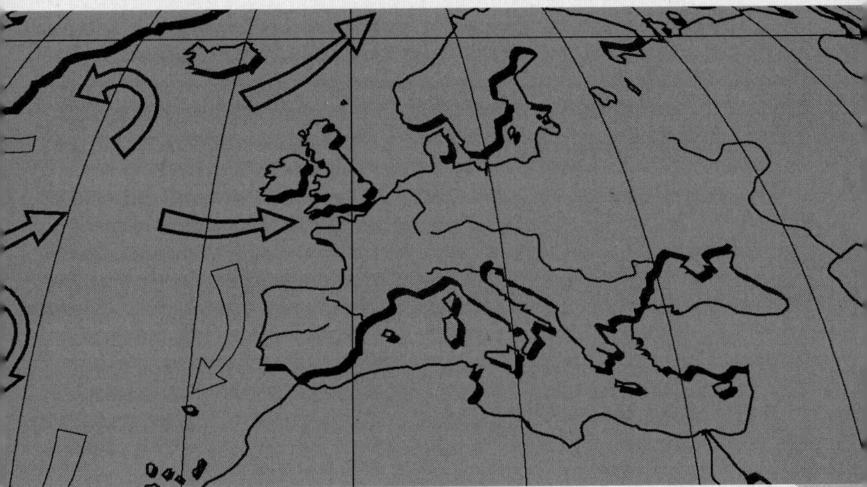

Den Reiseablauf planen

Realistische Tages- und Wochenpläne ersparen Stress, Hektik und Zwischenfälle. Tempo tötet jede Reiselust. Erst bei zwei Übernachtungen an einem Ort erleben Sie diesen Ort mindestens 24 Stunden lang, auch morgens, auch abends. Ein Ruhetag ist das dennoch nicht, denn es bedeutet ja: gestern bin ich angekommen, morgen fahre ich weiter, zwischendurch wird Wichtiges erledigt.

Geben Sie jedem Reisetag eine Funktion, das entspannt den Reiseablauf:

Fahrtage. Rechnen Sie mit Verspätungen bereits beim Aufbruch: Zimmer räumen und bezahlen, Taxi suchen oder tanken, zur Stadt hinaus finden ... Weitere Verzögerungen gibt es durch Hindernisse und Staus, Unfälle, Polizeikontrollen, Unbill des Wetters, Rush-hour, falsch abgebogen und Pannen ... irgendetwas stört immer.

- Gönnen Sie sich Pausen zum Orientieren, Essen und Trinken.
- Erledigen Sie 60 % des Tagespensums bis zur Mittagspause.
- Am Ziel sollten Sie besser einige Stunden vor Sonnenuntergang ankommen. Sie können sich bei Tageslicht leichter orientieren, die Geschäfte sind noch geöffnet, Hilfe ist noch verfügbar.

»Grenztage«. Für einen Grenzübergang benötigen Sie außerhalb der EU einige Stunden oder mehr, insbesondere mit dem eigenen Fahrzeug. Als Teilnehmer einer Gruppe oder eines Konvois bestimmt der Letzte das Tempo und bei irgendjemandem gibt es immer Probleme. Vielleicht ist auch gerade Mittagspause. Manche Zollämter sind nachts geschlossen, manche Grenzübergänge an Feiertagen oder Wochenenden. Denken Sie daran: Uhren & Kalender gehen in anderen Ländern oft anders [→ Seite 140].

- Übernachten Sie in Grenznähe, um anderntags die Grenze möglichst früh zu passieren. Danach müssen Sie Geld tauschen, sich neu orientieren, vielleicht das Verkehrsmittel wechseln.

Organisationstage liegen zwischen der Ankunft in einer Stadt und der Weiterfahrt. [→ Die Ankunft vorbereiten, Seite 80]

- Dazu brauchen Sie Ämter, Büros, Geschäfte. Nach Feierabend stehen Sie ebenso vor verschlossenen Türen wie an den ortsüblichen Wochenenden oder Feiertagen. Viel Zeit vergeht mit Warten. »Mal eben Geld

Geben Sie jedem Reisetag eine Funktion:

Reisetag	Datum	Wochentag	Art des Tages	Von ... nach/in
1.	13.9.	Fr.	Fahrtag	Berlin – Leck
2. – 3.	14. – 15.9.	Sa./So.	Aufenthalt	Leck
4.	16.9.	Mo.	Ruhetag	Niebüll – Föhr

wechseln« ist in vielen Ländern nicht möglich, das verlangt Lauferei und Geduld. Dann ist der halbe Tag vorbei und die Nerven liegen blank.

Aufenthaltstage sind frei für Kultur, Sport, Besuche, Wandern …

Ruhetage (mindestens 3 Übernachtungen) sind frei von Pflichten und Programmen. Zu Hause gönnen Sie sich ja auch Ihr Wochenende: lesen, am Strand abhängen, flanieren, im Meer dümpeln, ausschlafen …

Reservetage sind für all das Unvorhergesehene: geschlossene Grenzen, Feste, verpasste Züge, Nebel am Flughafen, Ärger mit der Polizei, Unfall, Krankheit … Vielleicht gefällt es Ihnen auch so gut, dass Sie länger bleiben möchten. Ohne Reserve geht das nicht.

Erstellen Sie sich Ihre Wunschroute an Hand von Karte und Kalender:

- Für jede Fahrt in eine andere Stadt, zu einem entfernteren Ziel einen Tag. Vermeiden Sie zwei Fahrtage hintereinander.
- Für jeden Grenzübertritt einen Tag.
- Für jede größere Stadt mindestens einen Organisationstag.
- Pro Woche einen Ruhetag und einen Reservetag.
- Die übrig bleibenden Tage sind Aufenthaltstage.

Optimieren Sie Ihren Plan, wenn er nicht passt:

- Verlängern Sie die Reise oder streichen Sie Länder bzw. Orte.
- Orte zu streichen spart Aufenthalte, verlängert aber die Fahrtage.
- Nachtfahrten sind je nach Verkehrsmittel mehr oder weniger belastend, erhöhen aber das Tempo.
- Entlasten Sie die Fahrtage und fahren Sie außerhalb der Rush-hour.
- Legen Sie Grenz- und Organisationstage nicht auf Feiertage oder Wochenenden.

Ein **hohes Reisetempo** ist teuer, konfliktreich und verbunden mit:

- viel Organisation, (vor)schnellen Entschlüssen;
- vielen verschiedenen Unterkünften und kurzen Aufenthalten;
- hohem Materialverschleiß beim eigenen Verkehrsmittel;
- hoher nervlicher Belastung mit wenig Ruhephasen;
- oberflächlichen Kontakten zu den Menschen.

TIPP **Viele Reiseprobleme entstehen durch Rasen. Langsames Reisen schont Nerven, Umwelt und bringt Sie Land und Menschen näher.**

Strecke (km oder Zeit)	Verkehrsmittel	Besondere Tagesinhalte
6 Std.	Auto	am Abend Deichwandern
	Fahrrad	Niebüll/Nolde-Museum anschauen
1 Std.	Fähre, Rad	Faulenzen am Strand

WELTWEIT INFORMIERT

Informationsquellen

Reisende haben ähnliche Probleme, bewerten die gleichen Informationen jedoch individuell verschieden. Für Low-Budget- oder Genussreisende, junge oder alte Reisende sind »gut« oder »billig« eben eine Frage der Perspektive.

Regierungen führen Listen mit ihren weltweiten Vertretungen und informieren mit dem *Auswärtigen Amt* über andere Länder. Vergleichen Sie die Einschätzungen verschiedener Quellen:

:-) www.auswaertiges-amt.de, www.bmaa.gv.at, www.fco.gov.uk/travel, www.eda.admin.ch, http://travel.state.gov/travel_warnings.html, www.odci.gov/cia/publications/factbook/index.html

Die **Touristeninformation** will, dass Sie ein möglichst gutes Bild des Landes erhalten und dass Stadt oder Land an Ihnen verdienen. Staatliche Angebote werden bevorzugt, erwarten Sie keine Schnäppchen. Vielleicht gibt es ein Unterkunftsverzeichnis, einen Stadtplan, Fahrpläne, Empfehlungen, Adressen ... Selbst wenn es an Schriftlichem mangelt, konzentriert sich hier die Information. Bedenken Sie jedoch: In vielen so genannten Dritte-Welt-Ländern sowie abseits normaler Touristenpfade gibt es keine Touristenbüros.

:-) www.mbnet.mb.ca/lucas/travel, www.towd.com, www.officialtravelinfo.com, www.reisetraeume.de

Europäische Kulturinstitute und Außenhandelskammern finden Sie in vielen Ländern: 118 *Goethe-Institute* (in Indien als *Max-Mueller-Bhavan*), 243 *british councils* ...

:-) www.goethe.de, www.britishcouncil.org, www.diht.de

Non-Profit- oder Non-Government-Organisationen (NGO) haben ebenso wie Firmenvertretungen eine eigene Logistik, Infrastruktur und Informationsquellen. In Notfällen mag das hilfreich sein.

:-) www.rettungsdienst.de, www.hilfsorganisationen.de, www.ifrc.org, www.contact.org, www.gtz.de

Die **Telefonauskunft** ist unerschöpflich. In den USA erreicht man unter 1-800-555-1212 alle kostenlosen 1-800er Nummern.

:-) www.teleauskunft.de, www.etb.at, www.teldir.com

Normale Bürger beantworten kompetent Fragen zu alltäglichen Problemen, also etwa zu Preisen, Geschäften, Werkstätten, lokalen Verkehrsverbindungen, Freizeitaktivitäten, Ärzten ...

:-) www.wer-weiss-was.de, www.wissensnetz.de

Taxifahrern ist nichts Menschliches fremd. Sie sind Spezialisten für inoffizielle Lösungen, an denen sie auch etwas verdienen können.

Guides [→ Guides, Seite 88] sind meist einheimische Spezialisten für touristische Belange. Außerdem vertreten sie eigene Interessen und die ihrer Verwandten und Bekannten. Auskünfte und Empfehlungen sind oft einseitig oder unvollständig. Überprüfen Sie das aus einer anderen Quelle.

Expatriats, Expats leben aus beruflichen Gründen im Ausland, kennen einander und bilden Kolonien: Deutsche, Österreicher, Schweizer ... Dort wird Freizeit gestaltet und der Alltag erleichtert. Hier findet man Zugang zu Firmen, Botschaften, NGOs ...und deren Möglichkeiten.

:-) www.magernetz.de/ida

Im **Internet** finden Sie *private Reiseberichte* unter:

:-) www.derreisetipp.de, www.reiseerlebnis.de, www.pervan.de, http://1001-reiseberichte.de, www.reiseberichte-aus-aller-welt.de

- Im Internet finden Sie *Newsgroups,* also Schwarze Bretter mit Nachrichten, Fragen und Antworten, auch zum Thema Reisen, meist mit der Endung .rec (Hobbies, Freizeit) oder .misc (diverse Themen).

:-) www.news-group.de, de.rec.reisen.misc

- Manche Websites beantworten *Frequently Asked Questions,* FAQ.
- Und falls Sie selbst eine *eigene Domain* einrichten möchten:

:-) www.denic.de, www.domain-agent.de, www.greatdomain.com, www.domain-recht.de, www.netlaw.de

Viele Reiseführerverlage bieten auf ihrer Webseite Aktualisierungen.

:-) www.lonelyplanet.com, www.roughguides.com, www.footprintbooks.com, www.moon.com, www.ulysse.ca, www.loose-verlag.de, www.derreisefuehrer.com, www.reise-know-how.de, www.PeterMeyerVerlag.de

Über Internet sind **Radio, TV, Presse** in der Heimat zugänglich, die die Berichterstattung einheimischer Medien oft kontrastieren:

:-) www.dwelle.de, www.dradio.de, www.bbc.co.uk, www.orf.at

:-) TV: www.ard.de, www.zdf.de, www.tagesschau.de

:-) Presse: www.taz.de, www.faz.de, www.spiegel.de, www.zeit.de, www.nzz.ch, www.diepresse.at

:-) Suchmaschine: http://paperball.de

Deutsche Literatur: Seit Wochen oder Monaten kein deutsches Wort mehr gelesen? Sehnsucht nach guter Literatur? Fast 200.000 Seiten einiger hundert Autoren, auch Reise- und Abenteuerliteratur von: Johann G. Seume, Mark Twain, Jules Verne, London, Gerstäcker, Sealsfield, Schnabel ...:

:-) www.gutenberg.aol.de, www.carpe.com

:-) Bei Streitfragen oder purer Neugier finden Sie **Lexika** und Bücher: www.iicm.edu/meyers, www.britannica.com, www.interlexikon.de, http://wissensnavigator.europop.net, www.infoball.de führt in 600 Bibliotheken und Datenbanken www.xipolis.net, www.wissen.de

Informationen bewerten

Viel schlimmer als keine Information ist eine falsche Information. Doch was soll man glauben? Auf welcher Grundlage sich entscheiden?

Zwei Methoden können angemessen sein:

- Gezielt allen Informationen ausweichen und eigene Erfahrungen machen. Neugier und Instinkt, Wünsche und Vorstellungen sind Handlungs leitend. Hinfahren und mit dem Risiko leben. Dazu gehört das »Prinzip der kleinsten Abbiegung«, also immer dem kleineren von zwei Wegen zu folgen. Anders formuliert: »Vermeide es, das zu tun, was alle tun.«
Diese Methode verlangt viel Reiseerfahrung und einen guten Instinkt für Gefahren. Sie ist aber keine Aufforderung zum Leichtsinn.
- Möglichst viele Informationen sammeln und die Quellen bewerten. Das ist anstrengend und verlangt kühles Abwägen. Eine daraus resultierende Entscheidung wird rational begründbar.

Bereits mit Ihrer **Fragetechnik** beeinflussen Sie die Antworten Ihres Gegenübers:

- ▶ Vermeiden Sie geschlossene Fragen wie: »Geht es hier zum Bahnhof?« Manch einer antwortet höflich oder unbedacht mit »Ja«.
- ▶ Fragen Sie möglichst nicht »Wie weit ist es?«, sondern »Wie lange benötigt man?« Fahr- oder Gehzeiten sind den meisten Menschen vertrauter als Entfernungsangaben.
- ▶ Fragen Sie klar, kurz, offen: »Wie komme ich zum Bahnhof?«
- ▶ Die zweite Frage kann dann vertiefend auf Varianten zielen: »Welches ist der schnellste, kürzeste, sicherste Weg?«
- ▶ Bestehen Sie auf einer klaren Antwort. Haken Sie nach. Lassen Sie sich die Antwort aufschreiben. Lassen Sie Ihr Unverständnis deutlich erkennen, vielleicht bekommen Sie den Weg gezeigt.
- ▶ Verlassen Sie sich nie auf nur eine Auskunft.
- ▶ Interpretieren Sie Mimik oder Gesten nicht unhinterfragt als Antwort – Körpersprache ist bereits in unserer vertrauten Umgebung vieldeutig.
- ▶ Zeigen Sie weder Reiseführer noch Landkarte. Der Befragte findet das dann vielleicht so interessant, dass er Ihre Frage vergisst.

TIPP **Stellen Sie kurze, klare, offene Fragen und sichern Sie die Antwort über eine zweite Informationsquelle ab. Bewerten Sie Informationen nach deren Quelle und Aktualität, nach deren Perspektive und Eigeninteressen.**

TIPP In vielen Kulturen gilt ein »Nein« als unhöflich, man möchte den Frager nicht enttäuschen, wendet sich wortlos ab, antwortet blumig. In solchen Ländern werden Sie häufig beschönigende Antworten erhalten: bald, nur 100 Meter, nur 5 Minuten ... In vielen Ländern und bei vielen Menschen werden Sie auf ein Zeitgefühl stoßen, das nicht vom städtischen Rhythmus geprägt ist und das nicht der Effektivität höchste Priorität einräumt. Zugrunde liegen dann ein anderes Zeitempfinden und Weltverständnis. Die Frage »Wie weit ...« wird möglicherweise beantwortet mit »fünf Minuten« (also weniger als eine Stunde), mit »nicht weit« (also eine Strecke, die sich zwischen 2 Mahlzeiten gehen lässt) oder mit »weit« (also eine Strecke, die eine Übernachtung erfordert).

Folgende Kriterien helfen, den **Informationsgehalt** zu erkennen:

- Informationen müssen aktuell sein – also erfragen Sie das Alter.
- Informationen müssen nützlich sein – also den eigenen Interessen und Zielen dienen.
- Informationen müssen Handlungen ermöglichen – also das Wer? Wie? Was? Wo? Wann? konkret beantworten.
- Informationen müssen wahr sein – Ist die Informationsquelle vertrauenswürdig? Verwechseln Sie das nicht mit sympathisch!
- Hintergründe, Theorien und Vermutungen mögen als Gesprächsstoff interessant sein – aber helfen sie praktisch weiter?

Folgende Formulierungsarten lassen auf den Grad der **Objektivität, Kompetenz und Verlässlichkeit** des Informanten schließen:

- *Gerüchte* (Es soll ...) entstehen nicht ohne Grund – aber deswegen sind sie noch lange nicht wahr.
- *Meinungen* (Ich meine ...) und Einstellungen (Ich glaube ...) spiegeln eine subjektive Wirklichkeit und sind nicht objektiv.
- *Pauschalisierungen* (Die Inder ...) und *Vorurteile* (Alle ... sind immer/ nie ...) zeugen von Oberflächlichlichkeit und Gedankenlosigkeit oder gar von Ressentiments und Rasissmus.
- *Vermutungen* (Vielleicht ...) sollen Mut machen und trösten – aber auf welcher Basis?

:-) www.infoprovider.de, www.rog.at

Brief & Fax

Gestalten Sie Ihre Briefe unauffällig. Halb offene und dicke Briefe reizen die Neugier Unbefugter. Sie brauchen unterwegs: einen schwarzen Stift, Faxnummern und Briefmarken von zu Hause.

- Misstrauen Sie *Briefkästen.*
- Lassen Sie Ihre Post im Postamt sofort *abstempeln.* Es kommt vor, dass Briefmarken abgelöst und erneut verkauft werden.
- Stecken Sie *Briefmarken von zu Hause* ein und geben Sie Briefe oder belichtete Filme anderen Rückreisenden mit. Die können frankierte Briefe nach der Ankunft am Flughafen in den heimischen Postkasten werfen.
- Wenn Sie *postlagernde Briefe* abholen, können diese auch unter dem Vornamen, unter »Herr« oder »Frau« abgelegt sein.
- Auch *Einschreiben* werden mit der normalen Post befördert, weder sicherer noch schneller. Sie erhalten lediglich einen Einlieferungsbeleg.

Wie formuliere ich richtig?

Briefe, auch offizielle, beginnen *im Englischen* mit »Dear ...« Männer werden mit »Mr. X«, verheiratete Frauen mit »Mrs. X«, unverheiratete Frauen mit »Miss X« angeschrieben, zunehmend gilt ein »Ms. X« für Frauen. Die Schlussformel lautet »Kind regards« oder »Greetings«.
Im Französischen beginnen offizielle Briefe mit »Monsieur le Directeur«, »Monsieur« oder »Cher Monsieur« bzw. »Madame/Mademoiselle«. Der Nachname wird nicht geschrieben, Abkürzungen wie M., Mme., Mlle. sind unhöflich. Nach einem Komma beginnt der Brieftext. Er endet mit »Je vous en prie d'agréer, ... (Anrede wiederholen) ..., mes salutations les plus distinguées«, Unterschrift.

Geben Sie die **Faxnummer** Ihres Hotels nach Hause durch. Wenn Ihre Lieben kein Faxgerät besitzen, vereinbaren Sie vor der Reise einen Faxkontakt mit Nachbarn oder Verwandten. Ein schwarzer Stift verbessert die Übertragungsqualität, Rot ist unlesbar. Das Fax sollte enthalten:

- ❑ Name des Hotels und Zimmernummer (Room No. ...)
- ❑ Name des Adressaten (To Mr./Mrs. ...) und eigene Faxnummer
- ❑ Anzahl der Seiten (Number of pages ...) und Datum

Unter Umständen lohnt sich eine »**Fax & Voice message box**«. Nachrichten können an eine deutsche Telefonnummer geschickt werden, die sie von jedem Telefon der Welt aus abrufen können. [→ eMail Seite 22]

:-) www.jfax.com, www.faxundfertig.de/free, http://f2m.xpedite.de, www.posttipp.de, www.postag.de; kostenlose Grußkarten per eMail: www.123.greetings.com

Telefon

Die Wahl des geeigneten Telefonverfahrens kann Ihnen Kosten ersparen:

TIPP **Erkundigen Sie sich im Land nach den günstigsten Tarifen.**

- Telefonkarten enthalten ein Guthaben **(PrePaid-Card)**, das verbraucht werden kann. Manche sind aufladbar, die Systeme variieren.
- Kreditkarteninstitute und Telefongesellschaften wie Telekom, AT & T, bieten eine **Calling-Card** mit PIN. Sie rufen eine kostenlose Nummer der Telefongesellschaft an, geben Ihre Kreditkartennummer bzw. PIN an und wählen dann Ihre Zielnummer. Das funktioniert fast weltweit, lohnt sich aber besonders in den USA. Abgerechnet wird über das Konto der Kreditkarte.
- Beim **Call-Back-Verfahren** beantragen Sie ein Konto und geben eine Nummer an, unter der Sie dauerhaft zu erreichen sind. Dann rufen Sie eine Nummer in den USA an, lassen zwei Mal klingeln und legen auf. Wenig später ruft der Call-Back-Dienst zurück. Sie nehmen ab, hören ein Freizeichen und können zu günstigen Tarifen telefonieren.
- Sie wählen die Nummer der Telefongesellschaft oder eines Operators und melden ein **R-Gespräch** (Collect-Call) an. Die klären mit dem gewünschten Gesprächspartner, ob er die Kosten für das Gespräch übernimmt und stellen dann durch. Meist ist dieses Verfahren sehr teuer.

Öffentliche Telefone, die das Internationale Direktwahlverfahren (IDD) nutzen, ermöglichen internationale Gespräche. In manchen Ländern werfen Sie statt der Münzen Jetons ein, in anderen gibt es »Telefonläden«.

- ▶ Mit dem »Country-access-Code« kommen Sie ins internationale Netz, meist mit »00«, in den USA gilt »011«. Möglicherweise müssen Sie sich über einen Operator freischalten lassen.
- ▶ Mit dem »Country-Code« bestimmen Sie nun das Zielland, also 49 für Deutschland, 43 für Österreich, 41 für die Schweiz …
- ▶ Es folgt der City-Code für die Stadt ohne die führende Null und
- ▶ schließlich die Nummer des Teilnehmers.

:-) www.preiswert-telefonieren.de
:-) Vorwahlen weltweit: www.escapeartist.com/global1/directories.htm
:-) Gelbe Seiten weltweit: www.whowhere.lycos.com

Mobilfunkgeräte (»Handys«)

Die vier weltweiten Netze und etliche regionale unterscheiden sich durch die Reichweite, die verwendeten Basisstationen, deren Dichte und durch die benutzten Frequenzbänder. Die umgangssprachlichen Bezeichnungen für die Frequenzbänder variieren von Land zu Land.

- **GSM 900 MHz** hat höhere Reichweiten und ist daher in ländlichen Gebieten weiter verbreitet. Mit Ausnahmen von Schluchten und Hochplateaus bietet es in Deutschland überall, in Österreich fast überall Anschluss (Deutschland: D1, D2, Österreich: A1 Mobil, Schweiz: PTT).
- **GSM 1800 MHz** wird mit kürzeren Reichweiten vorwiegend in städtischem Gebiet eingesetzt, so dass auf dem Land keine Verbindung zustande kommt. Manche Ländern bauen dieses Netz nur langsam aus. Viele GSM 1800-Geräte können für GSM 1900 freigeschaltet werden.
- **GSM 1900 MHz** ist einer der US-Standards. GSM 1900-Geräte sind fast immer auch GSM 1800-tauglich.
- 370 Millionen GSM-Teilnehmer gibt es weltweit mit stark steigender Tendenz. Nur in den USA ist das System selten. Die amerikanischen Handys arbeiten ohne SIM-Karte, SMS wird fast nicht genutzt.
- **Satellitengeräte** versuchen zunächst die Einwahl in GSM 900, 1800 oder 1900. Erst bei Misserfolg wird die teure Verbindung über Satellit aufgebaut. Sie sind meist teuer und schwer, eignen sich aber für abgelegene Stationen und Expeditionen in einsame Gebiete. Anbieter sind Iridium, Inmarsat, Thuraya.

Reichweite, Funkloch, Flächenabdeckung. Beim Telefonieren sucht das Handy Kontakt zur nächsten Basisstation des Netzes. In einem »Funkloch« ist der Abstand zur nächsten Basisstation zu groß. Die von den Firmen angegebene »Prozent Flächendeckung« ist irreführend, da sie sich meist nicht auf die Fläche, sondern auf den erreichten prozentualen Anteil der Bevölkerung bezieht. Die leben aber meist in Städten. Die maximale Distanz zwischen Mobilfunkgerät und Basisstation beträgt:

- im bebauten Gelände: GSM 1800: 400 m, GSM 900: 2 km
- In freiem Gelände kann sich die Reichweite verzehnfachen.
- Im dichten Wald fällt GSM 1800 nahezu aus. GSM 900 reicht einige hundert Meter weit.

Kriterien zur Geräteauswahl. Die Sendeleistung eines Handys beträgt maximal 2 Watt für GSM 900, 1 Watt für GSM 1800. Bei schlechtem Empfang steigt

TIPP **Speichern Sie Nummern mit »+« statt »00«. Der landeseigene »Country-Access-Code« wird dann automatisch ergänzt.**

der Stromverbrauch, die Bereitschaftszeit sinkt erheblich, die Sprechzeit kaum. Beurteilen Sie ein Mobilfunkgerät:

> **TIPP** Handy heißt »cellular ...« (USA) oder »mobile phone« (UK), miniphone (ital.) etc.

- Sprechzeit und Bereitschaftszeit;
- Empfangsqualität;
- Betriebssicherheit: wasserfest, staubdicht, stoßfest;
- Bedienungssicherheit auch mit kalten Fingern. Die Ein-/Austasten sollten abgedeckt bzw. versenkbar sein, um versehentliches Einschalten und unnötigen Stromverbrauch zu vermeiden.
- Reserveakkus haben oft eine höhere Kapazität als die installierten Akkus. Lithium-Ionen- oder Nickel-Metallhybrid-Akkus sind besser als andere; erstere sind jedoch kälteempfindlich.

Kosten. Die SIM-Karte im Gerät speichert die Abrechnungsdaten. Im Kartenvertrag mit einem Provider wird festgelegt:

- die Vertragsdauer und monatliche Grundgebühr,
- die Gebühr pro Minute, eventuell mit Zeitstaffel,
- der Zuschuss für das Handy,
- die auf der Karte gespeicherte Rufnummer,
- die »Roaming-Gebühr« für Auslandsverbindungen.

Energiesparen verlängert die Nutzungsdauer zwischen dem Laden:

- Gerät für längere Phasen ausschalten, z.B. über Nacht.
- Beleuchtung und Zelleninfo/CellBroadcast ausschalten.
- Akkus halten länger, wenn sie möglichst ganz entladen und dann wieder ganz geladen werden. Lithium-Akkus jedoch nie völlig entladen.
- Tragen Sie in kalten Gegenden das Gerät am Körper, da kalte Akkus kaum noch Strom abgeben.
- www.handy.de, www.callmagazin.de (Tarifvergleich); Satellitentelefone: www.inmarsat.org, www.iridium.com, www.thuraya.de

:-) Abdeckungskarten, Länder und Provider: www.gsmworld.com, www.gsmdata.com; LPD/FreeNet/Amateurfunk, www.yaesu.com, www.icomeurope.com, www.alinco.de, www.darc.de

Mobilfunk-Anbieter

Netzbetreiber	Hotline	Fax	Internet
T-D1	01803/302202	01805/225171	www.t-d1.de
D2	0800/1721212	02102/986575	www.d2privat.de
E-Plus	0177/1000	0331/7003130	www.eplus.de
Viag Interkom	0800/5522255	0800/5522266	www.viaginterkom.de
A1			www.mobilkom.at
mobil			www.maxmobil.at
Austria one			www.one.at
PTT			www.ptt.de

Telefonieren im Ausland

Das Handy nutzt das stärkste vorhandene Netz, nicht das billigste, doch Sie können das manuell ändern. Auch bei Telefonaten in Grenznähe kann der Ruf über eine Basisstation auf der anderen Seite der Grenze gehen. Dann entstehen Roaming-Gebühren!

> **TIPP** Gut für unterwegs: Telefonnummer des Netzbetreibers, Handy-, Karten- und Seriennummer; Adapterstecker für das Ladegerät oder ein Akku-Ladegerät mit Solarmodul.

Gespräche aus dem Ausland sind mit dem Handy möglich, wenn ...

- ❑ dort ein Netz mit demselben Standard betrieben wird;
- ❑ die Netzbetreiber beider Länder ein »Roaming-Abkommen« haben;
- ❑ das Handy mit den vorhandenen Netzen klarkommt. Dualbandtaugliche Geräte arbeiten mit 2, Triplebandgeräte mit 3 Netzen.
- ▶ Es ist billiger im Land eine Prepaid-Karte zu kaufen statt die eingebaute SIM-Karte zu nutzen. Die genauen Kosten entnehmen Sie der Tarifübersicht Ihres Providers.

Fall 1: Beim Telefonieren innerhalb des anderen Landes entstehen

- Verbindungsgebühren des ausländischen Netzbetreibers sowie Roaminggebühren

Fall 2: Beim Telefonieren vom Ausland in ein anderes Land entstehen:

- Verbindungsgebühren des ersten ausländischen Netzbetreibers
- Bearbeitungsaufschlag des zweiten ausländischen Netzbetreibers
- Roaminggebühren

Fall 3: Wer im Ausland aus einem anderen Land angerufen wird, zahlt:

- den Auslandstarif des heimischen Netzbetreibers.

Bei **Rufumleitungen** auf das Handy im Ausland entstehen:

- die Kosten für den Anruf sowie
- die Weiterleitungsgebühren zu Ihrem Handy.

Es ist oft kostenlos, Anrufe auf die **Mailbox,** also den Mobilbox-Anrufbeantworter umzuleiten, wenn dies noch im Heimatland geschieht. Stellen Sie Ihr Gerät erst im Ausland um, kommen alle Anrufe zunächst kostenpflichtig zum Handy und werden dann erst auf die Mailbox geleitet. Schalten Sie die Rufumleitung auf »alle Anrufe umleiten«. Eine SMS informiert Sie, ob eine Nachricht hinterlegt wurde. Bei Rufumleitungen bei »Besetzt«, »Nicht erreichbar« oder »Nicht antworten« geht der Ruf zunächst ans Handy, dann wieder zurück. Das kostet:

- die Weiterleitungsgebühren zu Ihrem Handy
- die Kosten für die Rückverbindung zu Ihrer Mailbox
- Roaminggebühr

Die **Abfrage des Anrufbeantworters** aus dem Ausland kostet Roaminggebühren. Geben Sie ein:

- die Nummer des heimischen Netzbetreibers
- die Handynummer ohne Vorwahl und die PIN

Einige Länder verlangen im Auto eine **Freisprecheinrichtung** für das Handy. Die Geräte müssen fest gehaltert oder per Spracherkennung bedienbar sein. Sie sollten einen Anschluss für eine Außenantenne haben, das verbessert die Qualität und schützt vor schädlicher Strahlung.

- *Head-Sets* sind preiswert, doch technisch oft unausgereift und benötigen ein Handy-Anschlusskabel.
- *Plug-and-play-Anlagen* nutzen das eigene Handy in verschiedenen Fahrzeugen. Sie werden aufgehängt, am Zigarettenanzünder eingesteckt und arbeiten über Lautsprecher; meist ist dennoch höherer Einbauaufwand nötig, Kabelsalat ist unvermeidbar.
- *Festeingebaute Geräte* sind professionell ausgestattet, teuer und aufwändig zu installieren. Für ein neues Telefon muss meist eine neue Anlage eingebaut werden.

In Europa gilt eine **Notrufnummer,** meist 112, auf allen Netzen. Notrufe haben Priorität, werfen andere Nutzer aus dem Netz und werden zur Notrufzentrale weitergeleitet. Halten Sie die Verbindung aufrecht, da ein Rückruf vielleicht unmöglich ist und beim nächsten Anruf eine andere Notrufzentrale abnehmen kann. Das funktioniert auch im Ausland mit einem nicht angemeldeten Handy ohne PIN. Das Handy könnte theoretisch geortet werden, praktisch geschieht das aber nicht. Geben Sie die lokalen Notrufnummern ein. Wenn kein Missbrauch droht, schalten Sie die PIN-Abfrage aus. Im Notfall mag das ganz nützlich sein.

:-) www.mobilfunk-guenstiger.de, www.teltarif.de

TIPP **Auf Antrag schalten die Mobilfunkbetreiber das Handy-Gateway zum Empfangen und Senden von eMails frei. Zum Senden geben Sie ein: eMail-Adresse (@ = *), Leerzeichen, Mitteilung, Sendetaste betätigen, Zahlencode des jeweiligen Funknetzes eingeben, Sendetaste betätigen.**

eMail & Mailbox

Viele Firmen und Organisationen (www.kostenlos.de) bieten kostenlose eMailadressen an. So erhalten z.B. Mitglieder der Deutschen Zentrale für Globetrotter (dzg) eine eMailadresse der Form Name@globetrotter.org. Damit verbunden ist ein elektronisches Postfach auf einem Computer des Anbieters. Von jedem Computer der Welt erreichen Sie das Postfach zum Ortstarif mit einer Internetverbindung zu Providern wie GMX, Hotmail, web.de … Viele dieser Provider finanzieren sich über Werbung. Das verlängert die Benutzerzeiten und kostet Gebühren. Für Langzeitreisende sind die Nutzerbedingungen besonders wichtig, denn manche Provider löschen Nachrichten automatisch nach 30 Tagen, andere erlauben nur eine bestimmte Datenmenge oder verbieten Anhänge (*attachments*).

Wenn Sie Ihr Postfach erreichen wollen, geben Sie im **Internetbrowser** (Netscape Communicator oder Internet Explorer) ein:

- Die Adresse (URL) Ihres eMail-Providers, also etwa www.gmx.de
- Ihre eigene eMailadresse, also etwa Peter.Musterfrau@gmx.de
- Ein Passwort, also z.B. Spaghetti
- Nutzen Sie Ihr Postfach als Büro: Sie können dort etwa Adressen und Texte speichern und unterwegs abrufen.

:-) www.gmx.de, www.hotmail.com, www.topmail.de, www.web.de, www.travelmail.de

Ohne Browser können Sie ein **eMail-Programm** benutzen, z.B. Outlook Express, Eudora (www.eudora.com) oder Pegasus (www.pegasus.usa.com) … Die Programme müssen auf die gleichen Übertragungsweisen eingestellt werden: zum Senden SMTP (*Simple Mail Transfer Protocoll*), zum Senden und Empfangen POP (*Post Office Protocol*) oder IMAP (*Internet Message Access Protocol*).

Nehmen Sie eMailadressen von Freunden, Behörden, Versicherungen mit. Das **Senden einer eMail** erfordert folgende Eingaben:

- ❑ **An/To:** Die Zieladresse, also etwa Peter.Pan@globetrotter.org
- ❑ **Cc** (*Carbon Copy*): Adressaten erhalten eine Kopie der Nachricht
- ❑ **Bcc** (*Blind Carbon Copy*): Die Adressaten der eMail werden nicht mitversendet und erfahren nichts voneinander
- ❑ **Betreff**: Ein aussagekräftiges Stichwort hilft dem Empfänger
- ❑ Im **Textfeld** der eMail sollten Sie Sonderzeichen der deutschen Schriftsprache vermeiden, also: ae statt ä, ue (ü), oe (ö), ss (ß)
- ❑ Als **Anhang** (*attachment*) lassen sich der eMail andere Dateien beifügen, z.B. Grafiken, Word- oder Exceldateien. Sicherer ist es, die darin enthaltenen Textinformationen in die eMail zu kopieren.

- **Internetverbindungen** sind schwierig, wenn mehrmals am Tag der Strom ausfällt – dann sind ungespeicherte Daten verloren. Auch muss die Telefonverbindung eine Mindestqualität aufweisen.
- Die **Computertastatur** bereitet in Ländern mit anderen Schriften Probleme, wenn beispielsweise die Taste »A« mit einem anderen Zeichen belegt ist. Meist kann der Service im Internetcafe die Tastatur umstellen. Falls das nicht gelingt, benutzen Sie den ASCII-Code. Jedes Zeichen ist darin international als dreistellige Nummer definiert. Die ASCII-Zeichen von 128 bis 255 sind leider nicht immer einheitlich belegt.
- eMailprovider vergeben meist auch eine **UMS-Nummer** (*Unified Messaging Service* = Telefonnummer einer Mailbox) mit PIN. Die Mailbox empfängt eMails, Telefonate, Faxe oder SMS (*Short Message Service*) und wandelt diese ineinander um. Jeder, dem Sie diese Nummer mitteilen, kann dort über Telefon eine Nachricht hinterlassen. Diese Nachricht können Sie per Telefon abhören oder als eMail abrufen. Über eingehende Nachrichten werden Sie auf Wunsch per SMS benachrichtigt.
- Die **IP-Telefonie,** also das Telefonieren über Internet, verbreitet sich langsam. Damit können Sie zum Ortstarif Ferngespräche führen.

:-) www.tariftip.de/sms.asp, www.vlf.net, www.sms.dialing.de

Übrigens gilt im Netz eine **Netiquette**:
- *Emoticons:* :-) Freude, :-(nicht lustig, ;-) Augenzwinkern, :-> Spott, Grinsen, :-o Staunen, 8-) lachender Brillenträger
- *Akronyme:* IMHO (in my humble opinion), OTOH (on the other hand), ROFL (rolling on the floor laughing), LOL (loughing out loud), AKA (also known as), SCNR (sorry, could not resist), RTFM (read the fucking manual), FYI (for your information), F2F (face to face), BTW (by the way), TIA (thanks in advance), AFK (away from keyboard), ASAP (as soon as possible), EOD (End of discussion), HAND (Have a nice day), CU (see you), CU2 (see you too)

Vorsicht im Netz:
- Versenden Sie eMails nur gezielt. Virenwarnungen und Kettenbriefe gelten als »spam« (stupid persons advertisement). Ob diese überhaupt stimmen, erfahren Sie bei www.hoax-info.de.
- Cookies können Sie im Systemverzeichnis löschen.
- Trojaner wie Back Orifice sammeln sicherheitsrelevante Daten.

TIPP **Beantragen Sie eine eMail-Adresse bei einem Provider, legen Sie dort einen eMail-Verteiler mit Adressen an. Per eMail können Sie schnell und billig Ihr Reisetagebuch verschicken, auch von unterwegs.**

ASCII-Zeichensatz

Zeichen	ASCII	Z.	ASCII	Z.	ASCII	Z.	ASCII	Z.	ASCII	Z.	ASCII
leer	32	G	71	n	110	•	149	¼	188	ã	227
!	33	H	72	o	111	–	150	½	189	ä	228
"	34	I	73	p	112	—	151	¾	190	å	229
#	35	J	74	q	113	˜	152	¿	191	æ	230
$	36	K	75	r	114	™	153	À	192	ç	231
%	37	L	76	s	115	š	154	Á	193	è	232
&	38	M	77	t	116	›	155	Â	194	é	233
'	39	N	78	u	117	œ	156	Ã	195	ê	234
(	40	O	79	v	118	_	157	Ä	196	ë	235
)	41	P	80	w	119	ž	158	Å	197	ì	236
*	42	Q	81	x	120	Ÿ	159	Æ	198	í	237
+	43	R	82	y	121		160	Ç	199	î	238
,	44	S	83	z	122	¡	161	È	200	ï	239
-	45	T	84	{	123	¢	162	É	201	ð	240
.	46	U	85	|	124	£	163	Ê	202	ñ	241
/	47	V	86	}	125		164	Ë	203	ò	242
0	48	W	87	~	126	¥	165	Ì	204	ó	243
1	49	X	88		128	¦	166	Í	205	ô	244
2	50	Y	89	(€	128)	§	167	Î	206	õ	245
3	51	Z	90	_	129	¨	168	Ï	207	ö	246
4	52	[	91	‚	130	©	169	Ð	208	÷	247
5	53	\	92	ƒ	131	ª	170	Ñ	209	ø	248
6	54	]	93	„	132	«	171	Ò	210	ù	249
7	55	^	94	…	133	¬	172	Ó	211	ú	250
8	56	_	95	†	134	-	173	Ô	212	û	251
9	57	`	96	‡	135	®	174	Õ	213	ü	252
:	58	a	97	ˆ	136	¯	175	Ö	214	ý	253
;	59	b	98	‰	137	°	176	×	215	Þ	254
<	60	c	99	Š	138	±	177	Ø	216	ÿ	255
=	61	d	100	‹	139	²	178	Ù	217		
>	62	e	101	Œ	140	³	179	Ú	218		
?	63	f	102	_	141	´	180	Û	219		
@	64	g	103	Ž	142	µ	181	Ü	220		
A	65	h	104	_	143	¶	182	Ý	221		
B	66	i	105	_	144	·	183	þ	222		
C	67	j	106	‘	145	¸	184	ß	223		
D	68	k	107	’	146	¹	185	à	224		
E	69	l	108	“	147	º	186	á	225		
F	70	m	109	”	148	»	187	â	226		

alt-Taste drücken und die betreffende Nummer am Ziffernblock eingeben.

Internet

Das Internet ermöglicht unterwegs die vertiefende Reiseplanung. Zugang zum Internet finden Sie unterwegs über Bekannte, in Reisebüros, mit einem eigenen Laptop oder im Internet-Café.

:-) www.cybercafe.com, www.netcafeguide.com, www.cybercaptive.com

Der **Laptop** benötigt Hardware- und Software-Verbindungen:

- Ihr ISDN-Anschluss wird meist nicht funktionieren. Nehmen Sie ein Modem mit, das in den betreffenden Ländern unterstützt wird sowie die passenden Steckerverbindungen.
- Fragen Sie Ihren Internet-Provider, ob »Roaming-Abkommen« mit Providern in Ihren Reiseländern bestehen. Dann zahlen Sie dort nämlich nur den ortsüblichen Telefontarif plus Roaminggebühr. Andernfalls müssen Sie einen »Urlaubs-Account« beantragen:

W-LAN (Wireless Local Areas network) verbindet den Laptop über das gebührenfreie 2,4-MHz-Band per Funk mit dem Internet. Weil die Sendeleistung etwa zehnfach geringer ist als die eines Handys, beschränkt sich die Anwendung auf Bereiche wie Uni, Flughafen, Hotel und ist dann meist Teil eines hauseigenen Telefonfunknetzes. Genutzt wird dafür das .

WAP (Wireless Application Protocoll) ermöglicht den Zugang ins Internet über ein Handy. Eine WAP-eMail muss aber abgerufen werden und meldet sich – anders als eine SMS-Nachricht – nicht von selbst. Der Internetzugang ist langsam und teuer.

:-) www.cybernet-ag.net, www.teldanet.de, www.nadamar.de, www.contrib.net, www.wapsites.de, www.waply.com

Das **Internet besteht aus vielen Netzen**, das bekannteste ist das *World Wide Web* (www). Jedes Teilsystem hat darin eine eindeutige Adresse URL (Uniform Resource Locator), z.B. www.globetrotter.org. Die Endung der Adresse verweist auf eine **»Top-Level-Domain«** wie:

- Country Code wie DE (Deutschland), AT (Österreich) ...,
- Generic Code wie COM (commercial), NET (Netzwerke), ORG (Organisation), BIZ (Business), COOP (Genossenschaften), AERO (Fluggesellschaften, Reisebüros, Flughäfen), INFO (Nachrichten), PRO (Professionelle, Berufe), MUSEUM, NAME (privat)
- Special Code wie GOV (government), INT (Internationale Organisationen), MIL (military), EDU (education ...)

Eine **URL** führt Sie zur Einstiegsseite des Anbieters, der homepage, von dort zu untergeordneten Dokumenten: www.dzg.com/vorstand ...

:-) www.internet-fuer-einsteiger.org, www.internet.com, www.www-kurs.de, www.aldea.com, www.vlib.org

Wie findet man eine Information im www, ohne die URL zu kennen?

- ▶ Verwenden Sie ein Internetportal des Interessengebietes wie etwa www.radreise.de. Reiseportale bieten zahlrciche links:

:-) www.reiseplanung.de, www.reiseservice.de, www.derreisetipp.de, www.reisemarkt.de, www.travelshop.de, www.reiselinks.de, www.fernweh.com, www.travel24.com, www.reiseroute.de, www.reiselinke.de, www.verreisen.de, www.kasbah.com, www.traxxx.de, www.idt.de

- ▶ Notieren Sie ihre Suchbegriffe im Singular, z.B. Fahrrad. Notieren Sie auch ähnliche und fremdsprachige Begriffe, Unter- und Oberbegriffe, wie: Zweirad, bike, Mountainbike, Verkehrsmittel ...
- ▶ Verwenden Sie einen Suchbegriff versuchsweise als Top-Level-domain, also: www.fahrrad.de, www.bike.org ...

In **Suchmaschinen** finden Sie listenbasierte Kataloge mit vorsortierten URLs in Suchbäumen (Metaindices).

:-) www.altavista.de, www.yahoo.de, www.alltheweb.com, www.lycos.de, www.google.de, www.suchfibel.de, www.web.de, http://searchenginewatch.com

- Suchmaschinen erlauben eine umfassendere und spezifierte Suche:
- ▶ Geben Sie den Suchbegriff und den Sprachraum für die Suche an. Sie werden vermutlich hunderte Treffer erhalten, nämlich jeden Text mit dem Wort »Fahrrad«, allerdings nach Prioritäten sortiert.
- ▶ Beschränken Sie die Suche auf einen spezifischeren Unterbegriff wie Mountainbike oder suchen Sie eine Begriffskombination wie Fahrrad und Berge. Dafür hat jede Suchmaschine eigene Regeln.
- ▶ Mit der Profisuche können Sie gezielte Dateitypen suchen (Bilder, Videos, Musik ...) oder die Aktualität der Informationen wählen.
- ▶ Oder Sie verwenden spezialisierte Suchmaschinen:

:-) www.iaf.net, Newsgroup: http://netnews.web.de/Touristik
eMail: www.suchen.de, http://mesa.rrzn.uni-hannover.de
Mailing-Listen www.kbx.de, Usenet: www.dejanews.com
Dateien: http://ftpsearch.lycos.com

Metasuchmaschinen nutzen zeitsparend mehrere Suchmaschinen.

:-) www.metacrawler.com, www.thebighub.com, www.metager.de, www.allonesearch.com, www.search.com

:-) http://info.cern.ch/hypertext/DataSources/bySubject/Overview.html, www.bsz-bw.de/links/auskunft.html, www.allwhois.com

- ▶ Eine gute website bietet auch eine Kontaktmöglichkeit. Falls nicht, senden Sie eine eMail an webmaster@..., info@... oder presse@...

Die Welt im Internet

Afghanistan http://afghan-reality.from.de
Ägypten www.aegypten-online.de
Albanien www.albanien.ch
Algerien www.algeria-tourism.org
Amerik. Jungferninseln www.usvi-on-line.com
Amerikanisch-Samoa www.samoanet.com
Andorra www.turisme.ad
Angola www.angola.org
Anguilla www.net.ai
Antarktis www.nerc-bas.ac.uk
Antigua/Barbuda www.antigua-barbuda.org
Argentinien Nord www.sectur.gov.ar
Arktis Grönland www.greenland-guide.dk
Armenien www.irex.am
Aruba niederländ. www.aruba.de
Äthiopien www.ethiopia.ottawa.on.ca
Australien www.links2australia.net, www.visit-southaustralia.com.au
Azoren www.drtacores.pt
Bahamas www.bahama-out-islands.com
Bahrain www.arab.net
Bangladesch www.bangladeshonline.com
Barbados www.barbados.org
Belgien www.visitbelgium.com
Belize www.belizenet.com
Benin www.westafrika.de
Bermuda www.bermudatourism.org
Bhutan www.kingdomofbhutan.com
Bolivien www.boliviaweb.com
Bosnien und Herzegowina www.bosnia.net
Botsuana www.botswana-tourism.gov.bw
Brasilien www.brasil-web.de
Brasilien/Alagoas www.fejal.com.br/tural/alagoas.html
Brasilien/Amazonas www.amazonia.org
Brasilien/Bahia www.salvador.ba.gov.br
Brasilien/Espírito Santo www.ecof.org.br/projetos/vitoria/estru.html
Brasilien/Maranhão www.maranhao.org
Brasilien/Mato Grosso do Sul www.pantanal-pocone.net
Brasilien/Minas Gerais www.mg.gov.br
Brasilien/Paraná www.pr.gov.br/celepar/seet
Brasilien/Pernambuco www.manrec.de
Brasilien/Piauí www.brasilien-piaui.de
Brasilien/Rio de Janeiro www.rionet.com.br
Brasilien/Rio Grande do Norte www.natal.de
Brasilien/Santa Catarina www.santacatarina.net
Brasilien/São Paulo www.guiasp.com.br
Brit. Jungferninseln www.bviwelcome.com
Brunei Darussalam www.brunet.bn
Bulgarien www.travel-bulgaria.com
Chile Desventuradosinseln www.chileinfo.de
China VR www.china.trav.net
China Republik www.roc-taiwan.de
China/Gujarat www.gujarattourism.com
China/Yunnan www.yunnan-china.de
China:Tibet www.tibetfocus.com
Cookinseln www.cook-islands.com
Costa Rica www.costarica.de
Côte d'Ivoire www.tourisme.ci
Dänemark www.daenemarkinfo.de
Deutschland www.germany-tourism.de
Dominica www.dominica.dm
Dom. Republik www.domrep-magazin.de
Dschibuti www.arab.net
Ecuador www.ecuamigos.de
El Salvador www.elsalvador.com
Estland www.tourism.ee
Falklandinseln www.tourism.org.fk
Färöer www.tourist.fo
Fidschi www.fijiguide.com
Finnland www.finland.de
Frankreich www.frankreich-info.de
Franz.-Polynesien www.french-polynesia.com
Galapagos www.discovergalapagos.com
Gambia www.thegambia-touristoff.co.uk
Georgien http://georgia.net.ge
Ghana www.Ghana-world.fromgermany.de
Gibraltar www.gibraltar.gi
Grenada www.turq.com/grenada.html
Griechenland www.griechenland.de
Guadeloupe www.antilles-info-tourisme.com
Guam www.visitguam.org
Guatemala www.travel-guatemala.org.gt
Guinea www.mirinet.com/ont
Guyana http://chronicle.guyana.net.gy
Haïti www.haititourisme.org
Hawaii www.hawaiitips.de
Honduras www.hondurasinfo.hn
Indien www.india-tourism.de
Indien/Andhra Pradesh www.andhrapradesh.com
Indien/Arunachal Pradesh http://india.indiagov.org/states/aru/aru.htm
Indien/Assam www.assam.org
Indien/Bihar http://bihar.hypermart.net
Indien/Delhi http://DelhiIndia.com
Indien/Goa www.goacom.com

Indien/Haryana www.nic.in/htc
Indien/Himachal Pradesh www.himachaltourism.com
Indien/Jammu u. Kaschmir www.jktourism.org
Indien/Karnataka www.karnatakatourism.com
Indien/Kerala www.keralatourism.com
Indien/Madhya Pradesh www.mptourism.com
Indien/Maharashtra www.maharashtra.gov.in
Indien/Manipur www.nic.in/manipur
Indien/Meghalaya http://meghalaya.nic.in
Indien/Mizoram http://india.indiagov.org/states/miz/miz.htm
Indien/Nagaland www.nic.in/nagaland/welcome.html
Indien/Orissa www.orissa-tourism.com
Indien/Punjab www.punjabonline.com
Indien/Rajasthan www.rajasthan-tourism.com
Indien/Sikkim www.sikkiminfo.com
Indien/Tamil Nadu www.tamilnadutourism.com
Indien/Tripura http://tripura.nic.in
Indien/Uttar Pradesh www.up-tourism.com
Indien/West-Bengal www.westbengal.com
Indonesien Bali www.tourismindonesia.com
Irak www.iraq.net
Iran www.persien.de
Irland www.ireland.com
Island www.iceland.de
Isle of Man www.gov.im/tourism
Israel www.israel-info.de
Italien www.italientipps.de
Jamaika www.karibik.de/jamaica
Japan www.japonet.de
Jemen www.yementimes.com
Jordanien www.jordan-tourism.com.jo
Jugoslawien/Serbien www.serbia-info.com
Kaimaninseln www.caymanislands.ky
Kambodscha www.kambodscha-info.de
Kamerun www.cameroon.net
Kanada Nord www.travel-canada.de
Kanalinseln www.jtourism.com
Kanarische Inseln www.guiacanaria.com
Kap Verde www.kapverden.de
Kasachstan http://welcome.to/kazakstan
Katar www.qatar-online.com
Kenia www.kenya.de
Kirgisistan http://kot.bishkek.su/KyrgyzstanTourism
Kiribati www.tskl.net.ki/kiribati/tourism
Kolumbien http://kolumbienreise.de
Komoren www.arab.net
Korea Republik www.korea-kultur.de
Kroatien www.kroatien-touristenservice.de
Kuba www.cubainfo.de
Kuwait www.kuwaitonline.com
Lakkadiven www.nic.in/lakshadweep
Laos www.visit-laos.com
Lesotho www.africa-insites.com
Lettland www.latviatravel.com
Libanon www.lebanon-online.com
Libyen www.libyaonline.com
Liechtenstein www.searchlink.li
Litauen www.kaiser-online.de/Litauen
Luxemburg www.ont.lu
Madagaskar www.madagaskar-tonga.de
Madeira www.madeira-web.com
Malawi www.malawi-tourism.com
Malaysia www.mymalaysia.net.my
Malaysia/Sarawak www.sarawaktourism.com
Malediven www.malediven.com
Mali www.undp.org/fomli
Malta http://malta-online.de
Marokko www.marokko.com
Marquesasinseln www.marquises.pf
Marshallinseln www.rmiembassyus.org
Mauretanien www.arab.net
Mauritius www.pcnet.de/mauritius
Mayotte www.mayotte-island.com
Mexiko www.safemexico.com
Mexiko/Aguascalientes www.aguascalientes.gob.mx/turismo
Mexiko/Baja California Norte www.baja-web.com
Mexiko/Colima www.colima-estado.gob.mx/visitar
Mexiko/Hidalgo www.turismo-hgo.gob.mx
Mexiko/Nayarit www.turnay.gob.mx
Mexiko/Oaxaca http://oaxaca-travel.com
Mexiko/Sonora www.sonora.gob.mx/turismo
Mexiko/Zacatecas www.turismozacatecas.gob.mx
Mikronesien, Föd. Staat. www.visit-fsm.org
Mikronesien/Pohnpei www.visit-pohnpei.com
Mikronesien/Yap www.visityap.com
Moldau www.railway.md
Monaco www.monaco-congres.com
Mongolei www.discover.mn
Montserrat www.visitmontserrat.com
Mosambik http://organisationen.freepage.de/mozambique
Myanmar www.burma.de
Namibia www.namibia-tourism.com

Nepal www.nepal-reisen.de
Neukaledonien www.newcaledonia.org
Neuseeland www.newzealand.de
New South Wales www.sydneyinfobahn.com.au
Nicaragua www.nicaragua-online.com
Niederlande www.nederland.ch
Niederl.Antillen www.dutch-caribbean.com
Niue www.niueisland.com
Nördliche Marianen www.visit-marianas.com
Norfolkinsel www.norfolkisland.nf
Northern Territory www.nttc.com.au
Norwegen www.norwegen.de
Oman www.oman.de
Osterinsel www.osterinsel.de
Österreich www.austria-tourism.at
Osttimor www.freetimor.com
Pakistan www.pak.gov.pk
Palästina www.visit-palestine.com
Palau www.visit-palau.com
Panama www.panamatravel.com
Papua West www.korowai.de
Papua-Neuguinea www.niugini.com
Paraguay www.paraguay.de
Peru www.peru.com
Philippinen Luzon www.philippineninfo.de
Pitcairninseln www.visi.com/~pjlareau//pitc1.html
Polen www.polen-info.de
Portugal www.portugal-insite.de
Puerto Rico www.prtourism.com
Queensland www.queensland.de
Réunion www.la-reunion.de
Rumänien www.romaniatour.de
Russland www.russlandinfo.de
Russland/Karelien www.karelien.de
Russland/Tschetschenien www.amina.com/chechens
Saint Kitts und Nevis www.stkitts-nevis.com
Saint Lucia www.st-lucia.com
Saint Pierre u. Miquelon www.st-pierre-et-miquelon.com/spm975
Saint Vincent u. Grenadinen www.svgtourism.com
Salomonen www.commerce.gov.sb/tourism/index.htm
Sambia www.zntb.org.zm
Samoa www.samoa-offshore.de
Saudi-Arabien http://saudi-online.com
Schweden www.schweden-urlaub.de
Schweiz www.switzerlandtourism.ch
Senegal www.sunugaal.com
Seychellen www.webltd.com/webxs/seychelles/tourism/htm
Simbabwe www.primenetzw.com/zimbabwe.htm
Singapur www.newasia-singapore.de
Slowakei www.glosiv.de
Slowenien www.slovenia-tourism.si
Somalia www.arab.net
Spanien www.deutsche-in-spanien.de
Sri Lanka www.destination-asien.de/srilanka
Südafrika www.satour.de
Südafrika/Eastern Cape www.ectourism.co.za
Südafrika/Free State www.fstourism.co.za
Südafrika/Gauteng www.gauteng.net
Südafrika/Mpumalanga www.mpumalanga.com
Südafrika/Northern Cape www.northerncape.org.za
Südafrika/Northern Province www.tourismnorthwest.co.za
Südafrika/vKwaZulu-Natal www.tourism-kzn.org
Südafrika/Western Cape www.kapstadt.de
Sudan www.sudan-info.de
Suriname www.parbo.com/tourism
Swasiland www.swazi.com
Syrien www.syriatourism.org
Tadschikistan www.soros.org/tajkstan.html
Tahiti www.tahititourisme.de
Tansania www.tanzania.com
Tasmanien www.tanzania-network.de
Thailand www.thailandtourismus.de
Togo www.togo.de
Tonga www.kingdom.de
Trinidad und Tobago www.visittnt.com
Tschechien www.czech-tourist.de
Tunesien www.tourismtunisia.com
Türkei www.tuerkei-ferien.de
Turkmenistan www.turkmenistan.com
Turks- u. Caicosinseln www.turksandcaicostourism.com
Tuvalu http://members.xoom.com/tuvaluonline
Uganda www.uganda.at
Ukraine www.new.tour.com.ua
Ungarn www.ungarn-tourismus.de
Uruguay http://uruguayaktuell.com
USA/Alabama www.state.al.us
USA/Alaska www.alaska-info.de
USA/Arizona www.arizona-travel.de

USA/Arkansas www.1800natural.com
USA/Colorado www.colorado.com
USA/Connecticut www.tourism.state.ct.us
USA/Delaware www.visitdelaware.net
USA/Florida www.florida.de
USA/Georgia www.georgia.org
USA/Idaho www.visitid.org
USA/Illinois www.enjoyillinois.com
USA/Indiana www.northwoodmap.com/www-northwoodmap-com/in.htm
USA/Iowa www.traveliowa.com
USA/Kalifornien www.tour-kalifornien.com
USA/Kansas www.tourkansas.com/
USA/Kentucky www.state.ky.us/tour/tour.htm
USA/Louisiana www.louisianatravel.com
USA/Maine www.visitmaine.com
USA/Maryland www.baltimore.com/
USA/Massachusetts www.mass-vacation.com
USA/Michigan www.travel-michigan.state.mi.us
USA/Minnesota www.exploreminnesota.com
USA/Mississippi www.decd.state.ms.us/TOURISM.HTM
USA/Missouri www.missouritourism.org/kansas.htm
USA/Montana www.travel.state.mt.us
USA/Nebraska www.travel.org/nebraska.html
USA/Nevada www.lasvegas-reise.de
USA/New Hampshire www.visitnh.gov
USA/New Jersey www.state.nj.us/travel
USA/New Mexico www.bncinc.com/nmnet/media.html
USA/New York www.nyc-guide.de
USA/North Carolina www.visitnc.com/home.html
USA/North Dakota www.ndtourism.com/
USA/Ohio www.ohiotourism.com/
USA/Oklahoma www.travelok.com
USA/Oregon www.traveloregon.com
USA/Pennsylvania www.libertynet.org/phila-visitor/
USA/Rhode Island www.visitrhodeisland.com
USA/South Carolina www.travelsc.com
USA/South Dakota www.travelsd.com
USA/Tennessee www.travel.org/tennesse.html
USA/Texas www.citi-guide.com
USA/Utah www.go-utah.com/
USA/Vermont www.travel-vermont.com
USA/Virginia www.virginia.com
USA/Washington www.tourism.wa.gov
USA/West Virginia www.officialcitysites.com/West-Virginia.htm
USA/Wisconsin www.wibeautiful.net
USA/Wyoming www.wyomingtourism.org
Usbekistan www.uzbekistan.de
VAE/Dubai www.dubaitourism.com
VAE/Fudschaira www.fujairah-tourism.com
VAE/Schardscha www.sharjahcommercetourism.gov.ae
Vanuatu www.vanuatutourism.com
Vatikanstadt www.vatican.va
Venezuela www.info-venezuela.de
Vereinigte Arabische Emirate www.uaeforever.com
Vereinigte Staaten www.usa.de
Vereinigtes Königreich www.visitbritain.com
Victoria www.visitvictoria.com
Vietnam www.vietnam-center.de
Wallis und Futuna http://wallis-islands.com
Weihnachtsinsel www.christmas.net.au
Western Australia www.westernaustralia.net
Zentralafrikanische Republik www.haas-online.de
Zypern Republik www.zyperninfo.de
Zypern Türkische Republik www.zyperninfo.de

Geografie

www.123world.com/tourism/index.html, www.worldskip.com, www.uni-wuerzburg.de/geographie, www.geoworld.de, www.frw.ruu.nl/nicegeo.html, www.library.uu.nl/geosource, www.wri.org, www.dse.de, www.un.org/Pubs/CyberSchoolBus/infonation/e_infonation.htm

Karten

http://maps.excite.com, http://sunsite.informatik.rwth-aachen.de/Maps, www.weltatlas.de, www.expediamaps.com, http://plasma.nationalgeographic.com/mapmachine, www.concierge.com/cgi-bin/

PAPIERE, GELD & GEPÄCK

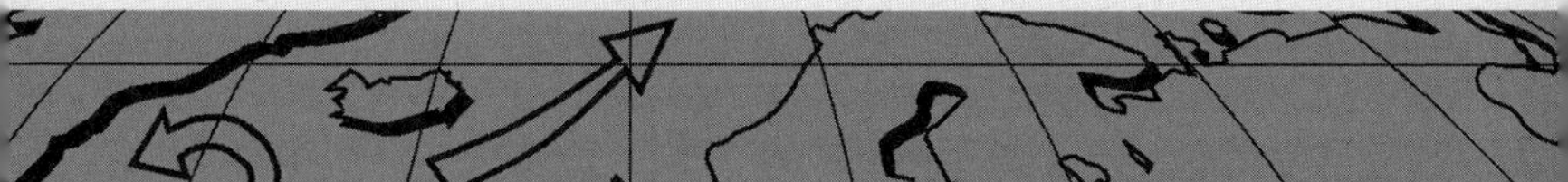

Ein- & Ausreise

Manche Grenzübergänge sind für Touristen geöffnet, manche nur für Warenverkehr, andere nur für »den kleinen Personenverkehr«, also für die Bewohner der Grenzregion oder Staatsangehörige bestimmter Nationen. Es gibt solche für Fußgänger, Lkw- oder Pkw-Verkehr. Der Grenzübergang kann nur zeitweise geöffnet sein. Oder die Polizeibehörde hat 24 Stunden Dienst, der Zoll aber nur acht. Manche Behörden schließen während der Mittagszeit, und in einigen islamischen Staaten schließen die Grenzen freitags.

Den Grenzübertritt **vorbereiten:**

- Informieren Sie sich bei entgegenkommenden Reisenden über die Sitten und Umgangsformen an der nächsten Grenze.
- Nähern Sie sich schwierigen Grenzen möglichst am Tag vor dem Grenzübertritt.
- Beginnen Sie die Grenzprozeduren möglichst früh morgens, nicht kurz vor der Mittagspause oder am späten Nachmittag.

TIPP **Nützlich unterwegs: Zweitpass, Passkopien, passähnliche Dokumente, Kohlepapier**

Am Grenzübergang machen Sie erste Bekanntschaft mit den **Behörden** des Landes. Die Polizei will Sie sehen, der Zoll und eventuell der Arzt. Und für das Fahrzeug gibt es noch eine Sonderbehandlung. Die Aufgaben können in einer Person vereinigt sein. Es kann aber auch sein, dass Sie zu verschiedenen Schaltern, ja sogar zu verschiedenen Gebäuden, die kilometerweit voneinander entfernt sind, eilen müssen.

- Bei der Einreise müssen Sie in vielen Ländern eine Einreisekarte ausfüllen. Achten Sie darauf, dass es keine Widerspüche zum Visum gibt.
- Geben Sie bei der Frage nach der Adresse im Land ein großes Hotel (Hilton, Sheraton, Meridien ...) in der Hauptstadt an, die Deutsche Botschaft, die Jugendherberge und dergleichen.
- Verbergen Sie Ihren zweiten Pass. Der ist zwar nicht verboten, kann aber Misstrauen wecken.
- Zeigen Sie, dass Sie gesund und rechtschaffen sind, nichts zu verbergen haben, lautere Absichten hegen und mit dem nötigen finanziellen Polster einreisen.
- Siehe Selbstreise-Handbuch Band 1: Visumtipps gelten auch für die Einreise.
- Bei »problematischen Grenzen« informieren Sie Bekannte von dem geplanten Grenzwechsel und melden Sie sich anschließend bei denen zurück. Sollten Sie verloren gehen, weiß man, wo man Sie zuerst suchen muss.

- Die Beamten sollen Schaden von ihrem Staat abwenden und fernhalten, indem sie die Einreisenden beurteilen. Theoretisch können alle Nachweise zur Ausstellung des Visums erneut gefordert werden, doch meist verlassen sich die Grenzbeamten darauf, dass die Konsularbeamten gewissenhaft gearbeitet haben. An vielen Staatsgrenzen werden die Vorschriften für den Waren- und Geldverkehr flexibel gehandhabt.

Bei **Schwierigkeiten** haben Sie folgende Möglichkeiten:

- Wenn man beginnt, sich länger mit Ihnen zu beschäftigen, bringen Sie das Gespräch auf eine persönliche Ebene. Zeigen Sie Fotos von Ihren Familien, insbesondere von Kindern, und von Ihrer Heimatstadt mit dem berühmten Fußballclub.
- Vermeiden Sie Aggressivität oder gar aktiven Widerstand. Bleiben Sie freundlich. Lächeln Sie, zeigen Sie sich hilflos.
- Stellen Sie immer wieder Fragen. Bleiben Sie kommunikationsbereit, lehnen Sie nichts deutlich ab. Was Ihnen missfällt, verstehen Sie einfach nicht. Interpretieren Sie Antworten immer in Ihrem Sinne, nie negativ.
- Zeigen Sie, dass Sie alle Zeit der Welt haben. Warten Sie geduldig, aber immer präsent statt unauffällig.
- Fragen Sie immer wieder, wo das Problem liegt und verweisen Sie auf Ihre korrekten Reisedokumente. Legen Sie hin und wieder neue »Dokumente« und neue Argumente auf den Tisch.
- Sie bezahlen einen Schlepper. Der löst das Problem und erspart Ihnen langes Warten, entnervende und demütigende Prozeduren.
- Sie akzeptieren mehr oder weniger deutliche Geldforderungen. Bieten Sie jedoch nie selbst zuerst Geld an. Allenfalls legen Sie einen Schein in den Pass. Bei Rückfragen erklären Sie, dass Sie Ihre Notreserve immer im Pass aufbewahren, weil beides gleich wichtig ist.
- Die Grenze illegal zu überschreiten, kann erhebliche Probleme nach sich ziehen: Gefängnis, Verhöre, lebenslanges Einreiseverbot …

Als **Internationales Territorium** auf dem Hoheitsgebiet eines Staates gelten internationale Flughäfen und Häfen, doch bleibt der Staat praktisch zuständig. *Exterritoriale Gebiete* dagegen unterliegen nicht dessen Gerichtsbarkeit und Zwangsgewalt: Gebäude von Gesandtschaften, von interstaatlichen Organisationen sowie Kriegsschiffe, Militärflugzeuge und Stationierungen in einem fremden Staat. :-) http://refugee.net

TIPP **Vermitteln Sie den Grenzbeamten den Eindruck, daß Sie deren bester Freund und für ihren Staat problemlos sind.**

Zoll

In den meisten Ländern kontrolliert der Zoll eher die Ausfuhr als die Einfuhr, solange der persönliche Bedarf nicht deutlich überschritten ist. Es kann sinnvoll sein, einige Artikel bei der Einreise zu deklarieren, damit sie später wieder problemlos ausgeführt werden können:

> **TIPP** **Nützlich unterwegs: Kaufbelege, Zertifikate, ärztlich bescheinigte Arzneimittelliste.**

Der Transfer von **Wertobjekten** wie Geld, Gold, Edelsteinen, Schmuck, Kunst … ist beschränkt oder genehmigungspflichtig, da der Wert von Einzelstücken meist über den Freigrenzen für den Zoll liegt.

▶ Heben Sie Kaufbelege auf, bestehen Sie auf Zertifikaten. Sakrale Gegenstände müssen meist genehmigt werden – aber brauchen Sie ein solches Souvenir wirklich?

Antiquitäten sind Waren, die mehr als 100 Jahre alt sind. Sie sind zollfrei, jedoch umsatzsteuerpflichtig und können innerhalb der Wertgrenzen abgabenfrei eingeführt werden. Manche Länder weichen von dieser Regelung ab. In Polen ist die Ausfuhr aller Objekte genehmigungspflichtig, die aus der Zeit von vor 1945 stammen.

▶ Nützlich sind Rechnung, ein Gutachten oder Zertifikat.

Das **Washingtoner Artenschutzabkommen** oder »Convention of International Trade in Endangered Species of Wild Fauna and Flora« CITES gilt in rund 140 Staaten und schützt mehr als 5000 Tier- und 25.000 Pflanzenarten.

- Anhang I nennt die vom Aussterben bedrohten Arten, die nicht grenzüberschreitend gehandelt werden dürfen.
- Anhang II nennt Arten, die eingeschränkt genutzt werden dürfen und der Genehmigung bedürfen: Ausfuhrgenehmigung des Ursprungslandes, eine EU-Einfuhrgenehmigung sowie ein WA-Zertifikat.
- Anhang III führt Arten auf, die in einzelnen Ländern geschützt sind.

Weshalb dazu beitragen, dass eine Art ausstirbt? Sollen Tiere sterben für einen Elefantenfußhocker?

▶ Lassen Sie lebende Tiere und Pflanzen in ihrer gewohnten Umgebung, Sie können sie ja doch nicht artgerecht halten.

▶ Mit dem Kauf verbotener Souvenirs unterstützen Sie in jedem Fall den Raubbau an der Natur.

▶ Eine Zusammenfassung verbotener Souvenirs und sinnvoller Alternativen finden Sie in der Gratis-Broschüre »Urlaub? Natürlich!«, die Sie beim Peter Meyer Verlag anfordern können, www.PeterMeyerVerlag.de.

Druckerzeugnisse sind heikel. Mit dem Bild des Dalai Lama bekommen Sie z.B. in China Probleme, mit einem Heft des Playboy im Iran. In jedem solcher

Fälle wird die Einfuhr als subversiver Akt gewertet, da Sie landesübliche Wertvorstellungen oder die Zensur unterlaufen.

Lebensmittel und landwirtschaftliche Produkte sind häufig in Ein- und Ausfuhr beschränkt: Wurst ebenso wie Souvenirs aus bestimmten Holzarten. Manchmal verstößt das gegen religiöse Werte (Schweinefleisch), manchmal befüchtet man Ansteckungen. Konsumgüter wie Kaffee, Tee, Süßigkeiten ... sind oft hoch besteuert.

Technische Geräte zum Funken, Tauchen, für professionelle Ton- und Bildaufnahmen können beim Zoll Probleme bereiten. Dahinter steht der Verdacht, spionieren oder schmuggeln, für Medien unzensierte oder sicherheitsrelevante Aufnahmen machen zu wollen.

▶ Bei Sicherheitskontrollen an Flughäfen wird schon mal geprüft, ob im Handgepäck mitgeführte Elektro- und Videogeräte funktionieren – dann müssen die Batterien oder Akkus voll sein.

Waffen können Antiquitäten sein, sollten aber immer beim Zoll angemeldet werden. Besser ist es, sich vor dem Kauf bei der Deutschen Botschaft zu erkundigen. Auch ein Taschenmesser kann als Waffe gelten.

- Für Schusswaffen und Munition ist eine Waffenbesitzkarte nötig.
- Innerhalb der EU benötigen Sie die Einladung zu einer Sport- oder Jagdveranstaltung sowie den Europäischen Feuerwaffenpass.

Alle Länder ächten **Drogen,** deren Besitz, Verteilung, Erwerb, Ein- und Ausfuhr. Nicht alle Drogen sind überall verboten. Schmuggeln Sie besser keinen Alkohol in eine islamische Republik – das könnte eine Körperstrafe nach sich ziehen, auch für Sie als westlichen Ausländer. Melatonin, das in den USA als legales Mittel gegen Jet-lag gilt, darf in Deutschland nicht eingeführt werden. Eine der häufigsten Gründe für Verhaftungen ist Rauschgiftbesitz, doch sind die Konsequenzen sehr verschieden. Oft ist eine Begnadigung gesetzlich ausgeschlossen. Was in Holland noch als Kavaliersdelikt gilt, mag in Malaysia Zuchthaus oder die Todesstrafe bedeuten. Zwischen Betäubungsmitteln und Medikamenten gibt es keine klare Grenze. Ihre Arznei oder gar die Multivitamintabletten könnten als Drogen eingestuft werden.

▶ Führen Sie eine Bescheinigung Ihres Arztes für Medikamente und Spritzenbesteck mit.

:-) www.cites.org, www.zollkriminalamt.de, www.deutsches-zollmuseum.de, www.zoll.admin.ch, www.bmf.gr.at,
Weltzollorganisation www.wcoomd.org

TIPP **Betrachten Sie Ihr Gepäck selbstkritisch: Was kann als Droge gelten? Was als Waffe, als Antiquität? Packen Sie entsprechend.**

Die Rückkehr in die EU

Innerhalb der EU gibt es bei privaten, nichtgewerblichen Reisen keine besonderen Zollschranken mehr, auch »Duty-Free« ist für EU-Reisen abgeschafft.

- Sonderregeln gelten für die Kanarischen Inseln, die französischen Übersee-Departements, die finnisch-schwedische Schärenregion Åland, Berg Athos in Griechenland und die Britischen Kanalinseln.
- Innerhalb der EU dürfen Sie Ihren persönlichen Warenbedarf frei ein- und ausführen, sowie bis zu 90 Liter Wein, 800 Zigaretten ...

Bei der **Rückreise aus einem Nicht-EU-Land** erfolgt die Verzollung im ersten EU-Land, das Sie betreten. »Mobile Kontrollgruppen« dürfen jedoch im Inland Zollkontrollen durchführen. Neben den üblichen Mengenbeschränkungen für Tabakwaren, Alkohol, Kaffee und Parfüm dürfen Sie Waren bis 179 Euro abgabenfrei einführen. Teurere Waren werden immer in voller Höhe abgabenpflichtig. Bargeld und Zahlungsmittel bis 15.000 Euro sind problemlos ein- und auszuführen. Gold ist einfuhrumsatzsteuerpflichtig.

- Bis zu einem *Warenwert von 450 Euro* wird pauschal verzollt: 13,5 % bzw. 10 % bei den unmittelbaren EU-Nachbarstaaten, Mittelmeeranrainer-Staaten und vielen afrikanischen Ländern.
- Bei einem *höheren Warenwert* wird es kompliziert. Je nach Art der Ware und nach Herkunftsland werden drei Abgaben fällig:

❑ ein **Zoll** zwischen 3,5 – 13 %, teils auch Zollfreiheit;
❑ die **Umsatzsteuer** von 16 % bzw. 7 % für landwirtschaftliche Waren, Bücher, Gemälde, Briefmarken;
❑ **Anti-Dumping-Aufschläge,** beispielsweise bei Textilien, Unterhaltungselektronik, Computern aus dem asiatischen Raum.

Zollbeamte haben einen Blick für *originalverpackte* oder *neue Waren.* Selbst leichte Benutzerspuren helfen oft nicht. Serien-, Produktions- oder Chargennummer technischer Geräte enthalten verschlüsselte Länderangaben, die der Zoll lesen kann.

- Wenn Sie keinen Kaufbeleg haben, wird der Wert geschätzt.
- Vergessen Sie solche Waren mündlich am Zoll anzumelden, wird Strafzoll fällig: pro Zigarette ca. 0,10 Euro, pro Liter Schnaps ca. 7 Euro, pro 5 Liter Diesel ca. 2,40 Euro ... sowie eine Strafe in Höhe der Zollkosten.

:-) www.bundesfinanzministerium.de, www.bvet.admin.ch, www.diht.de

TIPP **Erkundigen Sie sich bei den Wirtschaftsfachleuten der Deutschen Botschaft nach den Ein- und Ausfuhrbedingungen!**

Behörden

Wenn ein bankrotter Staat seine Behörden, Militärs und Polizisten kaum bezahlt, versorgen sich die Beamten oft anderweitig. Uniform und Macht sind das Einzige, was sie haben. Neue Vorschriften werden erfunden, vorhandene mehr oder streng kontrolliert. »Gebühren« werden erhoben, Quittungen gibt es nicht. Dinge des täglichen Bedarfs wechseln scheinbar absichtslos den Besitzer oder werden vergessen. Mal liegt ein Schein zufällig im Pass, mal kann man dem Beamten mit einem Kugelschreiber aushelfen, dann bedient sich ein Soldat an den Zigaretten und vergisst das Feuerzeug zurückzugeben.

TIPP Nützlich unterwegs: Dollarnoten, Familienfotos, Ansichtskarten, Geschenke.

Anreize durch Geschenke, der Ruf nach dem Vorgesetzten oder das Einschalten der Botschaft sollten vorsichtig, sparsam und im richtigen Augenblick erfolgen. Begierde entsteht durch das sichtbare Angebot. Offene Bestechung ist überall verboten, reden Sie niemals darüber. Indem schweigend gehandelt wird, bleibt die Ehre erhalten. *Bakschisch* zu geben, verlangt Fingerspitzengefühl. In manchen Ländern und Situationen reagieren ranghöhere Uniformierte (mit einem Stern und mehr) sehr ungehalten auf solche Angebote. Hat aber erst ein Uniformierter ein Geschenk erhalten, verlangen auch Gleichrangige danach. Das kann teuer werden, bis die »entscheidende« Hierarchieebene erreicht ist.

- Gehen Sie fair und ruhig mit ausländischen Stellen und Behörden um, respektieren Sie einheimische Polizei- und Ordnungskräfte.
- Bleiben Sie präsent, bestehen Sie höflich und wiederholt auf Ihren Rechten. Denken Sie aber daran, dass Sie Gast sind und vertrauen Sie darauf, dass Ihr Gegenüber mit solchen Problemen erfahren ist.
- In Hierarchien können Sie immer 2 Wege beschreiten: von unten nach oben oder von der Spitze zum Untergebenen. Vor- und Nachteile entspringen der Situation.
- Respektieren Sie die geltenden Rechts- und Moralvorstellungen.
- Schmeicheln Sie dem Land mit berühmten Fußballern, Dichtern …
- Stellen Sie eine persönliche Beziehung her: Zeigen Sie Fotos Ihrer Eltern, Ihrer Kinder, Ihres Hauses und Ansichtskarten der berühmten Heimatstadt. Oder Fotos von deutschen Fußballclubs, in denen vielleicht ein Fußballer aus dem besuchten Land mitspielt.
- Lernen Sie einen Gruß oder eine Frage in der Landessprache.

:-) www.transparency.de

TIPP Vermeiden Sie »Entweder-Oder-Situationen«, bringen Sie sich nicht in Zwangslagen. Vermeiden Sie Gesichtsverlust, auch für Ihr Gegenüber.

Botschaften & Konsulate

Die Auslandsvertretung (Botschaft, Generalkonsulat, Konsulat) erkennen Sie am jeweiligen Staatswappen, bei Deutschland am schwarz-rot-goldenen Wappen mit Bundesadler. Die Auslandsvertretung ist eine »Brücke zu den Behörden des Gastlandes«, darf sich aber nicht in die inneren Angelegenheiten eines anderen Landes einmischen. *Honorargeneralkonsuln und Honorarkonsuln* sind oft keine deutschen Staatsbürger und arbeiten ehrenhalber. Ihre konsularischen Rechte und amtlichen Möglichkeiten sind begrenzt, doch kennen sie die örtlichen Verhältnisse meist recht gut [→ **Staatliche Gewalt**, Seite 248].

Jederzeit ist mindestens ein Konsularbeamter der Vertretung erreichbar, außerhalb der Dienstzeiten informiert ein Anrufbeantworter oder ein Aushang an der Dienststelle, wie Sie Kontakt aufnehmen können. Ist eine Vertretung Ihres Landes nicht erreichbar, wenden Sie sich an die konsularischen Vertretungen anderer EU-Staaten. Im Vertrag von Maastricht wurde eine erweiterte konsularische Hilfe vereinbart, allerdings nur bei Notlagen. Die besten Beziehungen zum Gastland haben oft die Vertretungen der ehemaligen Kolonialherren.

Die Auslandsvertretung *kann* einem deutschen Staatsbürger helfen, wenn die Notlage anders nicht zu beheben ist (§ 5 Konsulargesetz). **Notlagen** entstehen insbesondere bei Vermissten, Krankheit, im Sterbefall, bei Rechtsproblemen und Verhaftungen. Wer Hilfe sucht, muss deutlich machen, dass andere Möglichkeiten ausgeschöpft sind. Für die Folgen von Leichtsinn kommt man sehr ungern auf, bei offensichtlichem Missbrauch gibt es keine Hilfe. Wer frühere Hilfen nicht zurückgezahlt hat, muss Vertrauen erst wieder herstellen.

Informelle Hilfe zur Selbsthilfe hat Vorrang:

- Wie erhält man sicher und schnell Geld von zu Hause?
- Wo gibt es einen deutschsprachigen Arzt oder Rechtsanwalt?

Finanzielle Hilfen erhalten Sie nur, wenn Sie persönlich vorsprechen, ein Telefonat genügt nicht. Ein Darlehen kann gewährt werden, wenn sich eine Überweisung durch Feiertage verzögert. Ausgeholfen wird für:

- Telefon- und Telegrammkosten, um Geld anzufordern;
- Geld für den Lebensunterhalt, bis Geld eintrifft – die Verlängerung des Urlaubs wird jedoch nicht finanziert;
- Fahrtkosten für eine preisgünstige Heimreise plus Zehrgeld;
- Arzt-, Medikamenten- und Krankheitskosten, wenn sonst keine kostenlose oder versicherte Behandlung möglich ist;
- Bestattungskosten am Sterbeort für einen nahen Angehörigen.

Formale Hilfe:

- Berufskonsularbeamte und einige Honorarkonsuln können einen auf ein Jahr befristeten vorläufigen Reisepass ausstellen. Nötig sind 2 Passbilder und die Verlustbestätigung der örtlichen Polizei. Schneller geht's mit Fotokopien des verlorenen Ausweises. Beim zuständigen Amt in Deutschland wird zurückgefragt, eine Wartezeit bis zum nächsten Werktag ist daher unvermeidbar.
- Einfacher wird ein »Reiseausweis als Passersatz zur Rückkehr in die Bundesrepublik Deutschland« ausgestellt. Die Weiterreise ist damit nicht möglich. Ein Visum des Gastlandes muss erneuert werden.
- Ersatz für Kfz-Papiere, Führerschein und Personalausweis wird grundsätzlich nur von den Heimatbehörden ausgestellt. Für die Rückreise genügt die polizeiliche Verlustbestätigung.

Bei **Naturkatastrophen und inneren Unruhen** gewährt die Auslandsvertretung Schutz und Hilfe, so weit möglich.

- Geltendes Recht fordert, dass Sie die Rettungskosten zurückzahlen. Das Bundesverwaltungsamt kann jedoch die Zahlung erleichtern.
- Bei Sterbefällen wird geholfen, Leichen zu überführen, den Nachlass abzuwickeln, Sterbeurkunden zu beschaffen.
- Bei einer Verhaftung können die Konsularbeamten die Haftgründe prüfen. Ein Anwalt kann vermittelt, die Angehörigen können verständigt, Geldüberweisungen an Sie weitergeleitet werden.

Die Auslandsvertretungen **finden Sie** unter den Bezeichnungen:

- ▶ Englisch: Embassy of the Federal Republic of Germany, Consulate (General) ..., Honorary Consul (General) ...
- ▶ Italienisch: Ambasciata della Repubblica Federale di Germania, Consolato (Generale) ..., Console Onorario ...
- ▶ Spanisch: Embajada de la República Federal de Alemania, Consulado General ..., Cónsul Honorario, Dependencia de la Sección Consular de la Embajada, Dependencia del Consulado General ...
- ▶ Französisch: Ambassade de la République Fédérale d'Allemagne, Consulat Général ..., Consulat ..., Consul Honoraire ...
- ▶ Portugiesisch: Embaixada da Républica Federal da Alemanha, Consulado Geral ..., Consul Honorário ...

:-) www.auswaertiges-amt.de, www.bmaa.gv.at, www.eda.admin.ch, www.embassyworld.com, www.embassyweb.com

tip **Bei einem Verstoß gegen die Visaregeln des fremden Landes wenden Sie sich zuerst an die Deutsche Botschaft.**

Zahlungsmittel & Währung

Geld und geldgleiche Werte gelten als Zahlungsmittel. Die Währung ist Ausdruck eines gesetzlichen anerkannten Zahlungsmittels mit gesetzlich garantiertem Wert innerhalb eines Währungsraumes, entweder als Bargeld oder als Verrechnungseinheit. Ausländische Zahlungsmittel werden als *Devisen* bezeichnet, ausländische Noten und Münzen als *Sorten.*

TIPP **Nützlich unterwegs: Wasserdichter Geldgürtel, Liste der Schecks und Kreditkarten sowie Telefonnummern für deren Sperrung getrennt aufbewahren.**

Kreditkarten ersetzen bei der Einreise den Nachweis ausreichender Geldmittel und der Rückflugtickets oder die Kaution beim Mietwagenleihen. Eine Kreditkarte mit defektem Magnetstreifen ist zwar weiterhin gültig, erweckt jedoch Misstrauen. Beugen Sie vor:

- Schutzhülle gegen Schmutz, Magnetstreifen nicht aneinander legen.
- Nicht in die pralle Sonne, neben das Handy oder ein Ladegerät legen.

Verteilen Sie Ihr **Geld** auf zwei bis drei **Depots**. Das ist sicherer, übersichtlich und kontrollierbar. Das Handgepäck ist schon per se ein favorisiertes Objekt für Diebe, da sollte nicht auch noch Geld drin sein:

- Im Geldgürtel befinden sich am Körper unter der Kleidung die größten Geldvorräte, überwiegend Devisen. Dieser Platz ist sehr sicher, doch schwer zugänglich und sollte öffentlich nie benutzt werden. Große Beträge entnehmen Sie frühzeitig im Hotel oder auf der Toilette.
- Im Alltag muss Geld in Landeswährung und meist kleinen Beträgen schnell verfügbar sein. Dafür bietet sich eine kleine Geldbörse an. Für Taschendiebe nahezu unzugänglich sind die vorderen Hosentaschen.
- Eine Notreserve befindet sich in Hotelsafe, Rucksack oder Koffer. Diese Stellen sind unsicher, sollte also nur 2 Tagesausgaben in bar, einige Schecks und eine zweite Kreditkarte enthalten.

Der **Außenwert einer Währung** ergibt sich aus der wirtschaftlichen Situation des Landes. Innenpolitisch liegt dieser Wert oft höher. Für Reisende ist es dann interessant, die betreffende Währung außerhalb des Landes zu kaufen und einzuführen. Allerdings ist das meist verboten oder stark eingeschränkt. Viele Länder mit nicht frei gehandelten Währungen verlangen eine schriftliche **Devisenerklärung bei der Einreise.**

- Geben Sie die mitgeführten Zahlungsmittel, Währungen, Schmuck, Wertgegenstände, Kameras so an, dass dies einer Kontrolle standhält.
- Geben Sie bei der Landeswährung nicht mehr an, als Sie einführen dürfen. Darüber liegende Beträge können beschlagnahmt werden – das gilt übrigens auch für die Ausreise!

- Geben Sie genügend Geldmittel für den Aufenthalt an.
- Heben Sie *Wechselbestätigungen* der Banken bis zur Ausreise auf bzw. lassen Sie sich den Geldtausch auf der Devisenerklärung bescheinigen.

Nur selten werden die Angaben auf der **Devisenerklärung bei der Ausreise** mit den Ausgaben verglichen. Dann müssen übereinstimmen:

- die Nummern eingetauschter Schecks auf den Bankbelegen;
- Bankbelege für Bargeldtausch mit den fehlenden Devisen.
- Konnte man davon leben? Im Zweifelsfall verweisen Sie auf Einladungen, Geschenke, kleine Tauschgeschäfte …
- Mit Kreditkarten ist eine Kontrolle kaum noch möglich. Deren Auszahlungsstellen dürfen im Land oft nur Landeswährung ausgeben, die wiederum nur beschränkt ausgeführt werden darf.

Manche Länder machen es sich einfach und verlangen von Individualreisenden einen **Zwangsumtausch** bei der Einreise.

Selbst **legale Wechselgeschäfte** sind mehr oder weniger lukrativ. Vergleichen Sie Kurse und Gebühren für alle Wechselvarianten.

- Reiseschecks und Kreditkarten werden zum Devisenbriefkurs abgerechnet, Bargeld zum ungünstigeren Sortenkurs.
- Bei der Kreditkarte schlägt die heimische Bank mindestens 1 % Auslandsgebühren auf.

TIPP **Misstrauen Sie allen konspirativen Wechselgeschäften.**

Lässt sich am Wertunterschied genug verdienen, gibt es auch einen **Schwarzmarkt** für Devisen. Das Risiko, dort Geld zu tauschen ist hoch, der Gewinn ungewiss. Die im Land lebenden Ausländer kennen die Situation. Oft werden Sie angesprochen werden, da Sie als Ausländer zu erkennen sind. Dann ist die Gefahr groß, entweder einem Provokateur aufzusitzen oder von einem Gauner übers Ohr gehauen zu werden:

- Der Händler ruft »Polizei!« und läuft mit Ihrem Geld davon.
- Ihnen wird mit viel heimlichem Getue ein Briefumschlag überreicht, der angeblich den Tauschbetrag enthält.
- Ihnen wird Falschgeld angedreht oder alte, ungültige Scheine oder Scheine mit ähnlichem Aussehen, aber geringerem Wert.
- Geld wird Ihnen im Bündel vorgezählt, dabei sind einige Scheine gefaltet, liegen also auf der gezählten Seite des Bündels doppelt.
- Ständig wiederholtes Zählen, Handeln, Hin- und Herschieben deutet auf einen Taschenspielertrick hin.

:-) www.oanda.com; www.fxtop.com, www.xe.net/ucc, den Standort von Geldautomaten weiß www.visa.com, www.swissbankers.ch

Mit Geld haushalten

Ihr Reisebudget ist begrenzt und verteilt auf mehrere Währungen, auf Schecks und Bares. Setzen Sie Ihre Zahlungsmittel überlegt ein, auch hinsichtlich der nächsten Länder und des Geldes für die Heimkehr.

▶ Erfassen Sie Ihren **Devisenhaushalt** sorgfältig, das ist wichtig, für die Budgetplanung, im Falle eines Diebstahls oder Verlustes sowie bei der Devisenerklärung an der Grenze.

- *Zahlungsmittel:* Bar, Travellerscheck, Kreditkarte ...
- *Währung:* mitgeführte Devisen, z.B. US$, £, Euro
- *Effektiver Kurs* nach Abzug der Gebühren
- *Wer* (hat Devisen getauscht)? Bei gemeinsamer Kassenführung.
- *Wofür* (wurden Devisen getauscht)? Flugticket, Visagebühren ...

Ihre Devisen

Datum	Ort	Bank/Geschäft	Zahlungsmittel	Währung
13.08.02	Accra	Forex Bureaux	bar	US$
Landeswähr.	**Gebühren**	**Eff. Kurs**	**Wer?**	**Wofür?**
Cedi	...	...	...	...

▶ Erfassen Sie zumindest Ihre größeren **Ausgaben** sowie solche Ausgaben, die Sie personenbezogen abrechnen wollen.

- *Wofür* wurde gezahlt? Unterkunft, Gebühren, Telekommunikation, Bücher & Karten, Ausrüstung & Reparatur & Ersatzteile, Arzt & Medikamente, Fahrkarten & Eintritt – Essen & Trinken ergeben sich aus dem Rest.
- *Zahlungsmittel:* Bar, EC-Karte, Travellerscheck, Kreditkarte ...
- *Euro:* umgerechneter Betrag
- *Wer* hat bezahlt? Nur nötig bei gemeinsamer Kasse.
- *Für wen* wurde bezahlt? Private Kosten bei gemeinsamer Kasse.
- Zwischensumme der Landeswährung bei Ausreise
- Summe der Ausgaben in Euro nach Zweck bzw. pro Person

▶ Vergleichen Sie Ihre Ausgaben wöchentlich mit Ihrem **Budget.**

▶ Ziehen Sie **Zwischenbilanz** beim Verlassen eines Landes:

- Summe der getauschten Devisen (€, US$ ...) und der Gebühren
- Summe getauschter Devisen (Person 1, Person 2 ...)
- Zwischensumme der Landeswährung bei Ausreise

Ihre Ausgaben

Datum	Ort	Geschäft	Wofür?	Betrag
15.09.03	Lomé	Werkstatt	Bremsen	...
Landeswährung	**Zahlungsmittel**	€	**Wer?**	**Für wen?**
...	...	...	...	...

Geld überweisen

Sie sitzen **ohne Bargeld** und **ohne Kreditkarte** irgendwo in Afrika oder Asien?

- Das Ticket für den Heimflug können Ihre Verwandten zu Hause bezahlen. Die Airline stellt Ihnen dann vor Ort Ihr Ticket aus.
- Innerhalb Europas kostet ein Wertbrief über 204 Euro etwa 4 Euro.
- Bargeld im Brief zu versenden ist einfach, doch unsicher. Kurierdienste erledigen das sicherer: *Western Union* kooperiert mit der Postbank; *Money Gram* kooperiert mit Thomas Cook Reisebüros, American Express, Barclaycard; *Money Transfer*.
- Meist ist es sinnvoll, sich »harte« Devisen auszahlen zu lassen. Die Auszahlung einer nicht-konvertiblen Währungen ist selten sinnvoll.

:-) www.letmeship.com

Überweisungen sind sicher, doch teuer oder/und langsam.

- Eine Überweisung von 100 Euro *in andere Euroländer* kostet rund 17 Euro Gebühren und darf 5 Tage dauern. Die Kosten trägt seit 1999 der Auftraggeber (Code 1, OUR-Regel). Banken, die eine *International Bank Account Number* vergeben (IBAN), überweisen automatisiert und schneller. Mit dem TARGET-Verfahren wird die Überweisung am gleichen Tag gutgeschrieben. Sie brauchen jedoch den *SWIFT-Bank-Identifizier-Code* (BIC), er ist bei den Landeszentralbanken zu erfragen.
- Bei Überweisungen ins außereuropäische Ausland bestimmt die beauftragte Bank den Überweisungsweg. Dauer und Kosten steigen mit der Anzahl der beteiligten Banken, jede berechnet Bearbeitung und Umrechnung. Soll der Empfänger die Kosten tragen (Code 2, BEN-Regel), wird es besonders teuer.

▶ Informieren Sie sich bei den Hauptgeschäftsstellen international tätiger Banken. Für eine Überweisung auf ein Konto benötigen Sie Kontonummer, Bankname, SWIFT-/BIC-Code der Bank, Bankkennung wie FED-ID, bank sorting code.

- Zwischen den Postbanken der Länder sind Überweisungen billiger, es gibt 40.000 Akzeptanzstellen in 140 Ländern.
- Manche außereuropäischen Länder sind in Frankfurt am Main durch Banken vertreten. Diese werden im Länderverzeichnis des Selbstreise-Handbuchs Band 1 genannt.
- Die großen deutschen Banken haben in fast allen Ländern der Welt Korrespondenzbanken.
- Über ein eigenes Direktbankkonto überweisen Sie sich per Internet selbst Geld. Sie benötigen eine persönliche Identifikationsnummer (PIN)

TIPP **Fragen Sie die Deutsche Botschaft oder Auslandstätige nach der besten Überweisungsmethode. Konto-, TAN-/PIN-Nr., Bankkontakte, Kreditkarten.**

und eine Liste mit Transaktionsnummern (TAN). Jede TAN kann nur einmal benutzt werden.

Doch es gibt noch **andere Möglichkeiten:**

- Ein »garantierter Bankscheck« (*Money Order*) ist kein Scheck, sondern eine Zahlungsanweisung einer international tätigen Bank, die sich damit verpflichtet, einen genannten Geldbetrag an den im Dokument Genannten (*to the order of*) auszuzahlen. Die Money Order wird an den Begünstigten versandt, der sie einer Bank zur Einlösung vorlegt. Der Käufer trägt den Begünstigten ein, Datum und Unterschrift und zahlt den eingedruckten Geldbetrag.
- Kaufen Sie bei Ihrer Bank einen **Scheck**, der auf eine Partnerbank oder Niederlassung im Zielland gezogen ist. Den Scheck können Sie selber verschicken oder durch die Bank an den Empfänger senden lassen. Für den Empfänger ist es ein Inlandsscheck.
- In manchen Ländern können Sie bei der Zentralbank eine elektronische **Geldkarte** mit einer beliebig hohen Summe in der Landeswährung aufladen und zahlen dann nur noch mit dieser Paycard, was das Sicherheitsproblem reduziert.
- Der **West African Unit Account,** WAUA, ist der Vorbote der geplanten Einheitswährung für Westafrika. Seit Februar 2000 ist WAUA überall in Westafrika frei konvertibel. Schon jetzt gibt es WAUA-Schecks, die in jedem Mitgliedland der ECOWAS in die jeweilige Landeswährung umgetauscht werden. 1 WAUA = US$1,36. WAUA-Schecks gibt es in Einheiten von 10, 20, 50 und 100 bei allen guten Banken. Beim Kauf wird 1 % Provision fällig.

Wenn Sie Ihre **Kreditkarten verloren** haben:

- Bis zur Sperrung haften Sie meist mit 50 Euro.
- ❑ Jede Karte muss einzeln über die Notrufnummer gesperrt werden.
- ❑ Die Kreditkartengesellschaften versprechen Ersatz in 24 Stunden. Stiftung Warentest ermittelte Wartezeiten von einer Woche.
- ❑ Ersatz für EC-Karten gibt es nicht ins Ausland.

Sperrannahme	**aus dem Ausland**	**in Deutschland**	**im Internet**
EC- & Bankkarten		069/740987	
American Express		069/97971000	www.americanexpress.com
Euro-/Mastercard	001/3142756690	069/79331910	www.eurocard.de
Diners Club		05921/861234	www.dinersclub.de
Visa	0130/410/5813836	0130/814910	www.visa.de
Sperr Service		069/80071122	
Reisebank AG		0180/5225822	

Das Gepäck organisieren

Wasser- und staubdichte **Beutel** und Dosen schützen Ihre Utensilien und organisieren diese in überschaubaren Portionen, damit Sie beim Packen in der Dämmerung nichts übersehen. Sie machen eine Regenhülle für den Rucksack überflüssig und lassen sich platzsparend stauen.

- ❑ Beutel für Hemden, T-Shirts, Hosen, Unterwäsche, Socken ...
- ❑ Beutel für Schuhe & Sandalen
- ❑ Beutel mit Kocher und Zubehör
- ❑ Luftdurchlässiger Beutel für Schmutzwäsche
- ❑ Schlafsackbeutel
- ❑ Beutel für Handtücher
- ❑ Kulturbeutel für Waschzeug
- ❑ Dose für Salben und steril verpackte Spritzen
- ❑ Beutel für Verbandsmaterial
- ❑ Etui mit Reparaturmaterialien
- ❑ Etui mit Kleinteilen

Ihr großes Gepäckstück, **Rucksack oder Koffer,** ist während der Reise meist unbeaufsichtigt: im Hotelzimmer, auf dem Bus, im Flugzeugbauch ...

- ▶ Gepäckstücke mit extra Gurt und Schloss zu verschließen, behindert Gelegenheitsdiebe und das Aufplatzen der Tasche beim Transport.
- ▶ Auffällige Markierungen kennzeichnen Ihr Gepäck.
- ▶ Beschränken Sie sich auf drei Gepäckstücke, etwa Rucksack, Tagesrucksack, Kamera. Drei Teile lassen sich gut transportieren und auf einen Blick erfassen.
- ▶ Bringen Sie außen (verdeckt) und innen (groß und deutlich) am Gepäckstück Heimatadresse und Reiseziel deutlich an.
- ▶ Entfernen Sie vom Schlüsselbund jeden Hinweis auf Hotel, Kfz-Kennzeichen oder Adresse, um Dieben keine Hinweise zu geben.

In Flugzeugen darf **Handgepäck** meist zwischen 5 und 10 Kilogramm wiegen, der Umfang darf 115 cm nicht überschreiten, das sind z.B. 55 x 40 x 20 cm. In das Handgepäck gehören:

- ❑ die teuersten Dinge,
- ❑ regelmäßig zu nehmende Arzneimittel und Notfall-Medikamente,
- ❑ die nötigsten Dinge für 2 – 3 Tage, falls das Gepäck verschwindet,
- ❑ die schwersten Dinge, um Gewichtsgrenzen beim Flug zu umgehen,
- ❑ die Liste aller Reiseutensilien,
- ❑ etwas zum Essen, Trinken, Lesen, Spielen und Entspannen.

Richtig verteiltes Gepäck ermöglicht es, die Reise fortzusetzen, auch wenn etwas abhanden kommt:

- ❑ Alle Reisedokumente und das meiste Geld am Körper tragen.
- ❑ Ins große Gepäck gehören die Kopien aller Reisedokumente.
- ❑ Das große Gepäck kann eine kleine Geldreserve enthalten, vielleicht ein paar Schecks und eine zweite Kreditkarte. Täglich kontrollieren, um Schecks und Kreditkarte bei Diebstahl sofort sperren zu lassen.

Probleme mit dem Gepäck

1987 kam ich in Moskau an – meine Reisetasche jedoch war unterwegs nach Mosambik. Erst vier Wochen später hatte ich sie wieder, lädiert, aber vollständig.

Schäden bei internationalen Flügen können Sie innerhalb von 7 Tagen melden. Sie müssen nachweisen, dass die Beschädigung während des Transports entstanden ist. Die Fluggesellschaften werden von sich aus selten aktiv. Fragen Sie nach Ihren Rechten. Schlagen Sie der Fluggesellschaft eine Verzichtserklärung für weitere Ansprüche vor, das beschleunigt den Vorgang.

- Erstellen Sie eine Liste aller Utensilien mit Wert, Gerätenummer, Farbe, Größe, Marke ... Das hilft bei Polizei, Versicherung, Verkehrsunternehmen, Ersatzbeschaffung ...
- Rucksack oder Koffer exakt und mehrsprachig beschreiben. Mit diesen Angaben soll das Gepäck identifiziert werden.
- Das Gepäck unmittelbar bei der Ankunft auf Schäden prüfen.
- Bei Beschädigung oder Gepäckverlust sofort die Fluggesellschaft informieren und einen *Property Irregularity Report,* PIR, anfertigen lassen. Reklamiert man sofort, genügt der »Anscheinsbeweis«.
- Kleinere Schäden lassen sich meist sofort schätzen und regulieren.
- Bei verspätetem Gepäck zahlen die Gesellschaften einen Vorschuss bis zu 255 Euro und ein »Overnight Kit« für die erste Nacht.
- Bis zu 50 % der Kosten für unumgängliche Ersatzkleidung übernehmen die Fluggesellschaften.

Fluggesellschaften haften bei *nationalen Flügen* höchstens mit 34,50 Euro pro kg für Verlust oder Beschädigung von beförderten Gütern (§ 46 II Luftverkehrsgesetz) und mit maximal 1636 Euro für Gegenstände, die der Fluggast an sich trägt, mit sich führt oder als Reisegepäck aufgegeben hat (§ 46 III LuftVG).

Bei *internationalen Flügen* haften sie mit 250 Franken pro kg bei der Beförderung von aufgegebenem Reisegepäck und Gütern (Art. 22 II Warschauer Abkommen). Das sind bei festgelegtem Wechselkurs ca. 27,35 Euro pro kg Gepäck. Für Gegenstände in der Obhut von Reisenden werden maximal 5000 Franken, ca. 550 Euro gezahlt (Art. 22 III WA).

:-) www.equipped.org, www.daubner.de; www.luftverkehrsrecht.de/Warschauer_Abkommen_Text.html, www.luftrecht-online.de

TIPP **Reisen Sie mit leichtem, übersichtlichem und sinnvoll verteiltem Gepäck. Tragen Sie Geld und Papiere am Körper. Sie benötigen unterwegs: Leinenbeutel, wasserdichte Beutel, Kabelbinder, Schnallgurte. Eine ausführliche Liste und Beschreibung des Reisegepäcks.**

Pakete versenden

Im Iran beschäftigten sich vier Leute mit unserem Paket. Der erste verteilte unsere Anschaffungen auf einem großen Tisch, begutachtete sie und fragte in Zweifelsfällen seinen Vorgesetzten. Eine Vase und ein Silberkrug wurden zurückgewiesen, damit sollten wir zum »Amt für Altertümer«. Der Dritte packte unsere Utensilien in Standardkisten der Post – wir durften nur von Ferne zusehen. Ein vierter Beamter berechnete schließlich die Paketgebühren.

Vergleichen Sie verschiedene Versandwege und Transporteure. Die Versandkosten liegen meist zwischen 2 und 5 Euro pro Kilogramm. Bücher und Broschüren bis etwa 2 kg werden meist billiger versendet. Oft gibt es eine saftige Grundgebühr, so dass leichte Pakete unverhältnismäßig teuer sind (Indien, Nepal). In anderen Ländern (China) ist die Grundgebühr in eine Preisstaffel eingearbeitet. Erfragen Sie also

- ❑ die Maximalmaße und das Maximalgewicht
- ❑ den Preis für das Maximalgewicht
- ❑ Zusatzkosten für Expresslieferung, Versicherung, Verpackung.

Mit etwas Glück nimmt ein heimreisender Tourist Ihr Päckchen mit – wenn sie einander vertrauen. Sonst gibt es folgende **Versandwege:**

- Luftfracht ist schnell und teuer. Von Nepal aus benötigt ein Paket nach Deutschland etwa 10 Tage. Luftfrachtpakete werden geröntgt – legen Sie keine Filme bei!
- Seefracht ist 2 bis 5 Monate unterwegs und leidet deutlich. Gegenüber Luftfracht spart man jedoch bis zu ⅔ der Kosten.
- Auf dem Landweg ist der Versand von europäischen und manchen asiatischen Ländern möglich (surface), auch aus China.

Für den **Transport** kommen in Frage:

- Beim Versand über die **Post** verschicken Sie Pakete möglichst nur von den Hauptpostämtern großer Städte. Dort hat man Erfahrung. Postämter bieten einen teuren, weltweiten Express-Service (EMS).
- Deutsche **Speditionen** haben Vertretungen in aller Welt. Die Deutschen Botschaften versenden ihre Post und den Hausrat der Botschaftsangehörigen über bestimmte Speditionen, dort erfahren Sie auch deren Adresse. Zwar darf Privatpost nicht mit der Botschaftspost befördert werden – aber Sie können ja bei der Spedition selbst einmal nachfragen. Diese Versandart eignet sich für große Mengen.
- **Cargounternehmen** eignen sich eher für Großtransporte. Diesen Service bieten viele Fluggesellschaften, die Vertretungen deutscher Firmen im Ausland sowie ausländische Firmen, die nach Deutschland exportieren.

Dieser Weg ist besonders kundenfreundlich: Sie geben Ihr Versandgut ab, um Verpackung, Zoll, Auflieferung kümmert sich der Unternehmer. Lassen Sie sich einen Exporteur empfehlen! Händler bieten diesen Service oft nur als Vermittler an. Dafür zahlen Sie dann extra.

- **Kurierdienste** finden Sie im Branchen- oder Telefonbuch. Fragen Sie die Händler größerer Läden oder Botschaftsangehörige. Dies ist die teuerste, schnellste und sicherste Möglichkeit. Die Preise liegen um 100 US$ pro Kilo. Dafür wird oft ein 24-Stunden-Service weltweit angeboten. Das ist nur etwas für den Notfall, beispielsweise, um den Pass nach Hause zu schicken, damit dort ein Visum erteilt wird.

Während des Transports liegen die Pakete im Lager, auf Bahnhöfen oder zuunterst in einem meterhohen Stapel. Sie werden gequetscht, gestoßen, geworfen, fallen und stehen in Hitze, Regen und Frost. **Verpacken** Sie Ihr Paket gut und planen Sie mindestens einen halben Tag für die Vorbereitungen:

- ▶ Verpackungsmaterial erhalten Sie bei Hauptpostämtern, Spediteuren, Buchhandlungen, auf Märkten ...
- ▶ Einen Karton mit Folie oder einem Kunststoffsack auslegen und sicherheitshalber mit der Zieladresse beschriften.
- ▶ Kanten und Ecken mit reißfestem Textilklebeband sichern, die Zieladresse auf den Karton schreiben, das Zielland auch in der Landessprache.
- ▶ Unverschlossen geht's damit zur Waage – eventuell muss ja wieder etwas 'raus. Das Maximalgewicht beträgt meist 20 kg, aber auch schon mal 10 oder 30 kg.
- ▶ Dann wird der Inhalt vom Zoll geprüft. Je besser und kompakter sie packen, desto geringer ist die Lust der Zöllner, darin zu wühlen.
- ▶ Dann den Sack mit einem Kabelbinder verschließen, den Karton verkleben und mit Bindfäden verzurren.
- ▶ In Indien, Pakistan, Nepal ... wird das Ganze abschließend in weißes Leinen eingenäht und versiegelt. Und wieder wird die Zieladresse mit dickem Filzstift gut lesbar aufgetragen.

:-) www.ups.com, www.dhl.de, www.kurier.com, www.posttip.de (mit Paketrechner), www.deliver-it.com, www.routesinternational.com, www.letmeship.com

TIPP **Vergleichen Sie verschiedene Versandwege für ein 20-kg-Paket. Sie benötigen unterwegs: reißfestes Klebeband, Schnur, Filzstift, Adressetiketten.**

TRANSPORTMITTEL

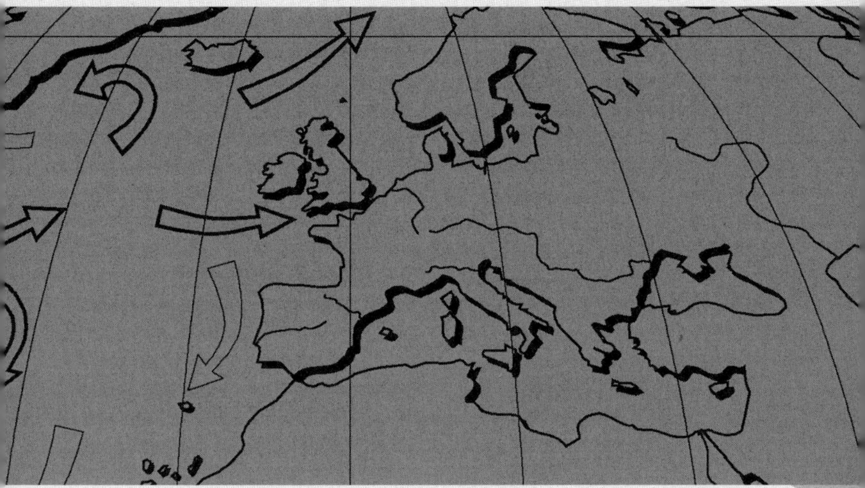

Öffentliche Verkehrsmittel

Eisenbahnsysteme sind aufwändige und teure Hauptschlagadern eines Landes. Nebenstrecken und kleine Dörfer sind eher mit Bussen zu erreichen. Wo es keinen organisierten Personenverkehr gibt, übernehmen Postbusse, Lkw oder Privatfahrzeuge dessen Aufgaben.

Hier einige der vielfältigen **Nahverkehrsmittel:**

- Dreirädrige Fahrradrikscha (*Becak, Trishaw, Cyclo*) mit überdachtem Sitz für 1 – 2 Personen.
- Motorradrikscha (*Tempo, Tuk-Tuk, Samlor, Velicak, Tricycles*) mit drei Rädern, überdachter Sitzbank bzw. »Kabine« für bis zu 4 Personen.
- Taxi und Sammeltaxi (*Local Taxi, Dolmus, Matatu, Taxi-brousse, Louage, Daladala, Colectivo*), meist Kombis für etwa 8 – 10 Personen.
- Minibusse (*Tro-Tro, Minivan, Car*) für rund 20 Personen sowie Stadt- und Fernbusse.
- Kleinlaster (*Pickup, Bachette, Bemo, Jeepney, Oplet*) für bis zu 40 Personen.

Vor der Fahrt:

- Zeigen Sie mit Handzeichen, dass Sie mitfahren wollen. Es gibt zwar Routen, aber oft keine Haltestellen.
- Verhandeln Sie den Preis vor der Fahrt.
- Ein Taxameter hilft Ihnen nur, wenn Sie den Weg kennen. Die meisten Taxameter können auf zwei Tarife eingestellt werden (Tag/Nacht oder Stadt/Außerstädtisch), schauen Sie genau hin.
- Wählen Sie für den Weg zum Flughafen nicht das billigste, sondern das sicherste Verkehrsmittel. Ein verpasster Flug ist teuer.
- Bei Fahrten über Grenzen hinweg ist es billiger, nur bis zur Grenze zu lösen.

Unterwegs: Viele Busse, Taxis, Bahnen scheinen sich ausdehnen zu können – sie sind nie voll. Wer durch Fenster und Türen nicht mehr hineinkommt, klettert aufs Dach, steht auf Stoßstangen oder Puffern. Mittendrin sitzen, stehen, klemmen Sie stundenlang. Das garantiert hautnahen Kontakt zur Bevölkerung. Abgesehen von den verschiedenen Klassen könnte es getrennte Abschnitte für Männer und Frauen, für verschiedene Kasten, Plätze für Mönche geben.

> **TIPP** **Packen Sie so, daß Sie auch bei doppelter Fahrzeit über alles Nötige verfügen gegen Hunger, Durst, Staub, Kälte, Hitze, Sonne, Durchzug, Wind, Regen, Müdigkeit …**

> **TIPP** **Nützlich sind unterwegs: Kissen, Ohrenstopfen, Wasser, Proviant, Decke, Sonnenbrille, Hut, Halstuch, Taschenlampe.**

- Reservieren Sie, falls möglich, aber verlassen Sie sich nicht darauf.
- Sichern Sie Ihren Platz frühzeitig und verteidigen Sie ihn.
- Teilen Sie sich mit einem Mitreisenden die Aufgaben: Einer verstaut das Gepäck, der andere kämpft um die Plätze. Seien Sie der Erste oder der Letzte, beides hat Vor- und Nachteile.
- Sammeltaxis und Minibusse warten oft, bis der Wagen voll ist. »Voll« ist allerdings relativ. Wenn mehrere Fahrzeuge bereit stehen, wählen Sie daher das vollste, wenn Sie möglichst bald fahren wollen und das leerste, wenn Ihnen ein guter Sitzplatz wichtiger ist.
- Oft ist die Beschallung gut, nehmen Sie Ohrenstopfen mit.
- Gerade in Asien ist die Bestuhlung für Europäer extrem eng. Bei längeren Fahrten schwellen die Füße an. Dagegen hilft nur bewegen, liegen oder Stützstrümpfe tragen.
- Rechnen Sie nicht mit pünktlicher Abfahrt und Ankunft.
- Frauen sollten einen Einzel- oder Randplatz suchen, um mit möglichst wenig Nachbarn Körperkontakt zu haben.

Ihr **Gepäck** sollte möglichst klein sein, ins Gepäcknetz passen, auf den Nebensitz, unter den Sitz, auf den Schoß [→ Gepäck, Seite 45].

- Lagern Sie Ihr Gepäck so, dass Sie es sehen können, schließen Sie es evtl. an.
- Möglicherweise müssen Sie für ein großes Gepäckstück extra zahlen, wenn es einen Platz blockiert.
- Liegt das Gepäck auf dem Dach oder nicht in Ihrem Blickfeld, dann achten Sie bei jedem Halt darauf, dass es nicht ab- bzw. ausgeladen wird.

:-) www.routesinternational.com

Fahrtenbuch

- ❑ bei *für* Entweder das verwendete Verkehrsmittel eintragen oder die Art der Ausgabe (Benzin, Reparatur, Gebühr ...)
- ❑ Zwischensumme der Landeswährung bei Ausreise
- ❑ Summe der Ausgaben *in €* sowie Gesamtstrecke

Ihr Fahrtenbuch

Datum	von	nach	Kosten	in €	für	Distanz	Fahrtdauer
...	...	...	...	...	...	...	...

Mit Bus und Eisenbahn

Neben den **Buslinien** für Einheimische gibt es manchmal noch »Tourist-« oder Luxusbusse, mit oder ohne Aircondition (AC). Die besten Sitzplätze in Bussen liegen in der vorderen Mitte. Der Fahrer weicht mit der Vorderachse den Schlaglöchern besser aus, außerdem ist die Aussicht besser und bei Pausen sind Sie schneller draußen. Bei Bergfahrten ist die Talseite interessanter, Ängstliche bevorzugen die Hangseite. Meiden Sie Busse mit betrunkenem Fahrer. Lange Fahrten starten häufig abends, weil es kühler ist und die Straßen leer sind.

Doch **Vorsicht** bei den folgenden Plätzen:

- Die Plätze am Einstieg sind gefährdet durch Zugluft, Gedränge und viel Gepäck im Gang, allerdings ist man auch schneller draußen.
- In alten Bussen ist neben dem Fahrer ein »Buckel«. Darunter liegt der Motor, entsprechend heiß und laut ist es.
- In der Nähe der Hinterachse müssen Sie die meisten und heftigsten Stöße bei schlechter Straße ertragen.
- Die hinterste, meist durchgehende, Sitzreihe ist besonders schlecht. Auf deren Mittelplätzen können Sie sich nicht festhalten.
- Meiden Sie die Nähe von Lautsprechern und kaputten Fenstern.

:-) www.busreisen.de, www.rotel-tours.com, www.fahrplan-online.de, www.deutsche-touring.com

TIPP **Unterwegs nützlich: Toilettenpapier, Wasserflasche, Schlauchstück, Waschlappen, großes Tuch.**

Es gibt in Ägypten klimatisierte, ruhige und geräumige Züge mit gepolsterten Sesseln. Wir jedoch wollten wissen, wie die Fellachen reisen und entschieden uns für die Fahrt in der Holzklasse. Der einfahrende Zug stand noch nicht, als hunderte die Waggons stürmten. Durch Türen und Fenster drängten schimpfende Mütter mit Kindern und Väter stießen mit Gepäck in die Waggons. Der Zug fuhr an, doch noch lange blieben Türen und Fenster verstopft. Freundlich lächelnde Menschen setzten Füße, Knie, Ellbogen gnadenlos ein im Kampf um jeden Zentimeter. Die heiße Luft füllte sich brodelnd mit dem Geruch von Urin und Schweiß, Gewürzen, Ziegen und aufgewirbeltem Staub. Durst und Hunger, Müdigkeit und Kopfschmerzen prägen die Erinnerung an eine 24-stündige Fahrt – für gut 200 km.

Die **Eisenbahn** ist meist komfortabler als andere Verkehrsmittel, in jedem Fall auch ökologisch sinnvoller:

- Auch ohne Schlaf- oder Liegewagen sind Übernachtungen möglich – auf den Sitzen, im Gang, im Gepäckwagen oder im Gepäcknetz.

- Selbst wenn kein Speisewagen mitfährt, bieten fliegende Händler auf den Bahnhöfen Essen und Getränke an. Passendes Kleingeld bereithalten!
- Toiletten sind vorhanden, selbst wenn sie nur durch ein Loch im Waggonboden symbolisiert werden.
- Man kann sich bewegen, auf- und ablaufen, Leute kennen lernen ...

▶ Um dem Gedränge beim Ein- und Aussteigen auszuweichen, steigen Sie in der Ersten Klasse ein und gehen innerhalb des Zuges zum Abteil.

▶ Die oberen Betten im Liegewagen sind wärmer und haben die schlechtere Luft. Oder sie sind zugiger, weil der Ventilator oder die Klimaanlage direkt darauf bläst. Klimaanlage und Zugluft führen besonders in tropischen Ländern zu Erkältungen.

▶ Nehmen Sie daher warme Sachen mit in den Zug.

▶ Den Sitzplatz zu reservieren ist empfehlenswert.

In den meisten Ländern bietet die 2. Klasse genügend Komfort. Die 3. oder (falls es sie gibt) 4. Klasse fallen dagegen dramatisch ab und dienen in vielen Ländern als eine Art »Gütertransport für Menschen«. Sitzbänke können fehlen oder bestehen einfach aus einem Brett, Fensterscheiben gibt's nicht, die Toilette ist in einer Ecke mit ein paar Brettern abgetrennt. Menschen, Vieh und Güter füllen solche Waggons bis zum Bersten, »volle« Waggons gibt es nicht. Der Kontakt zu den Mitmenschen ist hautnah im engsten Sinne des Wortes.

Auch ohne Reservierung finden Sie in **überfüllten Zügen** Platz:

▶ An einem Tisch im Zugrestaurant.

▶ Im Gepäckwagen oder im Dienstabteil des Schaffners.

▶ Ein Notsitz auf dem Gang. Die ruhigsten Gänge finden sich im ersten und im letzten Waggon sowie vor dem Gepäckwagen.

▶ Gegen Nachzahlung in der ersten Klasse.

Trinkwasser kann knapp werden und auch das Wasser fürs Handwaschbecken kann schon mal ausgehen.

▶ Um sich bei langen Bahnreisen besser waschen zu können, nehmen Sie ein Schlauchstück mit, das über den Wasserhahn im Becken passt.

:-) www.bahnweb.de, www.railserve.com

:-) Railroad, Subway & tram maps:
http://gamayun.physics.sunysb.edu/RR/maps.html
für Europa: http://mercurio.iet.unipi.it/home.html, www.interrail.net, www.trans-sib.de, www.orient-express.com, www.lokomotive.de

Trampen & Mitfahren

Trampen als Ausdruck eines Lebensstils gibt es in Europa schon lange nicht mehr. Dort, wo die öffentlichen Transportmittel billig sind, wird von Europäern eher erwartet, dass sie diese benutzen. Doch überall, wo es so gut wie keine öffentlichen Verkehrsmittel gibt, ist das »hitch-hiking« bzw. der »auto-stop« wichtig. Dann ist das Mitgenommen-werden oft ein kostenpflichtiger Service. Vorsicht mit dem erhobenen Daumen! Das kann eine Beleidigung sein. Manchmal zeigt man mit dem Zeigefinger lässig in Fahrtrichtung auf den Boden, manchmal genügen »beschwichtigende« Gesten mit der flachen Hand.

TIPP **Sie benötigen: Straßenkarte, Karton, Filzstift, Handgepäck.**

Für Ihre **strategischen Überlegungen** ist eine Straßenkarte nötig. Auch ist es sinnvoll, die Nummernschilder des Landes lesen zu können.

- Hinter welcher Kreuzung ist der beste Standort für Autos in der gewünschten Richtung? Fahren öffentliche Verkehrsmittel dorthin?
- Welcher zeitliche Rhythmus bestimmt den Verkehr? Wann ist lokaler Berufsverkehr, wann fährt man die Überlandrouten?
- Wollen Sie auch Teilstrecken fahren? Dann muss der nächste Umsteigeort optimal geplant sein für die nächste Etappe.
- Ein Schild mit dem Fahrtziel erhöht die Aufmerksamkeit, weil jeder versucht, den Text zu lesen. Es verringert die Zahl der haltenden Fahrer, erhöht jedoch die Wahrscheinlichkeit, in einer Etappe bis zum Zielort zu gelangen. Am besten lesbar ist Kreide auf schwarzer Pappe oder schwarzer Filzstift auf gelbem Karton.
- Für aktives Trampen brauchen Sie eine Ampel, eine Tankstelle, einen Rasthof oder dergleichen.

Über den Erfolg beim passiven Trampen entscheidet der **Standort:**

- Der Autofahrer muss den Anhalter schon von weitem als solchen erkennen können. Vielleicht überlegt er sich ja anzuhalten.
- Er muss gefahrlos verlangsamen und halten können. Hohe Verkehrsdichte und Beschleunigungsstrecken sind daher schlecht.
- Er muss legal halten können. Durchgezogene Linien, Halteverbot, Schnellstraßen sind schlechte Plätze.
- Nachts und an dunklen Stellen sind Sie schlecht zu sehen – suchen Sie sich eine Straßenlaterne und kleiden Sie sich hell.
- An Steigungen wird wohl kaum ein schwer beladener Lkw anhalten, bei Gefälle geben alle gerne Gas.
- Hinter einem Grenzübergang sind die Chancen besser als davor.

In Sekundenschnelle entscheidet schließlich **der äußere Eindruck:**

- Nicht am Straßenrand sitzen oder liegen, sondern stehen.
- Nehmen Sie Blickkontakt auf, nicken Sie freundlich, zeigen Sie ein Lächeln. Da muss jetzt ein netter, lebendiger und Unterhaltung versprechender Mensch zu sehen sein, mit klaren Augen und offenem Gesicht – ohne Sonnenbrille, Hut und dergleichen.
- Pfeife, Zigarette, Bierflasche und ein heruntergekommener Eindruck verlocken nicht zum Halten.
- Unter weiten Mänteln, Capes und dicken Jacken könnten aus Sicht des Autofahrers Waffen o.ä. versteckt sein.
- Zeigen Sie großes Gepäck nicht so deutlich.
- Beim aktiven Trampen sprechen Sie Autofahrer mit passendem Kennzeichen an. Packen Sie eine zündende, kurze Story in drei Sätze: Wagen liegen geblieben, kein Taxi, den Zug verpasst ...

Viele Autofahrer haben **Angst,** einen Unbekannten ins Auto zu lassen. Doch umgekehrt gibt es größeren Anlass zur Besorgnis:

- Der Fahrer kann mit Ihrem Gepäck wegfahren – sogar aus Gedankenlosigkeit. Also bitten Sie ihn vor dem Aussteigen, den Kofferraum zu öffnen.
- Sie können einen Angeber erwischen, der Ihnen jetzt mal zeigt, wie man richtig fährt. Oder ein betrunkener Fahrer fährt ohne Führerschein ein geklautes Auto.
- Sie können sexuell belästigt werden.

Welche **Vorsichtsmaßnahmen** gibt es?

- Wenn Sie kein gutes Gefühl haben, steigen Sie nicht ein.
- Wer souverän und selbstsicher auftritt, wird weniger belästigt.
- Geschlechtsneutrale Kleidung und ein Ehering schaffen Distanz.
- Steigen Sie nicht in einen Wagen, in dem mehrere Männer sitzen.
- Fragen Sie den Fahrer zu Beginn der Fahrt nach seinem Namen, schreiben Sie das Kennzeichen auf oder machen Sie ein Foto, als »Andenken«. Das hält vielleicht schon von Dummheiten ab.
- Orientieren Sie sich beim Einsteigen, wie Sie schnell rauskommen.

:-) www.mfz.de, www.hitch-hiker.de, www.mitfahrzentrale.de, www.trampen.de, www.mitfahrzentralen-adm.com

TIPP **Betrachten Sie Ihren Standort und Ihr eigenes Auftreten aus Sicht der Autofahrer. Würden Sie anhalten?**

Per Anhalter mit dem Lkw

Acht Tage fuhren wir auf der Ladefläche eines Lkw durch den Südsudan. Vier Meter über der Erde auf einem schwankenden Berg von Säcken, auf dem Rand von ölverschmierten Fässern, zwischen Holzkohlestücken und Trockenfisch, gemeinsam mit 15 Einheimischen, ständig im Kampf um einen besseren Sitzplatz. Schlaglöcher warfen uns durcheinander, wir klammerten uns an Stricken fest, bis die Hände wund gescheuert waren. Die Sonne brannte, der Wasserbeutel war leer. Am zweiten Tag war der Durst so groß, dass auch das Nilwasser schmeckte. Für Verpflegung hatten wir gezahlt: Abends kochte der Gehilfe des Fahrers eine riesige Schüssel Brei. Dazu kam Fleisch oder Fisch – wenn wir Glück hatten: Mal bezahlt ein Passagier mit einem Fisch, mal zahlt jemand mit einem Huhn und in einer Nacht lief uns eine Gazelle vors Auto. Acht Menschen hockten dann gegen Mitternacht rund um die Schüssel, gegessen wurde mit den Fingern. Da hieß es, schnell zu sein, sonst blieb man hungrig …

Einerseits können Sie sich auf die **Erfahrung der Lkw-Besatzung** verlassen. Die kennen ihren Wagen, die Route, die Gegend (hoffentlich). Dadurch ist ihnen aber vieles selbstverständlich, was den Mitfahrern noch lange nicht klar ist. Insbesondere ein unterschiedliches Zeitgefühl oder ein anderes Verständnis von Bequemlichkeit können für unangenehme Situationen sorgen. Besser ist es, sich eigene Gedanken zu machen und rechtzeitig nachzufragen. Und fast überall auf der Welt fahren Trucker unter Termindruck. Übermüdung ist schon fast eine Berufskrankheit.

Wo Sie Lkw-Fahrer ansprechen können: Truckstopps benötigen viel Platz zum Parken, Laden, Rangieren und liegen daher oft außerhalb der Ortschaften an größeren Kreuzungen von Überlandstraßen mit Tankstelle, Werkstatt, Restaurant, billigem Hotel …

Klären Sie die **näheren Umstände der Fahrt:**

- ❑ Mitfahrt auf der Ladefläche, in der Fahrerkabine oder Schlafkoje?
- ❑ Wird durchgefahren oder übernachtet? Wie und wo?
- ❑ Gibt es unterwegs Wasser und Lebensmittel?
- ❑ Wie groß ist die Lkw-Besatzung und wie viele Passagiere gibt es?
- ❑ Wie lange dauert die Fahrt nach Einschätzung des Fahrers? Drängen Sie auf eine realistische Einschätzung!
- ❑ Sind die Enden der Blattfedern noch nach oben gebogen? Einem überladenen Lkw brechen bald die Federblätter.
- ❑ Sind die Reifen tief eingerissen und können Sie vielleicht schon die Stahlkarkasse sehen? Auch hier ist die nächste Panne absehbar.
- ❑ Wird das Reisegepäck auf der Ladung verstaut, unter der Plane verzurrt? Dann kommt man da kaum noch dran.

Optimal ist ein gering beladener **Lkw mit weicher Ladung.**

- Stellen Sie das Handgepäck zusammen: Schutz gegen Sonne und Staub, Regen und Wind, gegen Hitze und Kälte ...
- Verpflegung für die Fahrtdauer plus 1 – 2 Tage sollten Sie selbst organisieren. Vielleicht gefällt Ihnen nicht, was Sie unterwegs finden.
- Sichern Sie lose Ladung. Holzkohle staubt, Trockenfisch und Gewürze stinken, Fässer mit Motoröl, Diesel etc. sind vielleicht undicht.
- Sichern Sie Ihr Gepäck an einer leicht zugänglichen Stelle, denn unterwegs brauchen Sie beide Hände zum Festhalten. Schlaglöcher und Lenkmanöver würfeln Ladung und Passagiere durcheinander.
- Schaffen Sie sich eine ebene, weiche und kantenfreie Sitz- oder Liegefläche und basteln Sie sich Halteschlaufen.

Der **hoch beladene Truck** erfordert nicht nur Kletterfähigkeiten, sondern auch eine gute Kondition und hohe Belastbarkeit:

- Auf der Pritsche ist es einige Stunden lang amüsant – später wird die Fahrt zur Tortur, denn die Reisenden sind den Straßenverhältnissen, dem Fahrstil und dem Wetter hilflos ausgesetzt. Sonne und Regen, Hitze und Kälte führen viele an den Rand der Erschöpfung.
- Der Platz auf dem Dach oder auf der Ladung, bis zu vier Meter über dem Boden, ist gefährlich wegen tief hängender Äste, Stromkabel, Seile, Unterführungen... Suchen Sie Schutz hinter der Ladung oder Ihrem eigenen Gepäck. Bei Rechtsverkehr ist besonders die rechte Fahrtseite durch den Kontakt mit Ästen gefährdet.
- Bei Konvoifahrten schlucken die hinteren Lkw den ganzen Staub.
- Eine geschlossene Plane über der Pritsche schützt vor Sonne, Regen und Wind. Sie kann aber auch zum stauberfüllten Glutofen werden.

Die **Bezahlung** sollte am Zielort erfolgen. Sonst ist man an den Truck gebunden, falls der durch Panne oder Unfall liegen bleibt oder seine Pläne ändert. Kompromiss: 10 % Anzahlung oder 50 % des Fahrpreises auf der halben Strecke. Beim Verhandeln des Preises klären Sie die Umstände: Der teuerste Sitzplatz ist in der Fahrerkabine, der billigste hinten auf der Ladefläche. Je mehr Passagiere mitfahren, desto billiger sollte es werden.

:-) www.transportweb.de

TIPP **Sie benötigen unterwegs Nahrung, mehrere Wasserflaschen, Sonnenschutzmittel, Sonnenbrille, Hut oder Mütze, Handschuhe, Staubmaske, Halstuch, Seilstück, feste Schuhe, Schlafsack, Unterlegmatte.**

Mit dem eigenen Fahrzeug

TIPP Sie benötigen unterwegs: Grüne Versicherungskarte, Internationalen Führerschein.

Einige einfache Regeln helfen Ärger zu vermeiden:

- Erkundigen Sie sich vor der Einreise über Verkehrsschilder, Tempolimits, besondere Straßenverkehrsregeln, ungeschriebene Gesetze.
- Rechnen Sie bei Autobahnen mit 80 bis 100 km/Stunde, auf Landstraßen mit 60 bis 70 km/Stunde, auf Pisten mit 25 km/Stunde Reisegeschwingigkeit.
- Für die Durchquerung einer Kleinstadt oder die Umfahrung einer Großstadt setzen Sie etwa eine Stunde an.
- Mehr als 7 Stunden Fahrtzeit pro Tag erhöhen die Unfallgefahr erheblich, das Leistungstief liegt in den frühen Nachmittagsstunden.
- Auch wenn Sie sich abwechseln, sollten Sie nicht mehr als 12 Stunden Fahrtzeit planen. Erschöpfung oder Fahrfehler kosten letztlich mehr Zeit als Sie sparen können.

:-) www.auto.de, www.adac.de, www.motorists.org, www.ace-online.de

Bei jeder Fahrt **riskieren Sie Pannen,** die aus eigener Kraft nicht zu beheben sind. Das kann in manchen Gegenden lebensbedrohliche Folgen haben. Beachten Sie vor solchen Fahrten einige **Prophylaxeregeln:**

- Checken Sie das Fahrzeug vor der Fahrt gut durch.
- Richtiger Reifendruck erhöht die Fahrsicherheit und spart Energie. Umrechnungshilfe: 1 atm ~ 1 bar = 10.000 Pa = 14,5 psi (lb/in^2)
- Nehmen Sie mehr als genug Reservetreibstoff und Motoröl mit. In manchen Ländern dürfen Treibstoffreserven nur beschränkt ein- oder ausgeführt werden oder Reservekanister sind gar verboten.
- Bleiben Sie auf einer verkehrsreichen Route.
- Nehmen Sie Wasser und Lebensmittel für mehrere Tage mit.
- Sorgen Sie vor: Hitze, Kälte, Wind, Staub, Regen, Sturm [→ Seite 157ff].
- Nehmen Sie Material für Bergung und Notsignale mit [→ Seite 237].

Sicheres Fahren in unbekannten Gegenden:

- Fahren Sie im Konvoi mit mindestens zwei Fahrzeugen.
- Defensives Fahren schützt vor Überraschungen.
- Vermeiden Sie Nachtfahrten wegen unbeleuchteter Fahrzeuge, ungesicherter Baustellen, Tieren, Schlaglöchern, Sandverwehungen ...
- Hupen Sie vor unübersichtlichen Stellen und beim Überholen.
- Nähern Sie sich Straßensperren der Polizei und des Militärs langsam. Fahren Sie nur bei eindeutigen Handzeichen weiter. Bleiben Sie ruhig sitzen, drehen Sie langsam die Scheibe herunter und legen Sie die Hände sichtbar auf das Lenkrad. Vermeiden Sie schnelle Handbewegungen.

Bei einer **Notbremsung** immer voll bremsen, auch bei glatter Straße. Den Bremsdruck kurz wegnehmen, wenn die Reifen blockieren. Dann wieder bremsen. Intervallbremsung führt zu längeren Bremswegen.

- Wenn die Bremsen versagen, pumpen Sie mit dem Pedal, bleiben Sie auf der Bremse. Handbremse ziehen. Herunterschalten.
- Abbiegen oder hangaufwärts fahren.
- Der Versuch, einen Aufprall mit durchgedrückten Knien oder ausgestreckten Armen abzufangen, erhöht die Verletzungsgefahr. Machen Sie sich klein. Verlassen Sie sich auf den Sicherheitsgurt.
- Beim vorhersehbaren Frontalzusammenstoß lenken Sie den Wagen mit getretener Kupplung in spitzem Winkel von der Straße, an Planken, Mauern, Felsen entlang oder in Hecken, Schneewehen ...

Panne in der Wildnis? Bleiben Sie beim Fahrzeug. Ein Auto ist besser zu finden als ein Fußgänger [→ Seite 60].

- Halten Sie sofort an, wenn Sie glauben, sich verirrt zu haben, und vergeuden Sie keinen Treibstoff. Bewahren Sie Ruhe.
- Orientieren Sie sich mit dem Fernglas und mit Hilfe einer Karte von erhöhten Punkten oder vom Wagendach aus. Notfalls fahren Sie auf Ihren eigenen Spuren zurück. Notieren Sie Kilometerstand, Strecke, Richtung und Orientierungspunkte bei jedem Stopp.
- Bei einer Panne überlegen Sie sich die Möglichkeiten und den Zeitbedarf zur Reparatur. Dauert sie länger, so sichern Sie zunächst Nahrung, Wasser, Schutz und Wärme für die Nacht.
- Rangieren Sie den Wagen so, dass er möglichst gut zu sehen ist. Legen Sie ein großes Kreuz aus Alufolie, roten Tüchern, Steinen oder Stämmen, das gut aus der Luft zu sehen ist.
- Bereiten Sie ein Signalfeuer vor. Ein Benzin getränkter Lappen hilft beim Entzünden. Tags ist der schwarze Rauch eines ölgetränkten Lappens gut zu sehen, nachts helfen rhythmische Lichtsignale. Eine ausgebaute Scheibe kann als Spiegel benutzt werden.
- Überlegen Sie: In welcher Richtung und wie weit ist ganz sicher der nächste bewohnte Ort oder die nächste befahrene Piste zu finden?
- Wenn Sie den Wagen verlassen, hinterlassen Sie eine Nachricht mit Angabe von Personenanzahl, Marschrichtung, Abmarschzeit und -datum sowie Ziel.
- Trinken Sie niemals das Kühlwasser – es ist giftig!

TIPP **Kontrollieren Sie regelmäßig Öl, Batteriewasser, Kühl- und Bremsflüssigkeit, Luft sowie den sichtbaren Zustand des Motors und der Räder.**

Fahrzeugpanne

Überall auf der Welt gibt es Handwerker, die mit geringen technischen Möglichkeiten Erstaunliches leisten. Vieles ist auch ohne Ersatzteile lediglich eine Frage der Zeit. Schlimmstenfalls chartern Sie einen Lkw, packen Ihren Wagen drauf und fahren in die nächste große Stadt. In großen Städten sind große Autofirmen vertreten: Mercedes, Ford, VW usw. Oft stammt der Werkstattleiter aus dem Land der Firma. Zwischen den Städten baut vielleicht gerade eine Firma eine Straße, einen Damm, bohrt nach Erdöl ... Dann gibt es dort auch eine Werkstatt.

- ▶ Fragen Sie Bus- oder Lkw-Fahrer nach Werkstätten.
- ▶ Vereinbaren Sie vor der Reparatur eine Kostengrenze und hinterlassen Sie Ihre Telefonnummer.

Zündprobleme: Motor springt nicht an.

- ▶ Wenn beim Starten keine Lampe brennt, ist die Batterie leer.
- ▶ Ist Strom vorhanden, aber keinerlei Startgeräusch zu hören, klemmt vermutlich der Magnetschalter im Anlasser. Leichtes Klopfen mit einem Hammer löst ihn, möglichst bei gleichzeitigem Startversuch.
- ▶ Zwischen den Startversuchen zehn Sekunden Pause einlegen, damit sich die Batterie erholt.
- ▶ Ist der Motor durch zu viel Gas geben »abgesoffen«, fünf Minuten Pause einlegen oder die Zündkerzen herausdrehen und trocknen.

Bei **leerer Batterie** klären Sie zunächst die Ursache:

- ❑ Waren Licht, Radio ... eingeschaltet? Überprüfen und ausschalten.
- ❑ Hat ein Kurzschluss oder Kriechstrom die Batterie entladen? Dann muss die Ursache vor einem neuen Startversuch behoben werden!
- ❑ Ist die Batterie zu alt und/oder war es zu kalt? Batterie ausbauen und im Haus, auf der Heizung aufwärmen. Beim Ausbau zuerst den Minuspol lösen, beim Einbau zuerst Pluspol befestigen.
- ❑ Ist der Wasserstand ausreichend?

Anschieben: Sie haben vielleicht nur einen kurzen Abhang oder nur wenig Kraft. Setzen Sie Ihre Möglichkeiten daher überlegt ein:

- ▶ den Wagen anschieben, besser hangabwärts rollen;
- ▶ bei genügend Schwung im 2. oder 3. Gang schnell einkuppeln;
- ▶ Gas geben bis die Ladekontrolleuchte erlischt.

Bei **Starthilfe** mit einer vollen Batterie (1) an der leeren Batterie (2):

1. Suchen Sie zunächst die Bezeichnungen der Pole (plus, minus).
2. Rotes Kabel verbindet Pluspol Batterie 1 mit Pluspol Batterie 2.

3. Schwarzes Kabel verbindet Minuspol Batterie 1 mit Motorblock 2 (am Minuspol der Batterie 2 könnte sich Wasserstoffgas entzünden).
4. Haben alle Polzangen richtigen Kontakt?
5. Motor 1 starten, dann Startversuch Motor 2.
6. Licht bei Wagen 2 einschalten, erst dann
7. schwarzes Kabel lösen, rotes Kabel lösen, Licht ausschalten. Diese Vorgehensweise ersetzt Zusatzgeräte gegen Spannungsspitzen.

- Übrigens: Starthilfe über Zigarettenanzünder ist nicht möglich, auch wenn manche Geräte das versprechen!

TIPP **Hilfreich unterwegs: Starthilfekabel, Reservekanister, Öl, Sicherungen.** **[→ Motorrad Seite 66]**

Die rote **Ladekontrolleuchte** signalisiert eine Ladeunterbrechung. Ab nun wird die Batterie nicht mehr geladen.

- Alle Stromverbraucher ausschalten und sofort anhalten.
- Der Stromkreis ist unterbrochen: Sicherung, Steckverbindungen und Leitungen prüfen.
- Der Keilriemen sitzt zu locker und muss gespannt werden.
- Der Keilriemen ist gerissen und muss ersetzt werden. Er treibt oft auch das Lüfterrad oder die Kühlwasserpumpe an.
- Die Lichtmaschine ist defekt.

Die **Motortemperatur** steigt gefährlich an.

- Sofort anhalten, Motor laufen lassen, Heizung einschalten.
- Ist genügend Wasser im Kühler? Nach dem Abkühlen auffüllen, undichte Stelle suchen.
- Ist der Keilriemen gerissen? Siehe unter Ladekontrolleuchte.
- Läuft der Kühlerventilator? Falls nicht:
- Ist der Stromkreis unterbrochen? Sicherung, Steckverbindungen und Leitungen prüfen.
- Ist der Thermostat defekt? Durch Überbrücken den Lüfter auf Dauerbetrieb stellen.

Probleme mit **Licht und Elektrik:**

- Ersetzen Sie die durchgebrannte Lampe. Falls Sie keine haben: Bei Rechtsverkehr ist es wichtiger, die linke Wagenseite zu beleuchten. Die Glasteile der Lampe mit Papier anfassen, nicht mit den Fingern.
- Ist eine Sicherung durchgebrannt? Ersetzen Sie diese. Eine Sicherung mit höherer Amperezahl kann Folgeschäden bewirken.
- Brennt die neue Sicherung ebenfalls durch? Suchen Sie nach einem Kurzschluss oder einer durchgescheuerten Isolierung im Leitungssystem.

Tanken & laden

TIPP **Nützlich unterwegs: Gepäckträger, Seil, Karabiner, Spanngurt, Netz, Keil, Kantenschutz, Trichter mit Filter, feinmaschiger Stoff, 20-l-Stahlkanister.**

Wo die Tankuhr fehlt, Treibstoff literweise aus Flaschen oder per Handpumpe aus einem Fass kommt, liegen Zweifel an Menge und Qualität des Treibstoffs nah. Rost oder Sand verstopfen Leitungen, Vergaser oder Einspritzpumpe. Filtern Sie den Treibstoff zur Not durch einen feinmaschigen Stoff. Auch Wasser legt den Motor lahm. Tanken Sie bei Verdacht den ersten Liter Treibstoff in eine durchsichtige Flasche. Wasser setzt sich unten ab.

So senken Sie den Treibstoffverbrauch:

- Beim Anlassen kein Gas geben. Der kalte Motor schluckt enorm.
- Elektrogeräte (Klimaanlage verbraucht bis zu 1,8l/100 km in der Stadt; Radio, Zigarettenanzünder, Fensterheber, -heizung) sparsam benutzen.
- Dachlasten erhöhen den Luftwiderstand und damit den Verbrauch.
- Transportieren Sie nicht mehr Last/Gepäck als unbedingt nötig.
- Bevorzugen Sie Reifen mit geringem Rollwiderstand.
- Sorgen Sie für optimalen Reifendruck, lieber 0,2 bar mehr.
- Beschleunigen Sie nicht mit Vollgas, sondern mit Dreiviertelgas.
- Zügig hoch schalten, möglichst wenig schalten, nicht überdrehen.
- Niedrigtourig fahren, das spart bis zu 30 % Sprit und schont den Motor.
- Nehmen Sie frühzeitig Gas weg und bremsen Sie nicht unnötig.
- Lassen Sie den Wagen ohne Gas rollen, wenn das möglich ist.
- Ab 10 Sekunden Stillstand lohnt sich das Ausschalten des Motors.

:-) www.clever-tanken.de, www.reifendirekt.de

Die **Dachlast** darf weder vorne noch seitlich überstehen. Überragt sie das Fahrzeug hinten um mehr als einen Meter, muss sie mit einem roten, 30 x 30 cm großen Schild kenntlich gemacht werden. In manchen Ländern gilt dies für jede überstehende Ladung. Das zulässige Gesamtgewicht und die zulässige Dachlast entsprechen den Möglichkeiten Ihres Fahrzeugs. Die Last darf weder rutschen noch kippen. Legen Sie eine rutschfeste Matte unter die Last. Bündeln Sie Lasten zu einer kompakten Ladeeinheit, deren einzelne Teile sich gegenseitig sichern (Formschluss). Legen Sie schwere Lasten nach unten, das senkt den Schwerpunkt. Verspannen Sie schwere Lasten zentral, damit weder eine Seite noch eine Achse stärker belastet werden. Die Abspannung verstärkt den Druck auf die Auflagefläche und vermindert den seitlichen Spielraum (Kraftschluss). Die Abspannung nach hinten verhindert, dass sich die Last bei einer Vollbremsung nach vorn verschiebt. Gurte eignen sich am besten zum Verspannen. Schützen Sie die Zurrmittel durch Unterlagen an scharfen Kanten. Öfter alle Befestigungen auf festen Sitz prüfen.

Wagen mieten & überführen

Den Mietwagen vor der Reise zu bestellen ist oft billiger, zudem gilt dann deutsches Versicherungsrecht. Diese Wege führen zum Mietwagen:

- ▶ Im Voraus reservieren und einen Ferientarif erfragen.
- ▶ Über den Reiseveranstalter oder die Fluglinie bestellen.
- ▶ Bei der Ankunft einen Wagen mieten, Wochenendtarif erfragen.
- ▶ Erhalten Sie über Ihren Arbeitgeber einen Großkundenrabatt?
- Drive-Away-Agency, Auto-drive-away, Auto-shipper, Car-drive-away ... suchen Fahrer für Wagenüberführungen, beispielsweise von Kanada nach Florida oder vom Atlantik zum Pazifik. Kontakt über Telefonbücher, Autofirmen an, Kleinanzeigen ...
- Bußgelder von mehr als 40 Euro werden grenzübergreifend aus 15 europäischen Staaten eingetrieben.
- ▶ Wer sich privat einen Wagen leiht, sollte eine Vollmacht des Besitzers mitführen, um nicht als Autodieb verdächtigt zu werden.

Die **Kosten** umfassen:

- den Tagestarif, pauschal oder plus Kilometertarif sowie
- Steuer und Versicherungen für Unfällschäden (*Collision Damage Waiver,* CDW) und Diebstahl (*Loss Damage Waiver,* LDW).
- ▶ Wie hoch ist die Selbstbeteiligung in diesen Fällen?
- ▶ Muss eine Kaution hinterlegt werden? Hier hilft oft eine Kreditkarte!
- ▶ Senioren sollten auf versteckte Zuschläge achten.
- ▶ Reservieren Sie Dachgepäckträger oder Skibox ... rechtzeitig.
- ▶ Bestellen Sie das kleinste Auto – bei Engpässen erhält man oft ohne Aufpreis einen Wagen der nächsthöheren Kategorie.
- ▶ Am Flughafen ist die Wagenmiete meist teurer. Geben Sie den Wagen am nächsten Tag in der Stadt zurück und mieten Sie erneut.
- ▶ Kontrollieren Sie Zustand, Ausstattung, Funktion: Bremsen, Reifen, Lack, Blech, Radkappen, Verbandskasten, Warndreieck, Reserverad, ...
- ▶ Lassen Sie sich vor der Abfahrt zeigen: Licht, Öffnen von Kofferraum und Tankdeckel, Abstellen des Alarms und der Wegfahrsperre.

:-) www.avis.com, www.budget-international.com, www.holidaycars.de, www.hertz.de, www.e-sixt.de, www.easysabre.com, www.europcar.de, www.holidayautos.de

TIPP **Im Übergabeprotokoll notieren: Zustand, Schäden, Ausstattung, 2. Fahrer, Sondervereinbarungen. Sie brauchen: Kreditkarte, Internationalen Führerschein.**

Ein Kfz ein- und ausführen

Ein Auto ist immer in viele **Rechtsverhältnisse** eingebunden:

- ❑ Die *Haftpflichtversicherung* dämpft die finanziellen Folgen bei Unfällen und wird wohl überall verlangt. Viele Länder verlangen bei der Einreise den Abschluss einer zusätzlichen Versicherung.
- ▶ Lassen Sie sich von Ihrer Versicherung eine *Grüne Versicherungskarte* ausstellen und den Geltungsbereich der Haftpflichtversicherung ausdrücklich bescheinigen.
- ❑ Der *Fahrzeugbrief* beweist das Eigentum, nicht der Kaufvertrag.
- ▶ Bewahren Sie den Fahrzeugbrief sorgfältig auf, aber nicht im Auto.
- ❑ Eine *Betriebserlaubnis* setzt technische Eignung voraus. TÜV oder Dekra kontrollieren und bescheinigen diese. Außerhalb Deutschlands ist dieser Nachweis meist völlig bedeutungslos.
- ❑ Ordnungsrechtlich lässt das Straßenverkehrsamt den Wagen zu und bestätigt das mit *Fahrzeugschein und Siegel* auf den Kennzeichen. Im Ausland übernehmen die deutschen Auslandsvertretungen solche Aufgaben. Andere Länder haben entsprechende Behörden.

Theoretisch muss bei jeder Einreise bewiesen werden, dass der Wagen im Heimatland zugelassen ist. Doch gelten Fahrzeugschein und Kennzeichen meist als **Zulassungsbeweis,** für TÜV-Plakette und Gemeindesiegel interessiert sich niemand. Vereinzelt suchen die Grenzbehörden nach einem »Verfallsdatum« des Fahrzeugscheins, der in Deutschland anders als in vielen anderen Ländern unbeschränkt gilt. Da kann schon mal das Datum der nächsten Hauptuntersuchung (TÜV) als Ablaufdatum des Fahrzeugscheins gedeutet werden. Manche Länder (z.B. Ägypten) stellen bei der Einreise landeseigene Kennzeichen aus.

- ▶ Lassen Sie sich Kennzeichen anfertigen, z.B. für einen Stellplatz.
- ▶ Für den angemeldeten Wagen ist *Kfz-Steuer* fällig.
- ▶ Ein *Auto-Schutzbrief* kann je nach Reiseroute und Wagenalter sinnvoll sein. Der Geltungsbereich kann sich rund ums Mittelmeer erstrecken und die Nachfolgestaaten der Sowjetunion einschließen.

In einigen Ländern interessiert sich der **Zoll** für jede Kfz-Einfuhr.

- ❑ Manche Länder (z.B. Türkei) tragen das Kfz im Pass ein.
- ❑ Andere Länder (z.B. Ägypten, Iran) wollen ein »Carnet de passage«.
- ❑ Ersatzweise verlangt man schon mal die Hinterlegung eines Geldbetrages als Pfand an der Grenze. Davon ist abzuraten.

Die **Carnet**-Aussteller (z.B. Automobilclub) haften für den Einfuhrzoll, wenn Sie Ihr Kfz unverzollt im Lande zurücklassen. Dann wendet sich das betreffende Land mit seinen Forderungen an den Aussteller des Carnet. Der sichert sich natürlich vor der Ausstellung entsprechend ab:

- ❑ Eine *Bankbürgschaft* wird verlangt, deren Höhe sich nach dem Wert des Wagens richtet. Ihre Bank fordert für die Ausstellung eine Gebühr von etwa 2 % der Bürgschaftssumme plus »Avalzinsen« während der Laufzeit. Fragen Sie vorher nach der Bearbeitungszeit.
- ❑ Beantragen Sie das Carnet frühzeitig – Bearbeitungszeit bedenken!
- ❑ Der Wagen wird vorgeführt.
- ❑ Deckt sich der Geltungsbereich mit Ihrer Fahrtroute?
- ❑ Deckt sich die Geltungsdauer mit Ihrer Reisedauer?
- ▶ Ausfuhr bzw. Verkauf müssen korrekt im Carnet eingetragen sein, sonst gibt der Aussteller des Carnet die Bankbürgschaft eventuell jahrelang nicht zurück. Das verursacht zumindest laufende Kosten.

Falls Sie Ihr Auto **verkaufen** wollen:

- ▶ Sie müssen einen vertrauenswürdigen Käufer finden – vielleicht kann die Deutsche Botschaft jemanden vermitteln? Oder fragen Sie Missionare, Kirchen, Entwicklungshelfer, Firmen …
- ▶ Oft ist die Landeswährung nicht konvertibel, die Ausfuhr verboten. Wenn Sie den Erlös also nicht im Land ausgeben wollen, muss der Kaufpreis in Devisen bezahlt werden. Wenn Sie an eine Institution oder eine Firma verkaufen, die auch Niederlassungen in Europa hat, können Sie vereinbaren, das Geld dorthin zu überweisen.
- ▶ Die Zollabwicklung sollte immer der Käufer übernehmen. Der kennt die Leute, die Sprache und die Umgangsformen.
- ▶ Vielleicht ist es Ihnen wichtiger, Ihren Wagen loszuwerden als damit einen Gewinn zu erzielen. Anzünden und die Polizei rufen ist sicher die schlechteste aller Lösungen. Aber weshalb schenken Sie ihn nicht der Regierung? Dann ist der Rest Formsache.
- ▶ Zur Abmeldung bei der nächsten deutschen Auslandsvertretung benötigen Sie: Fahrzeugbrief, -schein, Kennzeichen, evtl. den Vertrag mit dem einheimischen Käufer oder der Käufer selbst muss gar mitgehen.
- ▶ Seit 1999 wird eine *Verbleibsbescheinigung* verlangt: Das kann ein Vertrag mit dem Käufer sein, die Entsorgungs/Verschrottungsbescheinigung, eine Bestätigung von Polizei und Zoll über den Totalverlust. Im Carnet de passage bildet die Verbleibsbescheinigung die letzte Seite. Sie muss von einer Zollbehörde – beim Verkauf der des jeweiligen Landes oder bei der Wiedereinreise vom heimatlichen Zoll – ausgefüllt werden.

Beim **Kauf** eines Autos im Ausland sind die Straßenzulassung und die Haftpflichtversicherung meist einfacher zu erhalten, wenn die dortige *Führerscheinprüfung* abgelegt wird.

:-) www.schwacke.com

Mit dem Motorrad

Schwierigkeitsgrade von Bergstrecken und Pass-Straßen:

1: Sehr leicht. Mindestens normal breite Fahrbahn (6 m) mit ebenem Asphalt- oder Betonbelag und durchweg randgesichert. Wenige, überbreite Kehren, keine stark gekrümmten Kurven, Steigungen bis 9 %.

2: Noch leicht. Durchgehend zweispurige, verkehrsgerechte und übersichtliche Fahrbahn ohne Verengungen und meist randgesichert. Gut ausgebaute Kehren mit geringer Kurvenüberhöhung, Steigung bis 15 %.

3: Mittel. Überwiegend zweispurige Fahrbahn, teils einspurig mit Ausweichstellen, teils unbefestigter Belag, selten Randabsicherung. Enge Kehren mit stärkerer Steigung, stark gekrümmte Kurven, Steigungen öfter über 15 %. Fahrpraxis und Bergerfahrung sind nötig.

4: Schwierig. Meist einspuriger Weg mit Naturbelag, unberechenbarem Fahrbahnzustand, wenigen Ausweichstellen und selten gesicherten Fahrbahnrändern. Vereinzelt Seitenneigungen, schmieriger Untergrund, Auswaschungen, Schlamm, Wasserdurchfahrten, Steinschlag ... Sehr enge Kehren, extreme Steigungen, Höhen über 2000 m. Überdurchschnittliche Fahrpraxis und Bergerfahrung sind nötig.

5: Sehr schwierig. Ungepflegte Piste mit plötzlichen Hindernissen und Steinschlag; abgerutschter, verschütteter, überschwemmter Trasse.

Checkliste

- ❑ Persönliche Ausrüstung im wasser- und staubdichten Gepäcksack
- ❑ Helm, Brille
- ❑ Cros-Stiefel, -hose, -panzer
- ❑ Ellenbogen-, Knie-, Schienbeinschützer
- ❑ Nierengurt, Handschuhe, Halstuch

Ersatzteile und besonderes Werkzeug:

- ❑ Speichen, -schlüssel, Kettenöffner, 2 Kettenschlösser, Mittelglied
- ❑ Kerzenschlüssel
- ❑ Pneueisen, MB-Pumpe
- ❑ Bremsgriff mit Zylinder, Kupplungsgriff mit Schelle
- ❑ Kupplungs-, Gas- oder Universalzug mit Schraubnippel
- ❑ Benzinschlauch
- ❑ Vorderschlauch
- ❑ Blattlehre für Ventilspiel (0,1 mm)
- ❑ Kupferrohr für Kühlerreparatur
- ❑ Filterskin

:-) motorradweb.de, www.possi.de, www.bike-forum.de, motorradonline.de, www.motorrad.net

TIPP **Bei Verladung des Motorrads auf ein Schiff Benzinhahn schließen und scherfest verzurren, im Flugzeug zusätzlich Reifendruck stark senken.**

Mit Schiffen & Booten

- **Frachtschiffe** nehmen 2 bis 12 Passagiere mit. Die großen Reedereien bieten Luxus, sind aber auch entsprechend teuer. Routen und Zeiten sind oft wenig berechenbar und verändern sich durch Wartezeiten in den Häfen und durch sich verändernde Frachtaufträge. Umschlagzeiten im Hafen dauern in der Regel 6 – 24 Stunden.

:-) www.travelpage.com/cruise, www.passagierschiffe.purespace.de, www.derkreuzfahrer.de, www.ruderhaus.de, www.cruisecritic.com, www.trampfahrt.de, www.scharbeutz-ostsee.de/seereisen, www.kreuzfahrtschiff.de, www.cruisereviews.com

- **Blinde Passagiere** findet man immer wieder auf Frachtschiffen aus Afrika oder Asien. Diese Menschen sind bei der Ankunft in Europa meist tot, denn die Lagerräume für Obst oder Gemüse sind hermetisch geschlossen, gekühlt und werden häufig noch mit Stickstoff geflutet.

:-) Blinde Passagiere: http://195.88.0.198/texte/tag99/stroux.htm,

- »**Überarbeiten**« setzt zumindest in Europa drei wichtige Dinge voraus: Fachwissen, ein Seemannsbuch und die Bereitschaft, außergewöhnliche Arbeitsbedingungen zu akzeptieren.
- **Anheuern:** Statt »Überarbeiten« ist es durchaus denkbar, dass Sie halb als Passagier, halb als Angelernter auf einem *Trampfrachter*, auch als »Seelenverkäufer« bekannt, auf südlichen Meeren anheuern können. Da ist dann vielleicht der Kapitän als einziger Europäer an Bord und freut sich über jemanden, mit dem er sich versteht. Wichtigste Voraussetzungen: einen Draht zu Meer, Seeleuten und Seefahrt sowie viel Zeit.
- In Europa unterscheidet man *Schnellfähren, Combi-Carrier* und *Passagierschiffe,* die teils Kreuzfahrtniveau aufweisen. Meiden Sie aus Sicherheitsgründen überfüllte **Fähren**. Bei langen Fahrten auf Fähren ist wegen der Metallböden eine gute Unterlage für die Nacht wichtig. Vielleicht finden Sie einen freien Sessel oder eine Bank. Oder der Steward weist Ihnen gegen ein Trinkgeld eine freie Kabine zu. In der Nähe des Maschinenraums ist es besonders laut.
- Beim **Verschiffen eines Fahrzeugs** geben Sie häufig die Kontrolle über Ihren Wagen ab. Verpacken Sie alles möglichst gut und sicher. Erstens kann leicht etwas Freunde finden, zweitens machen alle losen Teile die Schiffsbewegungen mit. Es gibt drei Verlademöglichkeiten:

▶ bei »Roll-on-roll-off«-Fähren fahren Sie das Fahrzeug an Bord;
▶ Verladung per Kran, im Netz oder mit Gurten; kontrollieren Sie die Befestigungen;
▶ Container-Verladung; Maximalmaße erfragen, kontrollieren Sie, wie der Wagen gegen Verrutschen geschützt wird. Handbremse anziehen.

:-) www.faehre-vff.de, http://members.conk.com/world/faehre

- Für kleinere Ausflüge zu Inseln, an der Küste oder auf Flüssen sind Sie auf **Boote** angewiesen. Bei kabbeliger See sticht der Bug in die Welle. Schlimmstenfalls schlägt die Welle über Bord, doch auch Gischt macht nass. Vermeiden Sie daher Schlafplätze am Bug, entlang der Bordwände und direkt am Boden. Verplankte Boote ziehen immer Wasser, so dass während einer mehrstündigen Fahrt Wasser geschöpft werden muss. Bei kleinen Booten meiden Sie die Nähe des Motors: er lärmt, vibriert und stinkt. Das alles verstärkt die Seekrankheit [→ Reise- & Seekrankheit, Seite 218].
- **Einbäume** (*canoe, dug-out, mokorro …*) bestehen aus einem ausgehöhlten Baumstamm ohne Kiel und sind 6 bis 12 Meter lang. Sie werden gerudert oder gestakt. Solche kiellosen Boote schwanken bei jeder Bewegung stark. Die normalen Gegenbewegungen und Reaktionen sind falsch. Halten Sie Ihren Schwerpunkt tief, besonders beim Ein- und Aussteigen. Überlassen Sie dem Bootsführer das Gleichgewichthalten des Bootes und bleiben Sie ruhig sitzen. Flussabwärts sucht man die Flussmitte, flussaufwärts stakt man am Flussufer, weil dort die Strömung geringer ist. Der Gedanke an Krokodile, Flusspferde, Piranhas oder Bilharziose lässt sich nur schwer verdrängen, denn Einbäume liegen tief im Wasser. Da unvermeidlich Wasser im Boot steht, werden Sie hockend mitfahren, wenn es keine Querstreben gibt. Auch das Gepäck kann man dann nicht einfach ablegen. Also tragen Sie Ihren Rucksack oder packen Sie ihn wasserdicht ein. Bei längeren Fahrten empfehlen sich wasserdichte Tonnen oder Säcke. Die gehen beim Kentern auch nicht unter.

:-) www.einbaum.de

:-) alles über Häfen: www.mglobal.com

Vor der Abfahrt

- ▶ Buchen und reservieren Sie direkt beim Schiffahrtsunternehmen.
- ▶ Erkundigen Sie sich nach Hafengebühren und Zollformalitäten.
- ▶ Am billigsten ist die Passage auf Deck oder im Zwischendeck.
- ▶ Kabinen auf der »besseren« Schiffsseite sind bei der Hauptfahrtrichtung weniger der Sonne und dem Wind ausgesetzt.
- ▶ An- und Abfahrtszeiten von Schiffen werden meist durch Ebbe und Flut bestimmt, unterliegen also einem Sechsstundenrhythmus.
- ▶ Suchen Sie frühzeitig einen Schlafplatz für die Nacht.

Sicherheitshinweise, besonders bei Fähren

- ❑ Wo sind: Arzt? Sammelpunkte? Schwimmweste? Rettungsboot?
- ❑ Bleiben Sie nicht im Ladedeck.
- ❑ Notfallinformationen lesen und beachten.

Auf Segelschiffen

Die großen Segelrouten sind durch *Passatwinde* und *Hurrikansaison* bestimmt, z.B. in die Karibik: Südfrankreich – Mallorca – Straße von Gibraltar (Oktober) – Kanarische Inseln (November) – Karibik sowie Varianten über Biskaya (August) via portugiesische Küste (Oktober) und Madeira (November).

Beim »**Segeltrampen**« suchen Sie sich einen Yachthafen und sprechen die Kapitäne/Skipper an. Im Yachtclub wird es ein Schwarzes Brett geben. Seemännisches Fachwissen ist nicht notwendig, aber vorteilhaft – doch menschlich muss es passen. Aus Sicht des Kapitäns sind Passagiere interessant, weil die bei langen Seefahrten Wachen übernehmen, also für alle die Wachzeit kürzer wird.

▶ Preisen Sie Ihre Fähigkeiten an: als Koch, medizinische Hilfskraft, Computerspezialist, Elektriker, Kfz-Schlosser, Sprachgenie, Alleinunterhalter.

Als **Segelgast** brauchen Sie eine Einweisung in das Leben auf See. Wenn sich keiner darum kümmert, spricht das gegen dieses Schiff. Dem Meer und dem Wind lange Zeit ausgesetzt, sind Boot und Menschen unvorhersehbaren Situationen und hohen Anforderungen ausgeliefert. Nichtige Anlässe können zu dramatischen Situationen führen, die wiederum neue Gefahren bergen. Ehepaare oder Paare, die sich bereits von anderen Reisen gut kennen, haben die besten Aussichten auf eine problemarme Langzeitreise. Sie ergänzen und arrangieren sich leichter. Je größer die Besatzung, desto wichtiger wird die Fähigkeit des Schiffsführers, Konflikte zu vermeiden und Probleme zu lösen. Dazu benötigt er ein großes Maß an sachlicher Kompetenz und persönlicher Autorität. Einhandsegler haben in dieser Beziehung die geringsten Sorgen, müssen aber die Einsamkeit ertragen können.

Einige wichtige seemännische **Grundbegriffe:**

- Ein *Faden* ist die Länge der ausgestreckten Arme, gemessen zwischen den Fingerspitzen der Mittelfinger, definiert als 185 cm.
- Tausend Faden sind eine deutsche *Seemeile,* also 1852 m.
- Ein *Knoten* ist eine Seemeile pro Stunde, 10 Knoten sind also knapp 20 km/h.
- *Steuerbord* ist die rechte Schiffsseite, vom Heck aus gesehen. *Backbord* ist die linke Schiffsseite.
- *Luv* ist die dem Wind zugewandte Seite des Bootes, *Lee* die andere.
- Der 24-Stunden-Tag wird in 6 *Wachen* zu je 4 Stunden unterteilt.
- Jede Wache hat 8 *Glasen* zu je 30 Minuten; die Freiwache hat frei.
- Beim *Kreuzen* wird ein Zick-Zack-Kurs gegen den Wind gesteuert.
- *Halsen* heißt der Richtungswechsel beim Segeln mit Wind.

- Neuerdings sind Surfer Segelkleinfahrzeuge mit Vorfahrtsrecht.

Wie funktioniert der **Alltag**? Wer ist zuständig für was? Wo ist was? Wie funktioniert was?

- ❑ Skipper, Vertreter, Kombüse, Apotheke ...
- ❑ Kojen, Stauräume und ihre Handhabung
- ❑ Bordtoiletten: Bedienung, Verstopfung
- ❑ Luken öffnen und seefest/einbruchsicher verschließen
- ❑ Gasanlage & Pantry (Küche): Bedienung der Geräte, Absperr- & Sicherheitsventile Gas und Druckwasser, evtl. Diesel
- ❑ Lage und Bedienung der Seeventile
- ❑ Elektrische Anlage: Hauptschalter, Sicherungen

Wie sind die **Arbeiten an Deck** organisiert?

- ❑ Wachplan für Tag und Nacht
- ❑ Rollenverteilung bei Segel & Hafenmanövern
- ❑ Bedienung des laufenden Guts, der Winschen, der Winschkurbel
- ❑ Leinen werfen, aufschießen, belegen, Fender
- ❑ Dieselmotor: Schlüssel, Start, einstellen und bedienen, Stopp
- ❑ Ankerarten, Kette, Leinen, Ankerwinsch

Lassen Sie sich in die **Notfalleinrichtungen** einweisen. Wo sind sie? Wann und wie werden sie eingesetzt? Üben Sie die Handhabung:

- ❑ Wo sind Feuerlöscher, Notruder, Bordapotheke ...?
- ❑ Wie lassen sich Notrufe absetzen, der Sprechfunk bedienen?
- ❑ Seenotsignale: Handsignale, Raketen, Rauchbomben, Farben
- ❑ Sicherheitsgurte; persönliche Rettungsweste mit Tape markieren.
- ❑ Manöver »Mann über Bord«
- ❑ Rettungsboje mit Wimpel und Schwimmleine, Ringe, Blitzleuchte, Leinen ... Wie wird ein Verunglückter an Bord geholt?
- ❑ Rettungsinsel: Wer nimmt im Notfall was mit?

:-) www.boat.de, www.esys.org, www.dsv.org, www.mitsegler-agentur.com, www.segelboerse.de, www.segel.de, www.yachting-world.de, www.bluewater.de, www.cruiseekers.co.uk

TIPP **Schiffen Sie sich nur ein, wenn Sie dem Skipper vertrauen. Lassen Sie sich eine deutsch-englische Einführung in die Seemannssprache geben.**

Fit für Langzeit-Segeltörns?

Langzeitreisen auf See sind nicht zu empfehlen, wenn akute oder chronische Krankheiten vorliegen, die sich auf See verschlimmern könnten und eine Behandlung erfordern, die nicht gewährleistet ist. Dauermedikationen können unter den Bedingungen auf See und unter Stress aus dem Gleichgewicht geraten.

- Fragen Sie Ihren Hausarzt nach Risiken, Notfallmaßnahmen und Empfehlungen.
- Auf Frachtschiffen fährt in der Regel kein Schiffsarzt mit.
- Ältere Reisende benötigen für längere Fahrten eine ärztliche Unbedenklichkeitsbescheinigung.
- Eine Deviationsversicherung ist Pflicht und deckt die Ausfallkosten, falls wegen erkrankter Passagiere der Fahrplan geändert wird.

Krankheiten, die einen Langzeit-Segeltörn riskant machen, sind:

- akute schwere Infektionskrankheiten
- schwere Herz- und Gefäßerkrankungen
- frische Magen- oder Darmgeschwüre
- schwer einstellbarer, insulinpflichtiger Diabetes
- dialysepflichtige Nierenleiden
- Eingeweidebrüche
- Steinleiden mit Verdacht drohender Koliken
- Prostatavergrößerung mit Verdacht auf drohende Harnverhaltung
- Anfallsleiden mit Bewusstlosigkeit oder schwerem Schwindel
- Psychosen und Suchtkrankheiten
- instabile Schwangerschaften.

Bedingt tauglich sind Sie, wenn es der derzeitige Gesundheitszustand erlaubt und bei Verschlimmerung rechtzeitig geholfen werden kann:

- leichte und voll kompensierte Herz- und Kreislaufkrankheiten
- leichte chronische Infektionskrankheiten, die sich eher nicht verschlimmern und die die Besatzung nicht gefährden
- beherrschbares Asthma
- kompensierter und kontrollierbarer Diabetes
- stabile Schwangerschaften
- leichte Prostatavergrößerungen
- Rheuma außerhalb eines Schubes und leichteren Fehlbildungen

TIPP **Sie brauchen extremen Sonnenschutz, festsitzende Sonnenbrille, Mütze und Bordschuhe mit hellen, auch bei Nässe rutschfesten Sohlen.**

Mit dem Flugzeug

Fliegen ist auch für Gesunde Stress. Vermeiden Sie Zusatzbelastungen:

- Vielleicht können Sie schon am Abend vor der Reise einchecken?
- Wer kräftig und gesund aussieht, darf auf die Plätze am Notausstieg und genießt die Beinfreiheit.
- Für die Sicherheitsgebühr oder Flughafensteuer benötigen Sie am Flughafen möglicherweise noch Bargeld in der Landeswährung, vielleicht muss in US-Dollar bezahlt werden. Schon beim Buchen erkundigen!
- Weite Kleidungsstücke ermöglichen die Blutzirkulation.
- Es kann während des Fluges recht kühl werden. Wenn Sie kein warmes Kleidungsstück haben, fragen Sie nach einer Decke.
- Meiden Sie alkoholische und kohlensäurehaltige Getränke sowie blähende Speisen vor dem Flug, denn die Gase dehnen sich aus.
- Die Luft an Bord ist trocken (etwa 10 % Luftfeuchte), Augen- und Nasenschleimhäute trocknen aus. Tropfpipetten mit Salzlösung lindern.
- Rauchen an Bord verstärkt die Wirkung des abnehmenden Drucks um bis zu 1000 m und verschlimmert mögliche Beschwerden.
- Baldrian und Ohrenstöpsel verhelfen zu Entspannung und etwas Schlaf.
- Eine lichtdichte Augenmaske dämpft die Helligkeit.

Jetlag erkennen Sie an Schlafstörungen, Schwindelgefühl, Kopfschmerzen, gestörter Verdauung. Bei Reisen in westlicher Richtung rechnet man 1 Erholungstag pro 2 Stunden Zeitverschiebung. Noch unangenehmer sind Reisen in östlicher Richtung. Verhindern lässt sich das nicht. Einige Tricks helfen aber, die Wirkungen zu mindern:

- Entscheiden Sie sich schon vor dem Flug: schlafen oder wachen? Bei der Schlaf-Variante kann sich der Körper ausgeruht auf den neuen Tagesverlauf einstellen. Bei dem Durchhalteprogramm – lesen, essen, fernsehen ... – erreichen Sie den Zielort garantiert todmüde. Das ist gut, wenn Sie abends ankommen.
- Jede halbe Stunde aufstehen, stündlich einmal durchs Flugzeug gehen. Im Sitzen abwechselnd Zehen und Fersen anheben, Zehenspitzen anheben, dann Zehen »festkrallen«. Kissen zwischen den Knien festklammern, die Oberschenkel kräftig aneinander pressen. Gesäß anheben. So aktivieren Sie nacheinander die Muskelgruppen. Auch eine leichte Gymnastik nach dem Flug bringt den Kreislauf wieder auf Trab.
- Eiweißreiche Kost (Fleisch, Eier, Milch) hält wach und macht aktiv und stellt daher Frühstück und Mittagessen. Kohlenhydratreiche Nahrung (Gemüse, Nudeln, Reis) ist ideal fürs Abendessen.
- Während des Fluges weder rauchen noch Alkohol, Kaffee oder schwarzen Tee trinken. Keine starken Schlafmittel schlucken.

- Gehen Sie den ersten Tag ruhig an, schonen Sie sich.
- Passen Sie sich dem Rhythmus des Ziellandes an. Halten Sie durch bis abends, widerstehen Sie dem Mittagsschläfchen.
- Halten Sie sich tagsüber im Freien auf. Durch das Licht erkennt der Körper den neuen Tagesrhythmus schneller.

Fliegen mit Kindern:

- Vermeiden Sie Zwischenlandungen, die verdoppeln den Stress.
- Bitten Sie um einen freien Sitz neben sich, damit das Kind besser schlafen kann. Für kleine Babys bis etwa 6 Monate können Sie beim Buchen einen *sky cot* anfordern als Sitzersatz. Dafür brauchen Sie einen Platz in der ersten Reihe, den *bulkhead*.
- Ohne bezahlten Sitz fürs Kind besteht auch kein Anspruch auf eine Mahlzeit. Aber fragen können Sie dennoch.
- Fragen Sie beim Buchen nach einem Kinderessen!
- Lassen Sie das Kind reichlich trinken, weil die Luft sehr trocken ist.
- Trinken, ein Schnuller oder Stillen hilft beim Druckausgleich nach dem Start oder vor der Landung.
- Nehmen Sie ins Handgepäck:

- [ ] Spiel- und Malsachen
- [ ] Lieblingsdecke, Schmusetier
- [ ] Windeln, Medizin, Kinderkleidung
- [ ] Milchpulver, eine Thermoskanne mit heißem Wasser und die gewohnte Babykost helfen, die Umstellung zu überbrücken.

:-) www.airlinedata.com, http://smilinjack.com/airlines.htm, http://travel.airwise.com/info/airlines, www.airline-center.com, www.aerolink.com, www.ankunft.com, www.mitflugzentrale.de

:-) Billigflüge: www.welt-weit-weg.de, www.lastminute-express.de, http://serv.tiss.de, www.iata.org, www.airsafe.com

:-) Flughäfen: www.flughafen.de, www.airport.checkin.de, www.airwise.com, www.airport.de, www.flugplan.de

:-) Kurierflüge: www.courier.org, www.couriertravel.com, www.aircourier.org, www.flighthound.com

TIPP **Der Inhalt des Handgepäcks soll einige Tage genügen, falls das Gepäck verspätet ist oder verloren geht. Sie benötigen an Bord: Pullover, Augenmaske, Baldrian, Augen- und Nasentropfen. Siehe auch Selbstreise-Handbuch Band 1 für die Reisevorbereitung.**

Fit für Langstreckenflüge?

Der Luftdruck beim Fliegen entspricht einer Höhe von 2400 m. Hinzu kommen Bewegungsmangel, eine einseitige Sitzposition und im Notfall fehlende ärztliche Akuthilfe. Weltweit sterben jährlich etwa 2500 Personen an den Folgen gesundheitlicher Störungen im Flugzeug. Im Einzelfall entscheidet der Arzt, ob ein Flug angetreten werden darf. Als Grundlage dienen Befunde, Reisedauer, die am Reiseziel mögliche medizinische Versorgung sowie die dortigen hygienischen Verhältnisse.

Personen mit dekompensierenden Herz- und Lungenerkrankungen, stark verminderter Lungenfunktion (z.B. Lungenemphysem), mit koronarer Herzerkrankung, veränderten Herzklappen oder mit Herzmuskelschwäche sollten vor dem Flug ärztlichen Rat einholen. Hochdruckpatienten mit einem Blutdruck unter 200/120 mm können fliegen, ebenso Träger von Herzschrittmachern. Die tägliche Medikation muss beibehalten werden. Führen Sie Notfallmedikamente mit.

Personen mit Krampfaderleiden und Thrombosegefahr (*Deep Venous Thromboses,* DVT) wird gegen das so genannte **Economy-Class-Syndrom** (enge Sitze, wenig Raum) Gymnastik sowie Hin- und Herlaufen empfohlen. Eventuell vor der Reise gerinnungshemmende Medikamente (z.B. Acetylsalicylsäure) nehmen und während des Fluges Kompressionsstrümpfe tragen. Siehe auch unter Jetlag.

▶ Fluguntauglich ist, wer auf dem Fahrradergometer keine 50 Watt beschwerdefrei leistet oder schon in Ruhe über Beschwerden klagt.

:-) http://planecrashinfo.com

Flugfreie Schonfrist bei normalem Heilungsverlauf:

Bauchspiegelung	5 – 10 Tage
Knochenbrüche, zirkulärer Gipsverband, Schienen	3 – 7 Tage
Blinddarm, Eingeweidebrüche, Nierensteine	10 Tage
Diagnostische Eingriffe	10 Tage
Operation an Innenohr, Mittelohr, Nasennebenhöhlen	10 Tage
Bypass-Operationen	14 Tage und länger
Magen-Darm-Blutung, Prostataoperation	3 Wochen
Netzhaut-, Glaskörperblutung, Augenoperationen	4 Wochen
Operation an Magen, Darm, Galle, Nieren, Gebärmutter	6 Wochen
Venenoperationen, Krampfadern	6 Wochen
Pneumothorax	4 – 8 Wochen
Lungenflügelentfernung	3 – 9 Monate
Gehirntumor	6 – 12 Monate
Gehirnblutung	vorerst kein Flug

ORIENTIERUNG

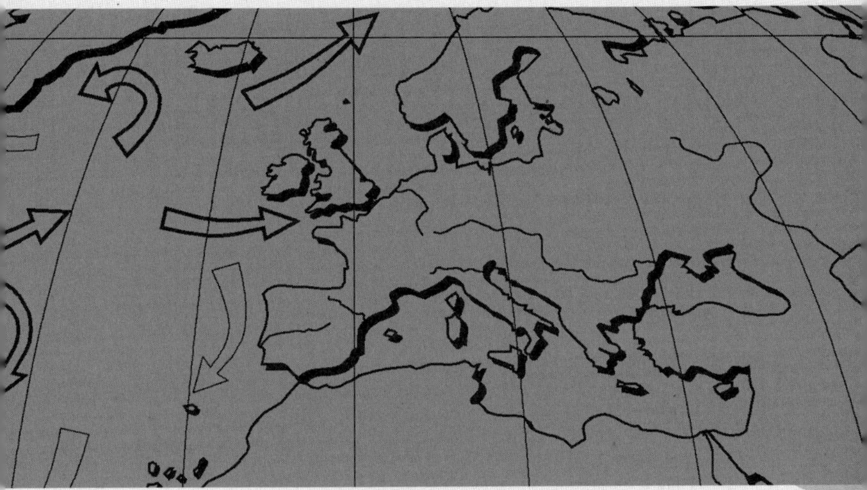

Auf Straßen & Wegen

Schlechte Wege und Straßen gibt es auf der ganzen Welt. Besonders schöne Bezeichnungen dafür kommen aus Australien und aus der Sahara:

- Die **sealed road** ist oft nur ein einspuriger Teerweg mit staubigen, abbröckelnden Seitenstreifen. Bei einspurigen Straßen gibt es in vielen Ländern die Sitte, dass der Schwächere die Straße verlassen muss, also der mit den schlechteren Nerven oder dem kleineren Auto ...
- Eine **macadamisierte Straße** hat einen Untergrund aus Steinblöcken und einen Schotterbelag, der Regen schnell ableitet. Diese Straßenbauweise wurde ab 1816 von dem Schotten *MacAdam* entwickelt und wurde im 19. Jahrhundert zum europäischen Standard. Die Bodenhaftung ist geringer als auf einer Teerstraße. Vorausfahrende Fahrzeuge hinterlassen Staubwolken, entgegenkommende Fahrzeuge verursachen Steinschlag durch wegspritzende Steinchen.
- Eine **Piste** ist überall dort, wo schon andere gefahren sind. Weil jeder Fahrer Hindernissen ausweicht, kann sie mehrere hundert Meter breit sein. In der Regenzeit verwandeln Wolkenbrüche eine gute harte Piste zunächst in eine ebene und schmierige Rutschbahn. Bei anhaltendem Regen weicht der Boden auf und die Fahrzeuge reißen tiefe Rinnen in den Boden, die auch nach dem Trocknen die Piste nur schwer befahrbar machen. Bei Gefälle reißt ablaufendes Wasser tiefe Gräben in den Boden und unterspült die Straßenränder.

▶ Vor einer Querrille bremsen, dann ohne Gas hindurch rollen.

- Das nordafrikanische **Pistenschleifgerät** besteht aus einem Netz alter Lkw-Reifen, die von einer Zugmaschine gezogen werden. In Australien und Namibia glättet der »Grader« die Piste.
- Insbesondere in Tropengebieten findet man die **Lateritpiste** auf rötlichen Verwitterungsböden. Normale Reifen setzen sich auf dem feucht-lehmigen Boden sofort zu, die Bodenhaftung sinkt erheblich.
- Die **Dirt** oder **Graveled road** ist wenig breiter als ein Fahrzeug. Verstärkt auf Gegenverkehr achten. Unbefestigte Straßen werden nur selten gewartet; meist nach der Regenzeit. Ihr Zustand wechselt stark. In den USA ist es üblich, den Staub dieser Wege durch eine Schicht Altöl zu binden, was sie bei Regen rutschig macht.

▶ Spitze Steine verursachen oft Reifenpannen. Am besten immer ein *Repair kit* dabeihaben!

- Ein **Track** ist »eingleisig« ausgefahren. Zwei tiefe Spurrillen fordern eine hohe Bodenfreiheit. Sie sind unübersichtlich mit geringen Ausweich- oder Wendemöglichkeiten. Eventuell kommt man nur rückwärts raus.
- **Wellblech** oder **Waschbrett (Ondulé)** entsteht auf Straßen mit schlechtem Untergrund durch häufiges Befahren mit schweren Fahrzeugen. Es

bildet sich ein Muster mit Wellen von 5 bis 20 cm Höhe und 40 bis 50 cm Abstand, das sich über zig Kilometer erstrecken kann. Vor Anfang der Regenzeit ist das Wellblech meist stärker ausgeprägt. Es gibt nur 2 Möglichkeiten: Entweder Fahrradtempo oder Gas geben! Die Beschleunigungsphase kann Stoßdämpfern und Lenkung den Garaus machen, die ständige Rüttelei lockert Schraubverbindungen und belastet Schweißnähte. Ist der Wagen erst so schnell, dass die Räder nur noch die Wellenspitzen berühren, hört die Rüttelei auf. Dabei nimmt die Bodenhaftung ab, der Wagen neigt zum Schlingern und Schleudern.

- **Bulldust** ist ein Lehm-Staub der feinsten Sorte, sammelt sich gerne in Schlaglöchern und macht diese beinahe unsichtbar. Bei voller Fahrt können *Bulldust Streches* oder *Pot Holes* den Wagen zerlegen. Falsches Füllmaterial im Straßenbau lässt ganze Bulldust-Felder entstehen.
- Über die Piste verteilter **Flugsand** ist meist nicht dicker als 10 – 15 cm und polstert die Bodenunebenheiten angenehm ab. Liegt aber eine meterlange Tiefsandkuhle darunter, kann das Fahrzeug mit der Wucht einer Vollbremsung stecken bleiben.

▶ Mit Vollgas drüber weg bzw. blitzschnell runterschalten und im kleineren Gang weiterfahren.

- **Weichsandfelder** sind in den frühen Morgenstunden etwas fester durch den morgendlichen Tau. Sand hat immer eine mehr oder weniger tragfähige Kruste. Es hängt vom Druck der Reifen auf den Sand und von Ihrer Fahrkunst ab, ob Sie einbrechen.

▶ Vermeiden Sie alle abrupten Manöver, mit viel Gefühl fahren. Schalten ist riskant. Ein höherer Gang ist besser.

▶ Vor dem Einsanden rechtzeitig halten und das Feld anders anfahren. Einmal im Stillstand, ist es schwierig, wieder in Fahrt zu kommen, denn die Reifen müssen über die Sandwelle, die sich vor ihnen aufbaut.

▶ Reifen frei schaufeln, aufliegende Teile freilegen. Mit wenig Gas und schleifender Kupplung langsam anfahren und erst wieder auf festem Untergrund stehen bleiben.

▶ Wenn alles nicht hilft: Gewicht abladen, Luft aus den Reifen lassen.

- Alte **Wagenspuren** zeigen, ob schon vor ihnen jemand die Sandkruste eingedrückt hat.

▶ Fahren Sie mit deutlichem Abstand parallel zu alten Spuren.

▶ Kreuzen Sie alten Spuren im Sand in spitzem Winkel.

- **Dünen** werden mit Schwung und einem Mindesttempo überfahren, damit verbunden ist die Gefahr des Überschlags an der Dünenkuppe. Dünen haben auf der windabgewandten Seite lockeren Flugsand. Spuren sind schnell von Flugsand überdeckt, dann sieht jede Düne gleich aus.

▶ Fahren Sie nie in weglose Dünengebiete *(Erg)* hinein.

- ▶ Erkunden Sie Dünen zu Fuß, bevor Sie sie überfahren.
- Es gibt mehr **Geröll-** als **Sandwüsten**. Mit gut befahrbarem Kies heißen sie *Serir* oder *Reg*, mit groben Steinen und Felsen durchsetzt wird daraus die schlecht befahrbare *Hammada*. Bei einer *Fêch-Fêch* ist weicher Sand nur von einer dünnen, trügerischen Schuttschicht bedeckt.
- Eine hohe **Kuppe (Crest),** verdeckt den weiteren Straßenverlauf. Dahinter kann die Straße scharf abbiegen oder blockiert sein.
- ▶ Fahren Sie Kuppen langsam an.
- Im **Outback** sind Sie ganz auf sich allein gestellt; tiefstes Outback wird *Never-Never* genannt.
- Bei extensiver Viehzucht laufen die Tiere weitgehend frei herum. Dann finden sich **Grids:** etwa meterbreite Gitter aus Eisenbahnschienen auf dem Boden mit einem Abstand zwischen den Schwellen, der größer ist als die Hufe der Tiere. Die trauen sich dann nicht, über die Schwellen zu »balancieren«, das Grid ersetzt ein Tor. Für den Wagen ist das problemlos zu befahren, es rattert halt ein wenig. Ein *Gate* kann offen sein oder geschlossen. In jedem Fall sollten Sie es so hinterlassen, wie Sie es vorgefunden haben.
- **Buschfeuer** sind eine natürliche Erscheinung und nutzen der Natur. Auch Einheimische brennen in vielen Ländern den Busch ab.
- ▶ Lassen Sie es brennen und wahren Sie sicheren Abstand.
- **Wadis** sind ausgetrocknete Flüsse ohne klaren Anfang und Ende. Sie entstehen nach Regenfällen in der Wüste. In einem Wadi zu fahren ist riskant. Es kann weit entfernt regnen und Sie werden von den Fluten überrascht (*flash-flood*). Steile Böschungen und Felsblöcke können die Ausfahrt verhindern.
- ▶ Übernachten Sie nie in einem Wadi!
- ▶ Befahren Sie nur Wadis mit gesicherter Ausfahrt.
- Durch eine Senke führt ein **Dip.** Fließt ein Gewässer durch, ist es eine **Furt.** Auch eine trocken erscheinende Durchfahrt kann morastig oder voller Schwemmsand sein. In einer wassergefüllten Durchfahrt können Schwemmlöcher, Geröll oder Äste lauern.
- ▶ Langsam anfahren, Untergrund prüfen.
- ▶ Mit einem Stock voranmarschieren und den Grund abtasten.
- ▶ Eine betonierte Furt kann sehr schmierig sein.
- ▶ Es kann nötig sein, Luftansaugung und Auspufföffnung mit Schlauch und Schlauchschellen über den Wasserstand zu legen.
- ▶ Ein Blech oder Brett vor dem Kühler verringert den Wasserstand im Motorraum, solange der Wagen fährt.
- ▶ Fahren Sie mit dem abgekühlten Motor langsam und ohne stehen zu bleiben durchs Wasser. Der Motor darf nicht ausgehen.

- ▶ Lassen Sie nach der Durchfahrt den Motor laufen, bis er trocken ist.
- ▶ Kontrollieren Sie das Motoröl. Wenn es milchig aussieht, ist Wasser hinein gelangt, dann ist ein Ölwechsel fällig.
- Nach einem Regenfall wird jeder Lehmboden in Minuten glatt wie Schmierseife, dann zum **Morast.** Die sicherste Lösung ist es, ein Lager aufzuschlagen und zu warten, bis der Boden wieder trocknet. In den Tropen kann das schnell gehen – wenn's nicht gerade Regenzeit ist. Morastige Stellen, die erkennbar längere Zeit feucht sind, werden entsprechend tiefgründig sein und sollten zu Fuß auf ihre Tragfähigkeit erkundet werden. In Morast ist Bodenhaftung wichtiger als Schnelligkeit, also fahren Sie langsam durch und schalten rechtzeitig runter. Hilfsmittel für die Durchquerung des Morastes: Äste, Bretter, Schneeketten, Teppiche, Gummimatten, Luftlandebleche.
- Kleine **Brücken** bestehen schon mal nur aus Baumstämmen. Sind die noch heil, werden sie Ihren Wagen auch noch aushalten.
- ▶ Mit einem Stecken in der Länge des Reifenabstandes messen Sie ab, ob die Reifen auf die Stämme passen.
- **Pontonbrücken** bestehen aus hohlen Segmenten, die gegeneinander beweglich sind. Das sollte nicht gerade unter Ihrem Wagen geschehen.
- ▶ Halten Sie Abstand zu schwereren Wagen vor und hinter Ihnen.
- Als **Escarpment** werden Bergstraßen bezeichnet, die über weite Strecken nur einspurig sind. Signale auf beiden Seiten zeigen an, ob mit Gegenverkehr zu rechnen ist. Bergauf hat Vorfahrt.
- Auf langen **Gefällstrecken** können die Bremsen überhitzen und versagen. Mit der Kupplung zu bremsen, kann diese sofort zerstören.
- ▶ Den Gang benutzen, in dem Sie die Strecke bergauf fahren würden.
- ▶ Rollen Sie im 1. oder 2. Gang bergab, nutzen Sie die Motorbremse.
- Bremsen Sie auch auf **Schnee und Eis** normal, wenn die Straße gerade ist. Üben Sie das. Brücken sind Seitenwind ausgesetzt und daher häufiger vereist. Die Motorbremse wirkt nur auf die angetriebenen Räder – Schleudergefahr! Reicht der Bremsweg nicht, die Bremse loslassen und um das Hindernis herum lenken. Um in einer vereisten Kurve auf der Fahrbahn zu bleiben, schlagen Sie das Lenkrad vorsichtig bei getretener Kupplung ein. Um bei starkem Gefälle herunterzuschalten, halten Sie erst an. Bricht das Heck seitlich aus, schnell in die gleiche Richtung lenken.

TIPP **Fragen Sie nach dem Zustand der Route, fahren Sie vorausschauend und nur bei Tageslicht. Sie benötigen: Schaufel, Wagenheber mit geeigneter Unterlage, Sandbleche, Abschleppseil, Werkzeug, Karabiner.**

Die Ankunft vorbereiten

Nach langer, anstrengender Fahrt verlangt der Körper nach Ruhe und Schlaf, Essen und Trinken. Nur selten sind diese Bedürfnisse an einem unbekannten Ort einfach und schnell zu befriedigen. Rechnen Sie mit 1 bis 3 Stunden, um in einer Stadt anzukommen. Ganz gleich, ob Sie mit dem Wagen in der unbekannten Stadt umherirren, vom weit außerhalb gelegenen Flughafen ins Zentrum fahren oder vom Bahnhof aus zu Fuß loslaufen.

Der **Zeitdruck steigt**, wenn der Feierabend bei Behörden naht, ein Feiertag oder Wochenende bevorsteht, das Visum abläuft etc. (→ Selbstreisehandbuch Band 1, Reiseplanung). Dann muss die Ankunft besonders effektiv organisiert werden. Persönliche Bedürfnisse konkurrieren mit notwendigen reisetechnischen Maßnahmen.

Legen Sie für die folgenden Aktionen **Prioritäten und Reihenfolgen** fest:

- ❑ Essen und Trinken
- ❑ Hygiene, Wäsche waschen ...
- ❑ Geld wechseln? Wie viel? Wo ist eine Bank geöffnet? Alternativen: Geldautomat, Wechselstube, Hotel, Schwarztausch ...
- ❑ Visum oder Permit beantragen? Bis wann sind Botschaft oder Behörde geöffnet? Bearbeitungsdauer? Passfotos? Kopien? Kosten?
- ❑ Sich bei der Touristenpolizei melden.
- ❑ Die Weiterfahrt organisieren: Wo gibt es Tickets? Fahrplan? Reservierung? Kosten?
- ❑ Das eigene Fahrzeug warten oder reparieren: Wo sind Werkstatt oder Teilehandel? Ersatzteile? Werkzeug? Kosten? Dauer?
- ❑ Arzt oder Medikamente?
- ❑ Infos, Ausrüstung, Bücher oder Karten für den nächsten Reiseabschnitt besorgen?
- ❑ Post abholen, Ferngespräche führen, Ansichtskarten und Briefmarken kaufen ...
- ❑ Unterkünfte lassen sich noch bis spät in der Nacht organisieren.

Informieren Sie sich **bei der Anreise,** planen Sie Ihr Vorgehen:

- ▶ Bei der Anreise in einem öffentlichen Verkehrsmittel erkundigen Sie sich bereits unterwegs bei den Mitreisenden über den Ort, nach einer Unterkunft oder einer Mitfahrgelegenheit dorthin.
- ▶ Informieren Sie sich vor der Ankunft im Reiseführer.
- ▶ Prägen Sie sich den Stadtplan grob ein, merken Sie sich die Lage einiger Orientierungspunkte zueinander: Bahnhof, Hauptstraße, Kirche oder Moschee, Hügel oder Fluss ...

- Nutzen Sie den Stadtplan, lokalisieren Sie Ihre Zieladressen und legen Sie eine zeitökonomische Anfahrt fest.
- Wenn Sie mit dem Auto reisen, erstellen Sie sich einen Anfahrtsplan: Haupteinfallstraße, Nummer und Name der Abfahrt, Orientierungspunkte bei Abzweigungen.
- Setzen Sie Prioriäten bei der Suche nach einer Unterkunft. Markieren Sie die anzufahrenden Hotels im Stadtplan.
- Kalkulieren Sie Ihre zu erwartenden Ausgaben und wechseln Sie nach der Ankunft möglichst bald diesen Betrag.

Gehen Sie **bei der Ankunft** gezielt vor, das erspart Ihnen Ärger, Geld und Zeit. Sie reagieren selbstsicherer gegenüber Schleppern, nennen Taxifahrern ein klares Ziel und erkennen, ob Sie richtig fahren.

- Nutzen Sie Dienstleister wie Touristeninformation, Taxi, Hotels, Gepäckaufbewahrung, Reisebüros ... notfalls auch Schlepper.
- Aktualisieren Sie die bei der Anreise gesammelten Informationen.
- Fragen Sie nach einem Dolmetscher und klären Sie die wichtigsten und drängendsten Details Ihrer Liste sofort per Telefon.
- Bei einer Mahlzeit stärken Sie sich für die nächsten Stunden und können gleichzeitig die Details planen.
- Zu zweit können Sie sich die Aufgaben teilen.
- Legen Sie Treffpunkte fest, etwa zu allen vollen Stunden, um einander informieren zu können.
- Fragen Sie nach den Taxikosten zu den ersten Zielen. Vielleicht holt Sie Ihr Hotel auch ab.
- Teilen Sie sich mit anderen Reisenden ein Taxi vom Flughafen oder Bahnhof zu Ihrem Ziel.
- Bei wenig frequentierten Flughäfen sollten Sie möglichst als erster am Taxistand sein.
- Es kann sinnvoll sein, sich zunächst leichten Fußes in der neuen Umgebung zu orientieren und das schwere Gepäck an der Gepäckaufbewahrung abzugeben.

TIPP **Listen Sie Ihre Erledigungen nach Wichtigkeit auf. Notieren Sie zu jedem Punkt: Wer erledigt das wie, wo, wann?**

Orientierung in der Natur

Die Tagesroute sollte grob, der Wegverlauf für die nächsten 1 bis 2 Stunden sehr genau im Kopf sein. Das erleichtert es, neue Informationen aufzunehmen und einzuordnen. Überprüfen Sie den Wegverlauf häufig, schauen Sie öfter mal zurück. Achten Sie auf leichte Irritationen. Meist weisen sie schon früh auf falsche Annahmen und falsche Entscheidungen hin.

Markierungen sollten aus beiden Wegrichtungen zu sehen sein und finden sich daher auf Felsblöcken oder in Augenhöhe an Bäumen. Im Idealfall enthält die Wanderkarte entsprechend farblich markierte Wege:

- ▶ Weiße Quadrate mit roten, gelben, grünen oder blauen Balken.
- ▶ Ein geknicktes Rechteck zeigt eine Änderung der Wegrichtung an.
- ▶ Die Spitze farbiger Dreiecke gibt die Richtung an.
- ▶ Bei plötzlich fehlenden Markierungen suchen Sie nach den Markierungen für die Wanderer aus der Gegenrichtung.

Wer sich sicher fühlt und achtlos dahertrottet, **entscheidet sich fürs Verlaufen.** Den äußeren Anlass dafür liefern vieldeutige Signale:

- Wegverzweigungen entstehen manchmal aus Abkürzungen von Wegschlaufen. Meist führen sie zurück auf den Hauptweg – aber manches Mal eben auch nicht.
- Alte Streckenführungen oder unbegehbar gewordene Strecken sind durch Hindernisse auf dem Weg meist kenntlich gemacht.
- Schwierig sind Landschaften mit vielen gleich guten Pfaden: ebene Grasflächen, Almen, Lichtungen, Grashänge ... Zahlreiche, nur unscharf sichtbare Spuren sind von den Spuren des Weideviehs oder abfließenden Wassers nicht zu unterscheiden. Queren Sie die Fläche und suchen Sie die Fortsetzung des Weges an der anderen Seite, aber steigen Sie dabei nicht ab.
- Verblasste, abgewitterte, verschwundene Markierungen und veränderte Wegführungen sowie Verwechslungen mit rötlichen oder gelblichen Flechten können in die Irre führen.
- Dunkelheit, Nebel oder Schneefall vervielfachen die Fehler.
- ▶ In der Gruppe zusammenbleiben, keine Einzelaktionen versuchen.
- ▶ Hat man sich im dichten Nebel verlaufen, so warten Sie auf bessere Sicht. Ein Biwak im Nebel ist besser als ein lebensgefährlicher Abstieg durch unbekanntes Gelände.

TIPP **Bleiben Sie aufmerksam, überprüfen Sie oft Ihre Position im Gelände. Entscheiden Sie sich bewusst und überlegt für einen Weg.**

Verirrt?

Ich wollte den Sonnenuntergang allein erleben und lief in die Wüste hinein. Unvermittelt tauchten die ersten Sterne auf, leise raschelten einige Sandkörner, sanft spürte ich den Wind im Gesicht. Viel später wuchs langsam die Erkenntnis: Wie finde ich das Lager wieder? Weder hörte ich die Stimmen meiner Freunde noch sah ich das Licht der Petroleumlampe. Als einzige Orientierung blieben mir meine Fußabdrücke im Sand. Die durfte ich nicht verlieren in der mondlosen Nacht. Fast eine Stunde dauerte es, bis ich tastend und mit Herzklopfen das Lager wiederfand.

Falls Sie dort sind, wo Sie zu sein glauben, stimmen die Informationen aus der Karte mit dem Gelände weitgehend überein.

▶ **Vergleichen Sie:**
- ❑ Geländeformationen wie Gipfel, Täler, Nase, Rücken, Kamm, Mulden, Flüsse, Quellen, Pässe;
- ❑ Geländeeigenschaften wie Steigung/Neigung, Höhe, Bewuchs (Grasland, Fels, Wald), Bodenbeschaffenheit (Morast, Fels ...);
- ❑ Zeichen menschlicher Tätigkeiten wie Hütten, Brücken, Wege, Straßen, Hochspannungsleitungen, Skilifte u.ä.;
- ❑ die Höhe laut Karte mit der gemessenen Höhe;
- ❑ die Peilrichtung mit dem Kompass auf Gipfel oder Orte.

▶ **Bleiben Sie gelassen,** vermeiden Sie Aktionismus oder gar Panik. Auch Karten sind fehlerhaft, unvollständig oder nicht auf dem neuesten Stand. Die eine oder andere Abweichung kann also auch an der Karte liegen!
- ❑ Wo war die letzte Markierung, die letzte Wegverzweigung?
- ❑ Ging der andere Abzweig links oder rechts, aufwärts oder abwärts?
- ❑ Wo war die letzte bekannte Position auf der Karte?

▶ Machen Sie erst einmal eine längere **Orientierungspause:** essen, trinken, entspannen, vielleicht sogar übernachten Sie. Planen Sie dann ruhig die nächsten Schritte.

Sie haben folgende Möglichkeiten:
- Der Weg ist deutlich und nichts spricht gegen die Umkehr:

▶ Gehen Sie den falschen Weg zurück bis zur letzten bekannten Position und wechseln Sie auf den richtigen Weg.
- Sie sind vom Weg abgekommen, die Position ist unklar. Oder triftige Gründe sprechen gegen eine Umkehr.

▶ Ermitteln Sie Ihre Position und entwickeln Sie dann den kürzesten bzw. sichersten Weg durchs Gelände zurück zum richtigen Weg.

▶ Mit einem GPS-Gerät ermitteln Sie Ihre Koordinaten auf wenige Meter genau und übertragen diese auf eine Karte.

Bei fehlenden Voraussetzungen (funktionierendes Gerät, volle Batterien, Karte mit geeignetem Maßstab, richtiger Umgang mit dem Gerät) wird **die traditionelle Methode** eingesetzt. Sie benötigen:

- ❑ Marschzeit seit der letzten bekannten Position (Uhr)
- ❑ zurückgelegte Entfernung (Schrittzähler)
- ❑ Richtungen (Kompass)
- ❑ derzeitige Höhe (Höhenmesser)
- ▶ Gut, wenn Sie in ein Routenbuch die zurückgelegten Strecken eingetragen haben. Bei jeder Richtungsänderung wird eingetragen: Uhrzeit, Richtung, Höhe, Standortmerkmal.
- ▶ Andernfalls schätzen Sie die benötigten Werte.
- ▶ Tragen Sie nun auf der Karte (Folie, Millimeterpapier) Strecken und Richtungen ein; sie enden an der derzeitigen Position. Selbst mit groben Schätzungen ermitteln Sie immerhin einen Aufenthaltsbereich.

Einen **Weg zu entwickeln** ist im fremden Gelände aufwändig und riskant. Er soll möglichst kurz sein, Hindernisse und Gefahren meiden sowie ein gleichmäßiges Tempo ermöglichen.

- ▶ Zeichnen Sie Ausgangs- und Zielpunkt auf der Karte exakt ein.
- ▶ Suchen Sie dazwischen nach irgendwelchen Pfaden oder Zeichen menschlicher Tätigkeit wie Hütten, Brücken usw. Dort müssen Pfade hinführen, auch wenn sie nicht eingezeichnet sind.
- ▶ Benutzen Sie diese Punkte als Brückenpfeiler des zu erarbeitenden Weges, denn auch ein noch so schlechter Pfad umgeht Hindernisse und erspart Orientierungspausen.
- ▶ Entwerfen Sie auf der Karte einen Weg, der diese Brückenpfeiler benutzt, erkennbaren Hindernissen jedoch ausweicht: Gipfel, Gletscher, Flüsse, Felsabbrüche, Schluchten etc. Der Weg auf dem Grat kann riskant sein, der Weg durchs Tal sumpfig. Bevorzugen Sie Wege an den Hängen. Vermeiden Sie steile Auf- und Abstiege.
- ▶ Überlegen Sie sich Alternativen, um Sackgassen zu vermeiden.
- ▶ Nutzen Sie das Wasser als Wegweiser, es fließt immer bergab: der Bach in ein Flüsschen, dieses in einen Fluss, einen See und zuletzt ins Meer. Bergrücken sind Wasserscheiden. Menschen siedeln immer in der Nähe von Wasser.

:-) www.garmin.de, www.quovadis-gps.com, www.gpstom.de, http://joe.mehaffey.com

:-) Missweisung für jeden Punkt auf der Erde: www.ngdc.noaa.gov/cgi-bin/seg/gmag/fldsnth1.pl

TIPP **Überlegen Sie gründlich und entscheiden Sie sich für ein Vorgehen. Nützlich sind: Biwaksack, Kompass, Höhenmesser, Karte 1:25.000, GPS.**

Orientierung in Städten

Ein japanischer Tourist parkte in Köln seinen Mietwagen und notierte sich den Straßennamen genau. Er verlief sich, zeigte den Zettel herum, doch niemand konnte ihm helfen. Auf dem Zettel stand »Einbahnstraße«.

Vorsichtsmaßnahmen gegen Verirren

- Lassen Sie sich von Ihrer Unterkunft eine Visitenkarte geben und nehmen Sie immer einen Stadtplan mit, sei er noch so klein.
- Schauen Sie öfter mal zurück und prägen Sie sich das Bild aus der Richtung ein, die Sie später zurückgehen werden.
- Merken Sie sich, wo Sie Ihren Wagen geparkt haben. Notieren Sie die Straßennamen an der nächsten Kreuzung. (Wie die Geschichte lehrt, ist es nützlich, ein paar Verkehrsschilder zu kennen.)
- Verabreden Sie einen Ort und feste Zeitpunkte (z.B. jede volle Stunde), um sich im Notfall zu treffen.

Verirren ist meist harmlos und kann durch Ab- und Irrwege auch schön sein, Überraschungen und Entdeckungen bieten!

- Wenn Sie merken, dass Sie sich verirrt haben, laufen Sie keinesfalls sofort los! Setzen Sie sich, bleiben Sie ruhig, denken Sie nach.
- Planen Sie die nächsten Schritte. Märkte, Kirchen, Moscheen, Hauptstraßen, höhere Bebauung zeigen meist das Stadtzentrum an.
- Wenn Sie zu zweit oder in der Gruppe unterwegs sind: Warten Sie geduldig an der Stelle, an der Sie sich zuletzt gesehen haben.
- Rufen Sie im Hotel an und hinterlassen Sie dort eine Nachricht mit Treffpunkt und -zeit.
- Fragen Sie Polizei, Portier, Taxifahrer oder andere potentiell Ortskundige nach dem Weg.

:-) www.cities.com, www.officialtravelinfo.com, www.stadtplan.net, www.meinestadt.de

TIPP **Zeichnen Sie sich in einer neuen Umgebung Ihre eigene Karte, orientieren Sie sich großräumig an Flüssen und Bergen, Tal- und Hangseiten, Hauptstraßen und Eisenbahnen.**

TIPP **Betrachten Sie die Fahrt mit öffentlichen Verkehrsmitteln als kostenlose Stadtrundfahrt und orientieren Sie sich an Brücken, Flüssen, Bahngleisen, Hauptstraßen, Plätzen, hohen Bauwerken, Hügeln. Achten Sie auf alles, was für Sie wichtig wird: Hotel, Touristeninformation, Haltestellen, Bank ...**

Mit Schleppern umgehen

Vielleicht will ein gastfreundlicher, kontaktfreudiger Mensch Kontakt aufnehmen, Ihnen helfen, die fremde Sprache üben. Vielleicht sind Sie aber auch das Opfer eines Schleppers, Taxifahrers, *guides, porters, wallahs, bumsters.* Ihnen auszuweichen, kann sich olympiareif gestalten.

Falls Sie die **Kontaktaufnahme vermeiden** wollen:

- Vermeiden Sie Augenkontakt.
- Treten Sie selbstbewusst (aber nicht arrogant) und zielsicher auf, gehen Sie auf einen Polizisten oder Beamten zu, betreten Sie eine Touristeninformation oder eine Bank.
- Versuchen Sie es mit einem höflichen, aber bestimmten »Nein« in der Landessprache oder steigern Sie es zu einem »Geh weg! Hau ab!«
- Vermeiden Sie jede inhaltliche Antwort, insbesondere, wenn daraus Ihre Herkunft oder Sprache erkennbar wird.

Wie das Spiel läuft

Kontaktaufnahme. Der Schlepper muss Ihre Aufmerksamkeit gewinnen, guckt auffällig, kommt näher, lächelt, grüßt: *»Hallo Sir … Excuse me, Lady«,* zischt, pfeift und schnalzt … Aber er braucht für seinen Erfolg den Blick zurück, ein an ihn gerichtetes Wort, ein Lächeln oder nur ein Stocken im Schritt.
»Do you remember, Sir?« Natürlich nicht, aber fast jeder schaut zurück, man will ja nichts falsch machen.
»Do you have a Problem?« Wer hätte das nicht bei der Ankunft. Also: *»My name is Mister No problem.«*
»What do you want? Where do you look for?« Antwort: »I want my silence.«
»Where do you come from? Which country? Which town?« Er muss wissen, welche Sprache er benutzen kann und aus welchem Land Sie kommen. Das erkennt er spätestens am Reiseführer. *»I know Willy in Munich, Anna in Berlin …: Guten Tag, wie geht es Ihnen?!«* Deutsche Namen, deutscher Klang – da öffnet sich das Touristenherz.
Doch ohne Antwort, ohne Namen und Herkunftsland bleibt ihm nur die Provokation: *»You don't like Indian, Turkish, Egyptian people …«*
Interesse wecken. Er klopft die üblichen Bedürfnisse ab, bietet alles an – irgendetwas wird schon passen. Er verspricht, lobt, ist devot, zeigt Postkarten mit Referenzen, bietet den billigsten, besten Service. Der Wurm an der Angel wird so lange gewechselt, bis der Fisch anbeißt.
Action. Nun haben Sie angebissen, jetzt wird das Thema vertieft: Hotel, Teppich, Drogen, Prostitution, Touren … Und natürlich haben Sie Glück, weil er und nur er auf diesem Gebiet den absoluten Geheimtipp hat, die beste Connection. Und da bringt er Sie nun hin.

Erfolg für den Schlepper, denn nun ist seine Belohnung fällig. Er wird versuchen, doppelt zu kassieren: bei Ihnen und dem anderen Geschäftspartner. Und egal, was Sie geben – er wird mehr verlangen, muss jetzt das Maximum herausfinden, testet Ihre Belastbarkeit. Und wenn beim Geld nicht mehr zu holen ist, verlangt er noch ein Geschenk für Frau und Kinder. Und trotz aller Provisionen wird der Schlepper Ihnen das Gefühl vermitteln wollen, ihm etwas schuldig zu sein.

Kundenbindung. Und er wird Sie davon überzeugen wollen, dass Sie ein Bombengeschäft gemacht haben. Deswegen bietet er Ihnen seine Vermittlung für das nächste Geschäft an, will einen Auftrag für den nächsten Tag: Man verpflichte sich ja zu nichts, aber für alle Fälle könne er ja mal zum Hotel kommen. Viele solcher Folgegeschäfte verlaufen unbefriedigend, da auf beiden Seiten die Erwartung wächst, ein noch besseres Geschäft machen zu können.

Die unendlich vielen Tricks und Argumente der Schlepper können mit diesem Schema vielleicht eher erkannt werden. Denn ein Angebot ist schon nicht mehr so einmalig und verlockend, wenn seine Funktion klar wird. Sie werden Anfänger, Amateure und Profis kennen lernen. Alle wollen an Ihnen verdienen, das ist normal. Ein gutes Geschäft ist es, wenn beide davon profitieren. Dem Schlepper sollte also auch daran gelegen sein, dass Sie zufrieden sind. Daher ist Vorsicht geboten, wenn er ungewöhnlich drängt, es eilig hat, schnell verschwinden will.

Liefern Sie sich nicht aus, sichern Sie sich Ihre **Handlungsfreiheit:**

- Formulieren Sie Ihr Anliegen deutlich und mehrfach, beschreiben Sie Ihre Wünsche möglichst exakt.
- Klären Sie vorher, was der Schlepper für seine Dienste erwartet. Einem »As you want …« setzen Sie Ihren Betrag entgegen.
- Klären Sie, ob das Honorar nur im Erfolgsfall gezahlt wird.
- Lassen Sie sich nicht drängen, schlafen Sie über ein Angebot, vertagen Sie die Kaufentscheidung.
- Verraten Sie dem Schlepper niemals Ihre Unterkunft, verabreden Sie sich an einem anderen Ort.

TIPP **Formulieren Sie klare Wünsche, ziehen Sie deutliche Grenzen hinsichtlich Aufwand an Zeit und Geld. Bezahlen Sie nur Leistungen, die Sie auch wirklich haben wollen. Nützlich sind passende Geldbeträge und kleine Geschenke.**

Guides & Touren

Unterwegs für einen Reiseabschnitt einen **Guide** zu nehmen oder gar eine überschaubare Tour zu buchen, kann verschiedene gute Gründe haben:

- individuelle Touren sind nicht erlaubt;
- eine geführte Tour spart viel Zeit und Aufwand;
- eine geführte Tour ist sicherer;
- Sie erfahren mehr, wenn es kaum Informationen über das Ziel der Tour gibt.

Träger können nötig sein, wenn Sie eine längere Tour machen, bei der Sie sich überwiegend selbst verpflegen oder wenn Sie ahnen, dass Sie an Ihre Leistungsgrenzen stoßen werden. Träger besorgen Sie sich am besten in der Gegend, in der Ihre Tour startet. Das dauert zwar etwas länger, doch dafür bekommen Sie Leute, die die Gegend kennen und die an die Verhältnisse dort gewöhnt sind.

Die **Tour-Organisatoren** wollen möglichst wenig Arbeit, möglichst geringe Kosten und keine Aufregung. Daher werden Leistungen und Abläufe weitgehend standardisiert sein. Bei häufig gebuchten Touren erwarten Sie gelangweilte Guides und Folklore vom Fließband. Die besuchten Gastfamilien leben vermutlich von den täglich einfallenden Gruppen und die Tiere im Busch haben sich schon längst ein ruhigeres Plätzchen gesucht. Es scheint Glückssache zu sein, ob man viel oder wenig bezahlt, einen guten und engagierten oder einen abgestumpften Guide erwischt. Je mehr Vermittler beteiligt sind, desto teurer und unüberschaubarer wird die Sache.

Hier einige Tipps zur **Auswahl:**

- ▶ Fragen Sie andere Reisende nach Empfehlungen. Falls das nicht geht, fragen Sie in Ihrer Unterkunft.
- ▶ Überspringen Sie den Vermittler und versuchen Sie, direkt einen Organisator zu finden.
- ▶ Noch besser: Überspringen Sie den Organisator und versuchen Sie, direkt einen Guide zu finden.
- ▶ Engagierte Guides oder Organisatoren werden Ihnen Varianten und Alternativen anbieten, auf Ihre Interessen und Wünsche eingehen.

- Fragen Sie nach den **Leistungen,** die Ihnen wichtig sind:

- ❑ Wie viele Leute sind in der Gruppe? Wie viele Guides und Träger?
- ❑ Welche Erfahrung haben die Guides? Sprechen sie Englisch bzw. Spanisch? Haben sie eine offizielle Ausbildung?
- ❑ Stammt der Guide aus der Gegend, in der er führt?
- ❑ Wie ist die Zeitplanung? Tempo? Pausen?
- ❑ Welche Route ist geplant? Gibt es Alternativen? Wovon hängt die Routenplanung ab?

- ❑ Welche Leistungen gehören zum Paket? Essen? Trinken? Übernachtung? Wie viel und in welcher Qualität? Welches Hotel?
- ❑ Sind Zusatzkosten zu erwarten? Eintritt? Gebühren? Was kostet die Anreise? Wo endet die Tour? Wie kommt man dort weg?
- ❑ Gibt es empfehlenswerte Karten oder Bücher?
- ❑ Gibt es Beschränkungen für Foto- oder Filmaufnahmen?

- Wie geht der Organisator mit **Sicherheitsaspekten** um?
- ❑ Gibt es Alternativen bei Wetteränderungen?
- ❑ Wie gut ist die Ausrüstung?
- ❑ Gibt es Maßnahmen für den Notfall?
- ❑ Hat der Guide eine Erste-Hilfe-Ausbildung?

- Wie geht der Organisator mit **Guides und Trägern** um?
- ❑ Haben Ihre Leute vernünftige Schuhe? Genug zu essen? Zelt und Schlafsack oder Decken? Geeignete Kleidung? Sind sie fürs Hochgebirge und für Gletscherbegehungen ausgerüstet?
- ❑ Wie viel bürdet sich ein Träger auf und womit trägt er seine Last?
- ❑ Klären Sie den Lohn und die Kosten für Unterkunft und Verpflegung. Leisten Sie nur eine kleine Anzahlung und stellen Sie eine Wochenprämie bzw. ein Trinkgeld in Aussicht.

- Wie geht der Organisator mit der **Umwelt** um?
- ❑ Brennholz ist in vielen Teilen der Welt selten und teuer. Nehmen Sie Kocher und Brennstoff mit (Benzin, Kerosin, Petroleum).
- ❑ Was geschieht unterwegs mit dem Verpackungsmüll?

Schon aus der Art der Antworten lässt sich auf Sachkenntnis und Engagement schließen. Werden Ihnen Alternativen angeboten, Zusammenhänge erklärt? Oder haben Sie das Gefühl, nur beschwichtigt und vertröstet zu werden, wird Ihnen alles versprochen? Beharren Sie auf konkreten Antworten. Lassen Sie sich das schriftlich geben. Das nutzt nicht viel – aber die Reaktion darauf kann interessant sein.

TIPP **Betrachten Sie sich als Arbeitgeber, der nicht nur für eine Leistung zahlt, sondern auch eine Fürsorgepflicht übernommen hat.**

Reparieren & Improvisieren

Kleben:

❑ Epoxykleber, Uhu oder Araldit Rapid, Zweikomponentenkleber, Lötzinn, Knetmasse (Zweikomponentenkitt) zum Kaltschweißen z.B. für Motorgehäuse, Ölwanne.

▶ Mit Kocher, Löffel und Blei können Sie Metalle provisorisch weichlöten. Die zu lötenden Teile mit Benzin oder Spiritus entfetten und mit einem Tropfen flüssigen Bleis verbinden. Blei ist giftig, halten Sie Lebensmittel abseits. Atmen Sie die Bleidämpfe nicht ein, verwenden Sie den Löffel nicht mehr zum Essen. Blei erhalten Sie bei Werkstätten zum Auswuchten von Felgen, im Anglerbedarf als Gewicht, im Jagdbedarf ...

▶ Mit Gips oder Lehm sowie einer Mullbinde oder einer Konservendose lässt sich ein durchgerosteter Auspuff flicken.

Binden:

❑ Kabelbinder, Gewebeband, (Schweiß-)draht, Reepschnur (3 – 4 mm), Schlauchschellen, Schrauben und -muttern (M5, M6, M8 ...)

▶ Mit Lüsterklemmen lässt sich ein gerissener Draht wieder verbinden.

▶ Seidenstrümpfe können notfalls vielleicht den Keilriemen ersetzen, keinesfalls aber einen Zahnriemen.

▶ Gummiringe aus zerschnittenen Fahrrad- oder Autoschläuchen.

▶ Zahnseide ist ein fast unzerreißbares Nähgarn.

Trennen:

❑ Messer, Eisensägeblatt, Schlüsselfeile (rund, flach, dreieckig) Schleifpapier, Schraubensicherung Loctite.

Dicht- und Gleitmaterial:

❑ Silikonmasse, Öl, Fett, Kettenspray, Luftfilter-, Motorenöl.

▶ Mit fester Seife lässt sich für kurze Zeit ein Riss im Tank reparieren.

▶ Gemahlener Pfeffer kann Haarrisse im Kühlsystem verstopfen.

▶ Mit den äußeren Bambusfasern Löcher im Tank abdichten.

Flicken für Zelt, Unterlegmatte, Rucksack und Gummi:

❑ Stopf-, Näh- und Sacknadeln, Ösenset, selbstklebende Klettverschlüsse, Flicken, Sicherheitsnadeln, Schlauchflickzeug

Reinigen:

❑ Baumwolllappen, Benzin, Spiritus, Drahtwolle, -bürste

Passendes Werkzeug für das eigene Verkehrsmittel:

❑ Gabelschlüssel, Inbusschlüssel, Ringschlüssel, Steckschlüssel; Kreuz- und Schlitzschraubendreher, isolierter Elektroschraubendreher, Kombizange, Wasserpumpenzange, Hammer, Prüflampe, Feile

Trichter:

❑ Plastikflasche quer halbieren.

:-) www.selbst.de, www.wer-weiss-was.de, www.autoteile-direkt.de

Entfernungen schätzen & messen

Bestimmen der Richtung:

- Messen Sie die Richtung mit dem Kompass. Die Kompassnadel weicht überall mehr oder weniger von der Nordrichtung ab (Missweisung Seite 84). Die typische Abweichung ist auf der Karte vermerkt.
- Legen Sie die Karte so hin, dass ihre Orientierung mit der Landschaft übereinstimmt. Der Nordpfeil auf der Karte gibt ihnen die Richtung an.
- Schätzen Sie die Richtung nach dem Sonnenstand. Ihr höchster Stand ist erreicht, wenn die Schatten am kürzesten sind bzw. auf der Nordhalbkugel um zwölf Uhr Ortszeit – berücksichtigen Sie UTC-Abweichungen, z.B. durch die Sommerzeit [→ Zeit, Seite 140].

Uhrzeit	6	9	12	15	18
Nordhalbkugel	Osten	Südosten	Süden	Südwesten	Westen
Südhalbkugel	Osten	Nordosten	Norden	Nordwesten	Westen

Bestimmen der Höhe:

- Messen Sie die Höhe mit dem Höhenmesser. Wetterbedingte Änderungen des Luftdrucks können zu geringen Abweichungen führen.
- Lesen Sie die Höhe aus den Höhenlinien in der Karte ab.

Bestimmen der Entfernung:

- Die auf der Karte gemessene Entfernung ist immer kürzer als die zurückgelegte Entfernung. Kurvenreiche Messstrecke mit einem Faden auslegen, dann stramm ziehen und ausmessen.
- Breitengrade sind 110 km voneinander entfernt.
- Ein Schrittzähler erlaubt die Streckenmessung, wenn die durchschnittliche Schrittlänge bekannt ist.

Maßstab der Karte	**1 cm = km**	**Distanz pro 5 cm**	**Diagonale im 5-cm-Quadrat**	**geeignet für die Planung von:**
1:15.000	0,150	0,750	1,1	Stadrundfahrt
1:25.000	0,250	1,250	1,8	Wandern, MTB im Gelände
1:50.000	0,500	2,5	3,5	mehrtägiges Wandern und Radtour auf Wegen
1:100.000	1	5	7	Radtages-/Wochenendtour
1:200.000	2	10	14	mehrtägige Radtour, mehrstündige Autofahrt
1:500.000	5	25	35	regionale Tour (Deutschland 170 cm hoch)
1:1.000.000	10	50	45	Länderreise (D 85 cm hoch)
1:5.000.000	50	250	354	kontinentale Tour (Europakarte im Atlas)
1:10.000.000	100	500	707	Weltreise (Wand-Weltkarte)

- Zwei Personen messen Strecken mit einem Seil von z.B. 10 m Länge. Abwechselnd geht erst der eine (= 10 m), dann der andere (=10 m).
- Der Kilometerzähler am Auto misst immer eine zu große Strecke, bedingt durch den »Schlupf« der Räder, besonders auf Pisten und in Sand.
- **Schätzen Sie Entfernungen** anhand der theoretischen Sichtweite bei bestmöglichen Bedingungen (Spalte 3 und 4). Wenn Sie ein Objekt bei normaler Sehschärfe gerade eben noch sehen, können Sie auf die Entfernung schließen (Spalte 1 und 2). Man schätzt zu kurz bei klarem Wetter, heller Sonne, weiten Flächen, hellem Hintergrund, bergab. Man schätzt zu weit in der Dämmerung, nachts, bei trübem Wetter, im Wald.

Erkennbar ist	**Distanz**
Kirchturm, Hochhaus	12 km
Wohnhaus	5 km
Auto	3 km
Personengruppe	2 km
Einzelperson	1 km
Beinbewegungen eines Menschen	500 m
Einzelheiten der Kleidung	300 m
Kopf- und Schulterumriß	200 m
Gesicht als heller Fleck	100 m
Gesicht mit Details	50 m

Aus einer Höhe von x-m	**sehe ich den Horizont x-km entfernt**
2 m	5 km
5 m	9 km
10 m	12 km
50 m	27 km
100 m	38 km
1000 m	121 km
2000 m	171 km

- Mit dem »**Daumensprung**« schätzen Sie Entfernungen schnell, aber ungenau: Peilen Sie mit nur einem geöffneten Auge über den aufgestellten Daumen am ausgestreckten Arm auf ein Objekt, dessen Entfernung Sie bestimmen wollen. Dann schließen Sie das Auge und öffnen das andere: Der Daumen springt seitlich weg. Diese Sprungweite in cm ergibt mit 10 multipliziert annähernd die Entfernung zum Objekt in Metern.
- Nutzen Sie Ihren **Körper als Maß** zum Schätzen, notieren Sie:
- Klafter = zwischen den Fingerspitzen der ausgestreckten Arme
- Elle = Ellbogen – Mittelfingerspitze
- Spanne = Daumenspitze – kleiner Fingerspitze

	Klafter	**Elle**	**Fuß**	**Spanne**	**Hand**	**Finger**	**cm**	**bei mir:**
Klafter	1	3	6				186	
Elle		1	2				62	
Fuß			1		4		31	
Spanne				1	3		24	
Handbreite					1	4	8	
Fingerbreite						1	2	

- ❑ Höhe bei hoch gereckten Armen:
- ❑ vom Boden bis zum Knie:
- ❑ Höhe vom Boden bis zu den herabhängenden Fingerspitzen:
- ❑ Spannweite zwischen Daumen und Zeigefinger:

Maßsysteme

- ▶ Schreiben Sie »eins« als Strich (|), denn unsere eins (1) wird oft als sieben gedeutet. Die »sieben« mit Querstrich (7) ist oft unverständlich.
- Zehntausend (10.000) bedeutet in vielen Ländern Zehn (10), der Punkt wird dort als Komma gedeutet. Umgekehrt gilt dann das Komma als Punkt, Zehntausend wird also 10,000 geschrieben.
- Wenn Sie »miles« zurücklegen, »gallons« tanken und Tomaten in »ounces« abwiegen, dann rechnen Sie im *imperial pound avoirdupois (imp.pd.av)*, das Großbritannien 1855 einführte und auch in den USA gilt. Die Größennamen und Werte sind in USA und UK nahezu identisch.

- Der Danziger **F. D. Fahrenheit** (1686 – 1736) legte auf seiner Skala den Gefrierpunkt des Wassers mit 32, den Siedepunkt mit 212 fest. Die Differenz ist statt in 100 Celsius- in 180 Fahrenheitgrade unterteilt.
- ▶ Fahrenheit in Grad Celsius: Vom Messwert 32 abziehen und mit 5/9 multiplizieren (212 °F = 100 °C, 32 °F = 0 °C, 0 °F = -17,8 °C)
- ▶ Grad Celsius in Fahrenheit: mit 9/5 multiplizieren und 32 addieren (18 °F = 0 °C, 100 °F = 38 °C)
- ▶ »Grad Cesius« = englisch »Centigrade«
- ▶ → Fieber & Malaria, Seite 223.

- Das vom Rest der Welt verwendete **metrische System** basiert auf 7 messbaren Basiseinheiten (SI-System), die über Formeln verbunden sind und deren Größe über ganze Vielfache von 10 ineinander umgerechnet werden können.

:-) www.lambrecht.de/conversion.html, www.din.de, www.iso.ch, www.cmpcmm.com/cc/standards.html

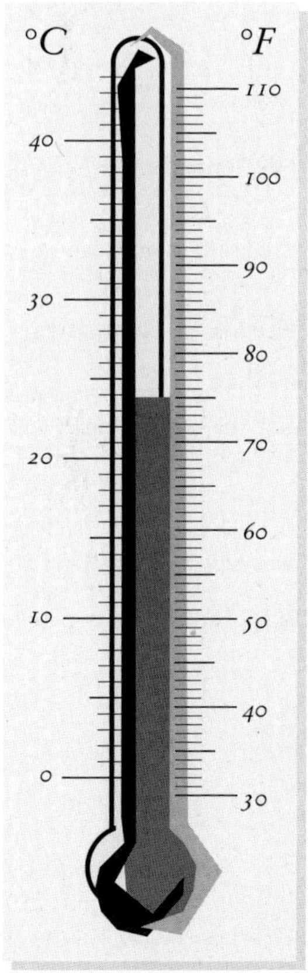

Längenmaße

line	inch	feet	yard	pole	chain	furlong	mile	Zentimeter	Meter
	″	ft	yd				mi	cm	m
1								0,254	
10	1							2,54	
	12	1						30,48	
		3	1					91,44	
				1					5,03
				4	1				20,117
					10	1			201,17
			1760			8	1		1609,00
3,94	0,3937							1	
	39,37	3,281							1

inch	1,5	1	¾	½	⅜	¼	3⁄16	⅛	1⁄16
mm	38,1	25,4	19,05	12,70	9,525	6,35	4,76	3,175	1,59

Flächenmaße

square inch	square foot	square yard	rod	acre	square mile	Quadrat-zentimeter	Quadrat-meter	Quadrat-kilometer
						qcm=cm²	qm=m²	qkm=km²
1						6,45		
144	1					929,03		
	9	1					0,836	
		30,25	1				25,29	
			160	1			4046	
				640	1			2,59
0,155						1		
	10,76					10.000	1	
				247,1			1.000.000	1

Metrisch, aber inoffiziell: 100 qm = 1 Ar, 100 Ar = 1 Hektar = 10.000 qm

Raummaße

cubic inch	cubic foot	cubic yard	register ton	Kubikzentimeter	Liter	Kubikmeter
				cm³ = ml	*l*	m³
1				16,387		
1728	1					0,028
	27	1				0,765
	100		1			2,832
				1		
				1000	1	
					1000	1

Massen

grain	scruple	drachm	ounce	pound	stone	quarter	cental	ton	Gramm	Kilogramm
gr	s	dr [dram]	oz	lb	st	qr	cwt	tn	g	kg
1									0,065	
10	1								0,65	
27	2,7	1							1,77	
	43,2	16	1						28,35	
		256	16	1					435,59	
			224	14	1					6,305
				28	2	1				12,70
					8	4	1			45,36
						80	20	1		1016
		0,565							1	
				2,205					1000	1

USA: 1 short ton (sh.tn.) = 907,185 kg, 1 short hundredweight (sh.cwt) = 50,80 kg
Metrisch: 1 Tonne = 1000 kg, (inoffiziell: 1 Doppelzentner = 100 kg,
1 Zentner = 50 kg, 1 Pfund = 500 g)

Volumenmaße

minim	drop	fluid scruple	fluid dram	teaspoon	tablespoon	fluid ounce	liquid gill	cup	pint	quart	gallon	bushel [can]	quarter [barrel,bbl]	Milliliter [UK]	Liter [UK]	Milliliter [US]	Liter [US]
	dr		fldr	tsp	tbsp	floz		c	pt	qt	gal	bu	qr	ml	*l*	ml	*l*
1														0,0592		0,0616	
	1													0,08			
		1												1,1839		–	
60			1											3,5515		3,697	
	60			1										4,7			
			4	3	1									14,8			
					2	1								28,41		29,57	
						5	1							142,07		118,29	
						8		1						227,3		236,6	
								2	1					568,26		473,2	
									2	1					1,136		0,946
										4	1				4,546		3,785
											8	1			36,37		37,8
												8	1		290,95		158,99

Schriften & Sprachen

Ein Laut ist der kleinste Teil gesprochener Sprache, die Silbe ist die kleinste Einheit beim Sprechen, ein Wort ist eine Lautfolge mit Bedeutung. Keine Sprache verwendet alle denkbaren Laute: Die deutsche Sprache verwendet 21 Konsonanten und 15 Vokale. Die englische Sprache ist gekennzeichnet durch das »ti aitsch«, die französische durch die Nasale, die San-Sprachen durch Klicklaute usw. Das *Internationale Phonetische Alphabet*, IPA, beschreibt die Vielzahl möglicher Laute.

- In vielen Sprachen liegt die Betonung auf einer bestimmten Silbe (erste, letzte, vorletzte). *Tonale Sprachen* verändern Laute und Lautfolgen durch Tonhöhen (ansteigend, fallend, gleich bleibend). Manche Schrift- und Zusatzzeichen deuten darauf hin: Dehnungs-h, Dehnungs-e, é, …
- Die Schrift verleiht der gesprochenen Sprache Dauerhaftigkeit. Nicht alle gesprochenen Sprachen haben ein Schriftsystem entwickelt. Die ältesten Schriften sind *Wortschriften:* Sie gaben jedem Wort ein Bildzeichen (chinesisch). Die zwei- bis fünftausend Schriftzeichen für die Standardsprache sind unabhängig von der Lautsprache und ermöglichen die Kommunikation, auch wenn sich die Sprecher nicht verstehen.
- *Silbenschriften* haben Zeichen für Silben (z.B. Devanagari in Indien).
- *Alphabetschriften* bezeichnen Laute. Verwenden mehrere Sprachen die gleichen Schriftzeichen, so können sich die Laute unterscheiden. Ein »U« wird in Deutschland, England und Frankreich verschieden ausgesprochen.
- Sprachliche Besonderheiten drücken sich häufig durch besondere *Schriftzeichen* aus (ä, ç …). Im Arabischen und Hebräischen werden die Vokale (fast) nie geschrieben. Ein »Knacklaut« wird im Deutschen nicht geschrieben, unterbricht jedoch den Luftstrom beim Sprechen: Be/amte.
- Wenn in einem fremdsprachigen Wort ein *Doppelpunkt* auf einem Buchstaben schwebt (ë, ï) ist das meist ein »Trema« und bedeutet, dass an dieser Stelle die Buchstaben getrennt ausgesprochen werden. So wird Critroën nicht Citrön gesprochen, sondern Citro-en.
- Praktisch variiert der *Schriftduktus* einen Buchstaben durch Druck- und Handschrift (*kursiv*), große und kleine Zeichen.
- Unsere **Umlaute** (ä, ö, ü) sind in vielen Ländern unbekannt. Schlimm genug, wenn Sie einen Umlaut im eigenen Namen haben. Die Pünktchen führen zur Verwirrung, aber noch schlimmer wird es, wenn Sie die gleich bedeutende Schreibung als ae, oe, ue erklären wollen.

▶ Am besten lassen Sie die Pünktchen einfach weg und schreiben »ss« statt »ß«.

Einige Besonderheiten des **arabischen Alphabets:**

- Im Alltag werden meist nur Konsonanten geschrieben.
- Nur drei besonders lange Vokale erhalten ein eigenes Zeichen: Alif (*a*), Waw (*u* oder *w*), Ya (*i*).
- Alle kurzen Vokale werden durch Sonderzeichen angedeutet: Fathah (´ für *a*), Dammah (' für *u*), Kasrah (ˏ für *i*), Sukun ∘ heißt: *ohne Vokal.*
- Doppelte Zeichen deuten Nasallaute an: ´´ für *an*, '' für *un*, ˏˏ für *in*.
- Ein Schaddah ω bedeutet Konsonantenverdoppelung.

Unterschiedliche Schreibweisen eines Wortes sind wichtig beim Suchen im Internet oder beim Nachschlagen im Lexikon. Besonders verwirrend wird es, wenn die Worte sich nur wenig unterscheiden:

c/k	Cocosinseln	Kokosinseln
ch/Tsch	Chagos	Tschagos
e/ä	Ethiopien	Äthiopien
f/ph	Philosophie	Filosofie
g/dsch	Gebel	Dschebel
z/s	Tanzania	Tansania
j/dsch	Maharaja	Maharadscha
q/k	Qatar	Katar
w/ou	Wagadugu	Ouagadougou
y/j	Yemen	Jemen

▶ Erkundigen Sie sich beim Erstkontakt mit Fremdsprachen:

❑ Welche Schriftzeichen und Laute gibt es? Wie sind sie verbunden?
❑ Auf welcher Silbe liegt im Allgemeinen die Betonung?
❑ Gibt es Tonhöhen mit Bedeutungsunterschieden?
❑ Welche Transkriptionsregeln gelten für die Schriftzeichen?

:-) www.uni-koeln.de/gbs, www.sil.org/ethnologue, www.schriften-lernen.de, arabisch: www.chj.de, hebräisch: http://hagalil.com/iwrith/index.htm

:-) www.yourdictionary.com, www.language-learning.net, alle Sprachen: www.sil.org, Gesellschaft für bedrohte Sprachen www.uni-koeln.de/gbs, www.esperanto.de, www.payer.de/kommkulturen, http://babelfish.altavista.com/translate.dyn, www.travlang.com/languages, www.itp.berkeley.edu/~thorne/HumanResources.html

TIPP **Nützlich unterwegs: Abraxas-Sprachführer aus dem pmv, Zeige-Wörterbuch mit Abbildungen, insbesondere von Speisen.**

Alphabettabelle

International		Griechisch			Kyrillisch			Arabisch				
morsen	buch-stabieren		klein	groß		klein	groß		allein stehend	Wort-anfang	Wort-mitte	Wort-ende
.–	**A**lpha	Alpha	α	Α	A	а	А	Alif	ا	ا	ـا	ـا
–...	**B**ravo	Beta	β	Β	Be	б	Б	Ba	ب	بـ	ـبـ	ـب
–.–.	**C**harlie	Chi	χ	Χ	Cha	х	Х	Cha	خ	خـ	ـخـ	ـخ
								rGain	غ	غـ	ـغـ	ـغ
								Ain	ع	عـ	ـعـ	ـع
–..	**D**elta	Delta	δ	Δ	De	д	Д	Dal	د	د	د	د
.	**E**cho	Epsilon	ε	Ε	E	е	Е					
		Eta	η	Η	E-Oborotnoje	з	З					
..–.	**F**oxtrott	Phi	φ	Φ	Eff	ф	Ф	Fa	ف	فـ	ـفـ	ـف
––.	**G**olf	Gamma	γ	Γ	Ge	г	Г	Kaf	ك	كـ	ـكـ	ـك
....	**H**otel							Ha	ح	حـ	ـحـ	ـح
								He	ه	هـ	ـهـ	ـه
..	**I**ndia	Jota	ι	Ι	I	и	И	Ya	ي	يـ (auch ohne Punkte)	ـيـ (auch ohne Punkte)	ـي
					I s'kratkoj	й	Й					
					I s'totschkoj	ı	І					
.–––	**J**ulia				Jeryj	ы	Ы					
					Ju	ю	Ю					
					Ja	я	Я					
					Sche	ж	Ж	Jim	ج	جـ	ـجـ	ـج
–.–	**K**ilo	Kappa	κ	Κ	Ka	к	К	Qaf	ق	قـ	ـقـ	ـق
.–..	**L**ima	Lambda	λ	Λ	Ell	л	Л	Lam	ل	لـ	ـلـ	ـل
––	**M**ike	Mü	μ	Μ	Em	м	М	Mim	م	مـ	ـمـ	ـم

Nü	ν	Ν	En	н	Н	Nun	ن	نـ	ـنـ	ـن	**N**ovember	–.
Omikron	ο	Ο	O	о	О						**O**scar	–––
Omega	ω	Ω										
Pi	π	Π	Pe	п	П						**P**apa	.––.
Psi	ψ	Ψ										
											Quebec	––.–
Rho	ρ	Ρ	Er	р	Р	Ra	ر	ر	ـر	ـر	**R**omeo	.–.
Sigma	σ	Σ	Se	з	З	Zay (stimmhaftes s)	ز	ز	ـز	ـز	**S**ierra	...
			Ess	с	С	Ssin (scharfes s)	س	سـ	ـسـ	ـس		
			Scha	ш	Ш	Schin	ش	شـ	ـشـ	ـش		
			Tsche	ч	Ч	Sad (sehr scharfes s)	ص	صـ	ـصـ	ـص		
			Schtscha	щ	Щ							
Taf	τ	Τ	Te	т	Т	Ta	ت	تـ	ـتـ	ـت	**T**ango	–
						Dad	ض	ضـ	ـضـ	ـض		
						Dza	ظ	ظـ	ـظـ	ـظ		
						Ta	ط	طـ	ـطـ	ـط		
Theta	θ	Θ				Tha	ث	ثـ	ـثـ	ـث		
						Dsal	ذ	ذ	ـذ	ـذ		
			U	у	У						**U**niform	..–
											Victor	...–
			We	в	В	Waw	و	و	ـو	ـو	**W**hisky	.––
Ksi	ξ	Ξ									**X**-ray	–..–
Ypsilon	υ	Υ									**Y**ankee	–.––
Zeta	ζ	Ζ	Ze	ц	Ц						**Z**ulu	––..

Zahlentabelle

International	arabisch	ostarabisch	Morse	römisch
nadazero	0	٠	-----	
unaone	1	١	.----	I
bissotwo	2	٢	..---	II
terrathree	3	٣	...--	III
kartefour	4	٤	....-	IV
pantafive	5	٥	.....	V
soxisix	6	٦	-....	VI
setteseven	7	٧	--...	VII
oktoeight	8	٨	---..	VIII
novenine	9	٩	----.	IX
	10	١٠		X
	50	٥٠		L
	100	١٠٠		C
	1000	١٠٠٠		M

SCHLAFEN, ESSEN, TRINKEN

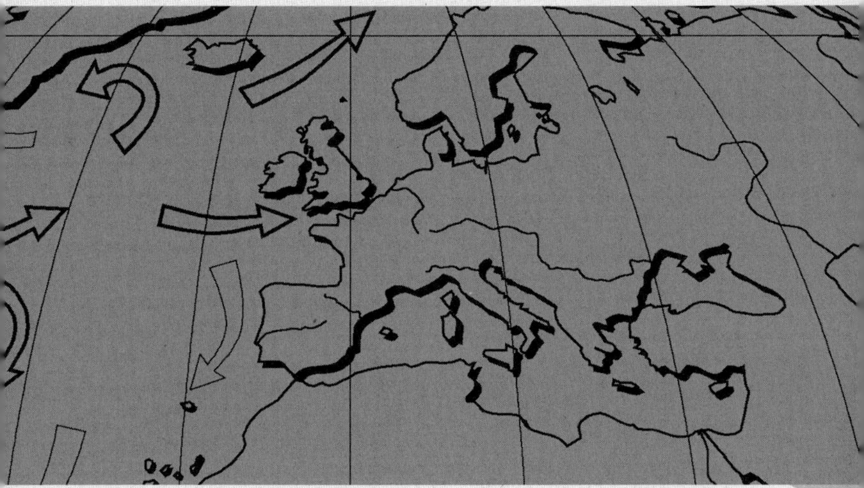

Übernachtungen

Hotels sind mit ihrem personalintensiven Service teuer.

▶ Lieber das billigste Zimmer in der teuersten Kategorie als umgekehrt.

:-) http://hotelstravel.com, www.dehoga.de/sterne/sterne.htm, www.instantsleep.de, www.formule1-hotel.de, www.backpacker.ch, www.slh.com, www.web-hotel.de, www.hrs.de, www.all-hotels.com

Pensionen sowie **Bed & Breakfast-Unterkünfte** übergeben das Zimmer »in die Obhut des Gastes«. Außer dem Frühstück werden selten Mahlzeiten angeboten. Oft hat man »Familienanschluss«.

:-) www.bedandbreakfast.com, www.triple1.com, www.traveldata.com

Apartments oder Ferienwohnungen mit Küche bieten Gruppen und Familien viel ungestörten Platz. Vermieter sehen eine mehrtägige Belegung lieber. Zusatzkosten entstehen für Strom, Gas, Endreinigung, Bettwäsche ... Wie weit ist es bis zum nächsten Laden, zur Busstation etc.?

:-) www.fewo-direkt.de, www.fe-wo.de

Wohnungstausch bietet ein fertiges Wohnumfeld: Kinder finden neue Spielsachen und unbekannte Spielfreunde, Erwachsene erkunden die fremde Bibliothek, den anderen Garten oder das Auto.

:-) www.holiday-service.de, www.homexchange.com, www.haustausch.de, www.haustausch.com, www.swapnow.com, www.roomforoom.com, www.experiment-ev.de

Hospitality Clubs bieten internationale Gastfreundschaften:

:-) http://hospex.icm.edu.pl, www.servas.org, Womans Hospitality Exchange www.globalx.net/whein, Amikeca Reto, World for free www.freeyellow.com/members2/seidboard/twfhome.html, Hitch-hikers' Registry http://alumni.aitec.edu.au/HHB, Women Welcome Women www.womenwelcomewomen.org.uk, Hospitality Exchange http://goldray.com/hospitality, Willing workers on Organic Farms www.wwoof.co.nz, Mensa/Sight www.mensa.org, International Hospitality Exchange www.travelhoo.com, Global Social Venture Network, Warm Shower List www.rogergravel.com/wsl, American Field Service www.afs.org, Earthstewards Network www.earthstewards.org, Pasporta Servo www.esperanto.net/ps, www.stay4free.com, www.friendship-force.org, www.rotaract.org

Herbergen und Hostels sind zweckmäßig ohne Luxus und haben häufig Öffnungszeiten, Ruhezeiten, Putzpflichten, gelten nur für Männer (YMCA, Christlicher Verein junger Männer) oder Frauen (YWCA) ...

TIPP **Ein Fahrtag sollte etwa ab 15 Uhr mit der Unterkunftssuche enden. Nützlich sind: reißfeste Folie (2 x 2 m), Leinenschlafsack, Hängematte ...**

:-) www.djh.de, www.iyhf.org, www.youthhostels.de, www.ymca.int, www.hostels.com, www.hostelwatch.com, www.gruppenhaus.de

Notunterkünfte: Vielleicht haben Sie Gepäck und Geld verloren, erreichen einen Ort tief in der Nacht, finden kein Hotel:

- Suchen Sie Türen, die auch nachts offen stehen: Flughafen, Mission, Bahnhof, Militär, Polizei, Feuerwehr, Asyl, Kirche, Tempel, Kloster u.ä.

:-) Flughafentipps: www3.sympatico.ca/donna.mcsherry/airports.htm

- Nutzen Sie internationale Strukturen und Gemeinschaften, zu denen Sie beruflich, religiös oder privat Zugang haben: Globetrotterclubs, Pfadfinder, Anonyme Alkoholiker, Heilsarmee, Glaubensgemeinschaften, Berufsorganisationen, Heime für Studenten, Gesellen, Seeleute ...

In öffentlichen Verkehrsmitteln: In Bus, Bahn, Flugzeug oder Schiffen ist das Übernachten mehr oder weniger unbequem, doch billig. Auf Fähren erhalten Sie vielleicht gegen ein Trinkgeld noch eine Kabine, im Zug ein Schlafabteil. Sichern Sie sich bereits einen Schlafplatz, wenn die anderen Fahrgäste noch nicht daran denken.

- Benutzen Sie Ihr Gepäck als Kopfkissen, möglichst unerreichbar für Langfinger und binden Sie es an.

Eine Nacht im Kfz spart Zeit und Geld. Problematisch sind Störungen durch Licht, Lärm, Verkehr, Polizei, Neugierige, Diebe ...

- Optimal stehen Sie unter einer Straßenlaterne in der Nebenstraße einer nicht zu großen Ortschaft.
- In der Nähe eines Parkhauses können Sie WC und Wasser nutzen.
- Sicher ist es an belebten Stellen: vor Krankenhäusern, Tankstellen, Raststätten, gegenüber einer Polizeiwache oder eines Nachtwächters.
- Platz für Lkw oder Wohnmobile bieten Parkplätze an Sportplätzen, Schwimmbädern, Ausflugslokalen, Stadien, Friedhöfen, Markthallen, in Gewerbegebieten ...
- Suchen Sie einsame Stellplätze möglichst spät und unbeobachtet auf. Verbergen Sie den Wagen und parken Sie so, dass Sie notfalls sofort losfahren können. Türen von innen verriegeln, Fenster schließen.

Wer ohne Kfz draußen schläft, ist in der ersten Nacht recht sicher. In vielen Ländern sind Sie mit Ihrem Zelt eine Attraktion. Doch in der folgenden Nacht kann jemand gezielt Beute suchen.

- Optimal ist es, auf einem privaten Grundstück campieren zu dürfen. Wildes Campen macht die Anwohner zumindest misstrauisch.
- In städtischen Parks ist Campen selten erlaubt und immer gefährlich.
- Das Lager erst in der Dunkelheit aufschlagen, ohne Lärm und Feuer.
- Gepäck und Fahrrad sollten mit dem Körper verbunden sein.
- Eine um das Lager gespannte Stolperleine oder ausgelegte trockene Äste kündigen nächtliche Besucher an.

Eine Unterkunft wählen

Die Unterkunft soll einen ruhigen Schlaf ermöglichen, vielleicht auch Ruhe und Erholung für mehrere Tage. Wichtig dafür sind:

- Sicherheit für die eigene Person, für Gepäck und Fahrzeug.

▶ Fehlt das Vertrauen in eine Unterkunft, so suchen Sie sich besser sofort eine andere – denn wie wollen Sie sonst ruhig schlafen?

- Sauberkeit, sofern sie für erholsamen Schlaf nötig ist.
- Preis: Klären Sie zunächst, wofür Sie bezahlen: pro Zimmer oder pro Bett? In den meisten Hotels ist es üblich, das Zimmer nach der Übernachtung zu bezahlen. In vielen postsozialistischen Ländern Osteuropas und bis hin nach China zahlt man jedoch vorher.
- Lage: Ein ruhiges Hotel mit schönem Ausblick, leicht zu erreichen und nahe der Sehenswürdigkeiten dürfte teuer sein. Ein zentral gelegenes Hotel spart Fahrtkosten und Zeit, ist aber laut. Mit eigenem Fahrzeug ist auch ein abgelegenes Hotel interessant.
- Atmosphäre: Individuelle Zimmer und eine wohnliche Atmosphäre mit landestypischem Stil sind teuer. Billig finden Sie das eher bei privaten Vermietern. Oder in einem vergessenen, alten Familienhotel abseits der heute üblichen Touristenrouten.
- Wann muss das Zimmer geräumt sein, wo kann ich danach noch mein Gepäck lassen und wie viel kostet das? Wann gibt es Frühstück?
- Zusätzliche Leistungen sind nett und manchmal wichtig: Telefon, Fax, Internet, Fernsehen, Wäscherei, Frühstück, Restaurant, Pool, Ermäßigungen durch Gästekarte – doch die obigen Hauptfunktionen sind wichtiger:

Umwelt- und sozialverträgliche Wahl der Unterkunft

▶ Nutzen Sie vorhandene, auch von den Einheimischen genutzte Unterkünfte.

▶ Fördern Sie nicht die Abholzung baumarmer Regionen mit unnötigem Heizen, Kochen, heißen Duschen.

▶ Helfen Sie in wasserarmen Regionen Wasser zu sparen.

▶ Erzeugen Sie nicht unnötig Abfall und Abwasser.

▶ Der Haustausch im Urlaub ermöglicht es, ein fremdes Land von innen kennen zu lernen.

▶ Oft lassen sich Arbeiten, Wohnen und Reisen verbinden – auch mit Umweltschutzeinsätzen (siehe Selbstreise-Handbuch 1, Seite 62).

TIPP **Die »check-out-time« ist meist »High Noon«, zwölf Uhr, selten früher. Nach Absprache können Sie vielleicht länger bleiben. Manche Hoteliers rechnen mit einer »24-Stunden-Regel« ab Ankunft.**

Checken Sie die **Funktionen** des Zimmers durch:
- ❑ Licht? Heizung?
- ❑ Aircondition bzw. Ventilator?
- ❑ Warmes und kaltes Wasser?
- ❑ WC-Spülung?
- ❑ Abflussstopfen für Wanne und Becken? Dusch-/Wannenablauf?
- ❑ Zimmertür abschließbar?
- ❑ Fenster zu öffnen? Zu verriegeln?
- ❑ Abfalleimer?
- ❑ Fluchtweg in der Nähe?
- ❑ Die Netzspannung können Sie an der Glühbirne ablesen.
- ▶ Lassen Sie sich mehrere Zimmer zeigen, denn zunächst wird jeder Hotelier versuchen, das »unschönste« Zimmer loszuwerden.
- ▶ Reklamieren Sie sofort, wenn etwas nicht funktioniert oder nicht Ihren Wünschen entspricht. Geben Sie dem Hotelier die Möglichkeit, nachzubessern oder fordern Sie ein anderes Zimmer.

Hotelpreise sind oft verhandelbar, oft genügt die Frage nach einem billigeren Zimmer oder einem »dormitory« (Schlafsaal). Als Verhandlungsargumente eignen sich:

- mehrere Übernachtungen;
- Gruppenrabatt;
- Verzicht auf Frühstück;
- objektive Nachteile des Zimmers.

- ▶ Steuer (5 – 15 %) oder Service (5 – 10 %) werden manchmal extra berechnet. Zahlen Sie die erste Nacht sofort, dann ist alles klar.
- ▶ Empfehlenswert ist es, dem Personal am ersten Tag ein Trinkgeld zu geben: Sie erhalten einen besseren Service.

Für viele touristische Unterkünfte höherer Kategorien gilt: Bei direkter Anfrage beim Hotel werden höhere Preise genannt als bei der Vermittlung über ein Reisebüro (man will sich wohl nicht mit Einzelreisenden herumschlagen).

:-) Suchmaschine für jede Art von Unterkunft: http://deutsch.ase.net

:-) www.tui.de, www.dertour.de, www.meiers-weltreisen.de, www.ehotel.de, www.travelnow.com, www.leithammel.de

:-) www.discountasiahotels.com, www.asiahotels.net.com

TIPP **Fragen Sie nach einem renovierten oder nach dem zuletzt eröffneten Hotel.**

Schlaf & Ruhe

Viele Störquellen lassen sich frühzeitig erkennen und vermeiden:

Krabbeltiere: Gucken Sie ins Bett, unters Kopfkissen und unter die Laken. Blutflecken an der Wand weisen auf Moskitos hin, das weiße Pulver in der Zimmerecke könnte ein Insektizid sein. Im Erdgeschoss treibt sich mehr Getier rum als in höheren Etagen. Schmutz, Essensreste und Feuchtigkeit ziehen viele Tierchen an. Moskitos verbringen den Tag an feuchten, schattigen Plätzen, z.B. unter Blättern oder im Bad. Nahe Gewässer und Abflussgräben, Pflanzen im Zimmer, ein feuchter Balkon, aber auch ein Flachdach oder Regenrinnen lassen nächtliche Besucher erwarten.

Moskitoschutz: Moskitos finden als geborene Pfadfinder jeden Eingang.

- Ein Moskitonetz hängt mit einigem Abstand zum Körper über dem Bett und steckt ringsum dicht unter der Matratze.
- Löcher überklebt man mit Leukoplast oder umschlingt sie mit einem Faden. In manchen Hotels verkürzt das die Abende erheblich.

Passiver Insektenschutz: Chemische Mittel sind Kampfstoffe und schaden auch Ihnen selbst.

- Räumen Sie auf, verpacken Sie Lebensmittel sehr gut und schlafen Sie nicht in der Nähe einer Küche oder des Bades. Rücken Sie das Bett etwas von der Wand ab. Biwaksack oder Plane über die Matratze legen, Bettpfosten in wassergefüllte Behälter stellen. [→ Kleintiere, Seite 240].

Liegekomfort: Schlimmer als ein hartes ist ein durchgelegenes Bett. Ebenso übel sind Sprungfedern, die aus der Matraze lugen.

- Ein untergelegtes Regalbrett schafft Abhilfe.

Allergene und Gerüche: Schwarze Flecken, insbesondere in den Zimmerecken, deuten auf Schimmelpilze hin, es riecht muffig und pilzig. Küchen, Toiletten oder Müllhaufen im Hof emittieren Gerüche und Schimmelpilze. Eine nicht gewartete Klimaanlage ist eine Bakterien- und Pilzschleuder. Wenn in der Unterkunft Katzen herumlaufen, liegen die sicher gerne mal auf dem Kopfkissen – Katzenallergiker bedanken sich. Im Kopfkissen können Daunen stecken.

- Schutzmaßnahmen: Zimmer säubern, neue Bettwäsche bestellen, tagsüber querlüften, Kaffeepulver offen auslegen (überdeckt Gerüche), Geruchsverzehrer besorgen, Antipilzmittel besorgen (chlorhaltige Lösungen wie Hypochlorit aus dem Baumarkt).

Kälte: Wenn die Heizung nicht funktioniert, verkriechen Sie sich am besten ins Bett. Zusätzliche Decken gibt's fast überall. Im Apartment können Sie zur Not auch mit dem Elektroherd heizen so lange Sie wach sind. Spiritus- oder Benzinkocher sind in geschlossenen Räumen gefährlich.

Hitze: Sie halten Ihr Zimmer kühler, wenn Sie es tagsüber luft- und sonnendicht verschließen. Nächtliche Querlüftung sorgt für einen kühlenden Luftzug,

noch besser macht dies ein Ventilator. Wenn Sie den »air conditioner« einsetzen, müssen Fenster und Türen geschlossen sein. Ventilator und Klimaanlage führen häufig zu Erkältungen. Setzen Sie sie daher nur mäßig ein und richten Sie den Luftzug niemals aufs Bett, decken Sie sich zu. Ein feuchtes Moskitonetz kühlt durch die verdunstende Feuchtigkeit.
Licht zieht viele Insekten an.

- Zum Lesen ist vielleicht eine leistungsstärkere Glühbirne nötig.
- Eine Augenmaske dämpft die Helligkeit von außen.

Äußere Störquellen lassen sich meist vorher erkennen, werden jedoch in ihrer Intensität unterschiedlich empfunden. Diese persönliche Empfindlichkeit lässt sich mindern, wenn der Schlaf wichtig ist und die äußeren Störquellen nicht beseitigt werden können:

- Mentale Techniken wie »Schäfchen zählen«, autogenes Training ... senken die Aufmerksamkeit für Störungen.
- Beruhigend und entspannend wirkt Baldrian.
- Alkohol verbessert das Einschlafen, stört aber das Durchschlafen.
- Schlafmittel sollten nur im äußersten Notfall verwendet werden.

Äußere **Lärmquellen** sind: Busbahnhof, Kreuzung, Hauptstraße, Parkplatz, Ampeln, Haltestelle, Straßenhändler, Schule, Kirche, Moschee, Baustelle ... In der Unterkunft: Bar, Disco, Restaurant, Küche, Toiletten, Aufzug ...

- Schauen Sie aus dem Fenster. Wer wohnt über, neben, unter Ihnen?
- Ohrenstopfen helfen.

In subtropischen Ländern schützt ein leichter **Schlafsack** aus Leinen oder Seide (200 x 100 cm) gegen morgendliche Kühle oder unsauberere Betten in weniger gepflegten Unterkünften. In tropischen Ländern gibt es mehr kalte als warme Nächte, da ist ein leichter Schlafsack besser geeignet.

Eine **Hängematte** mag sympathisch sein, doch fehlen oft die beiden nötigen stabilen Aufhängepunkte. Sinnvoll ist sie bei Deckpassagen, bei feuchtem Untergrund, bei Furcht vor Kriechtieren. Es kann jedoch recht kühl darin werden. Sinnvoll ist eine große, reißfeste Plane (200 x 200 cm). Von unten schützt sie vor Wanzen, Ameisen, Bodenfeuchte und Schmutz, von oben hält sie morgens den Tau ab, schützt vor Wind und Regen.

TIPP **Akzeptieren Sie nur ein Zimmer, das Ihnen eine ruhige und erholsame Nacht garantiert. Nützlich unterwegs: Baldrian, Schlafmittel, Augenmaske, Moskitonetz, Insektenrepellent, Hängematte, Ohrenstopfen, Universal-Abfluss-Stopfen, Glühbirne, Kerze, Taschenlampe.**

Sicherheit im Hotel

Tatort: Ein Sechsbettzimmer in der Jugendherberge von Kairo. Ein Mitreisender hatte seinen Geldgürtel in seinem Schlafsack versteckt, unten im Fußbereich. Nachts musste er zur Toilette – als er zurückkam, war der Geldgürtel verschwunden.

TIPP **Nützlich unterwegs: Holzkeil, Steck-/Vorhängeschloss, Glöckchen.**

Hoteldiebstahl ist meist Gelegenheitsdiebstahl [→ Diebstahl, Seite 244].

- Sind mehrere Betten im Zimmer? Fragen Sie, wer dort schläft.
- Breiten Sie Ihre Besitztümer nicht offen aus.
- Lassen Sie Wäsche nicht über Nacht draußen hängen.
- Nehmen Sie Ihr Fahrrad mit ins Zimmer.
- Klemmen Sie Ihr Gepäck nachts zwischen Bett und Wand ein, deponieren Sie Wertsachen im Schlafsack – aber nehmen Sie sie mit, wenn Sie nachts zur Toilette gehen!
- Zusätzliche Sicherheit bieten Steck- und Vorhängeschlösser sowie ein Holzkeil, mit dem die Tür von innen verkeilt werden kann.
- Der Lärm durch Flaschen, Besteck, Blechdosen, Glöckchen ... an Türen oder Gepäck vereitelt nächtliche Diebstahlsversuche!
- Lassen Sie den Schlüssel nachts von innen stecken. Hängen Sie den Drahtaufhänger eines Kleiderbügels über die Klinke und stecken das untere Drahtende durch die Öse des Schlüssels. Dann kann der Schlüssel von außen nicht mehr gedreht und durchgestoßen werden.
- Verstecken Sie Ihre Wertsachen nicht im Hotelzimmer. Ein Dieb kennt alle Verstecke und verschafft sich auch Zugang zum Zimmer.
- Deponieren Sie Wertsachen im verschlossenen Umschlag und unterschreiben Sie über die Klebekante mit einem wasserlöslichen Stift.
- Lassen Sie sich eine aussagekräftige Bestätigung (Was? Wann? Wer empfängt?) geben, wenn Sie den Hotelsafe benutzen (der hoffentlich nicht immer offen steht). Deponieren Sie Wertsachen unter Zeugen.
- Versehen Sie deponierte Gepäckstücke immer mit Ihrem Namen.

Feuerleitern in Hotels reichen meist nur bis zum 8. Stock. Im Notfall ist ein höheres Stockwerk gefährlich. [→ Brände, Seite 236]

- Prägen Sie sich am ersten Tag die Fluchtwege ein und merken Sie sich die Löscheinrichtungen wie Feuerlöscher, Löschdecke ...
- Merken Sie sich Feuermeldeeinrichtungen wie Telefon, Notrufnummer, Feuermelder ...

Nachtwächter und Hunde sind oft nur Dekoration.

- Sind Gelände und Gebäude für jedermann frei zugänglich?

Camping & Lager

Ein guter Lagerplatz bietet Schutz vor besonderer Hitze und Kälte, Unwettern, vor Tieren, unerwünschten Zuschauern und bietet genügend Wasser und Feuerholz in nächster Umgebung. Wichtig ist auch, dass man sich dort wohl fühlt. Ängste bewirken eine unruhige Nacht, die Erholung bleibt aus.

Anforderungen an einen Lagerplatz:

- ❑ Ist die Lagerfläche mindestens doppelt so groß wie das Zelt?
- ❑ Ist genug Platz für ein sicheres Lagerfeuer?
- ❑ Ist der Platz geschützt? Auf einem Hügel weht es kräftig. Flüsse, Seen und Auen bedeuten Nebel. In einer Schlucht oder einem Tal wird es früh dunkel und spät hell, es ist kühl und feucht.
- ❑ Ist der Untergrund trocken und fest, weder zu hart noch morastig? Sand ist weich, benötigt jedoch evtl. Sandheringe. Bei Regen steht das Wasser zuerst auf Lehmboden, dann wird der Boden morastig. In hohem Gras und Moos ist der Boden immer feucht.
- ❑ Ist der Boden eben? Senken sind beliebte Lagerplätze, füllen sich jedoch bei Regen mit Wasser. Ausgetrocknete Flussläufe in Wüsten und Steppen (*Wadis*) können gefährlich werden, wenn das Wasser weit entfernter Regenfälle dorthin strömt.
- ❑ Alte Lagerplätze und verlassene Häuser sind meist besonders reich an Insekten, Nagetieren, Skorpionen und Schlangen.
- ❑ Sind Wildwechsel oder Ameisenstraßen in der Nähe?
- ❑ Berücksichtigen Sie an der Küste und Flussmündungen Ebbe und Flut. Flüsse sind hoch-/schmelzwassergefährdet, besonders in den Bergen.
- ❑ Unter Bäumen kann Totholz abfallen, Baumharz tropfen, auch Regen tropft noch lange ab. Es besteht erhöhte Blitzgefahr.
- ▶ Auf Campingplätzen meiden Sie die Nähe von Rezeption, Sanitäranlagen und Mülltonnen.

Zeltaufbau

- ▶ Den Untergrund glätten, Steine und Zweige entfernen.
- ▶ Den Zelteingang auf die windabgewandte Seite legen.
- ▶ Auch freistehende Zelte windsicher am Boden befestigen.
- ▶ Heringe schräg einschlagen und zum Schutz gegen Stolpern abdecken. Als Heringsersatz dienen Aststücke mit einer Astgabel oder man befestigt die Zeltleinen an Steinen und Bäumen.
- ▶ Glatt gespannter Zeltstoff belastet die Nähte gleichmäßig.
- ▶ Eine Rinne leitet Regenwasser von Zelt und Feuerstelle weg.
- ▶ Richten Sie sich eine Schmutzzone ein, um nicht Staub, Laub, Lehm ins Zelt zu tragen.
- ▶ Räumen Sie das Zelt so ein, dass Sie auch im Dunkeln alles finden.

Hygiene und Abfallentsorgung:

- Einigen Sie sich auf einen »Toilettenplatz«, sonst können Sie nach wenigen Tagen nirgends mehr sicher auftreten; zudem stinken die Kothaufen und locken Tiere an.
- Der Abort sollte auf der windabgewandten Lagerseite ein Stück vom Lager entfernt liegen.
- Sickerwasser darf aus hygienischen Gründen keinesfalls in den Brunnen, den Bach oder die Quelle gelangen. Auch bei einem kräftigen Regen darf nichts dorthin geschwemmt werden.
- Decken Sie Ihren Haufen deutlich sichtbar mit Steinen ab.
- Legen Sie eine Grube an, in der das »Häufchen« jeweils mit etwas Erde abgedeckt wird, um den Gestank zu mindern. Kalk ist noch besser, aber wer hat den schon. Klopapier kommt ins Lagerfeuer oder die Mülltüte.
- Einigen Sie sich auf ein Zeichen für eine besetzte Toilette, eventuell ist auch eine Plane als Sichtschutz angebracht.
- Entsorgen Sie Ihren Abfall gezielt: Brennbares kommt abends ins Lagerfeuer, Kompostierbares kann in die Abortgrube oder wird getrennt vergraben (Papier und Zigarettenfilter vermodern nicht), Spül- und Waschwasser kommen in eine Sickergrube, alles andere nehmen Sie wieder mit.
- Berücksichtigen Sie örtliche Besonderheiten: In großer Höhe verrottet nichts, wenn Waldbrandgefahr kein Feuer zulässt, alles wieder mitnehmen etc.
- Bei Bächen und Flüssen liegt die Wasserentnahmestelle oberhalb des Camps, die Badestelle auf Camphöhe, weiter unten wird gewaschen.
- Töpfe werden mit Asche, Sand, Drahtwolle wieder sauber.

Je größer und dauerhafter das Camp, desto wichtiger ist seine **Anlage** mit deutlich getrennten und großzügigen Bereichen für Zelte, Wege, Feuer sowie Platz zum Essen, Liegen ...

- Verteilen Sie die Aufgaben je nach Anzahl der Personen, möglichst rotierend: Kochen, Feuermachen, Wasserholen, Aufräumen, Abwaschen, Abfallbeseitigen.
- Erstellen Sie einen Tages- und Wochenplan mit Essenszeiten.
- Räumen Sie insbesondere in tierreichen Gebieten den Lagerplatz, die Wege zum Wasser und zum Abort von Steinen und Ästen, damit im Halbdunkel Schlangen und Skorpione sichtbar sind.
- Nie Lebensmittel im Zelt deponieren. Alle nicht hermetisch verschlossenen Lebensmittel an einer quer gespannten Leine aufhängen, um Ameisen fernzuhalten. Sie direkt an einen Ast oder Baum zu hängen, genügt nicht, denn die Ameisen gelangen über die Rinde dorthin.

- Wenn es Bären in der Gegend gibt, spannen Sie eine Leine zwischen zwei Bäumen in 3 bis 4 Metern Höhe und hängen die Lebensmittel an einer weiteren Leine dort oben auf. Den gleichen Zweck erfüllt das Aufhängen an einer Art Fahnenmast. [→ Bären, Seite 239]
- Legen Sie Ihre Kleidung nicht auf dem Boden ab, sondern hängen Sie sie auf. Sonst finden Sie vielleicht ungebetene Gäste darin.
- Breiten Sie das Gepäck beim Auf- und Abbau des Lagers auf einer Plane aus. Ordnen Sie Ihre Utensilien in verschiedenfarbigen Plastik- oder Leinenbeuteln: Hygiene, Essen, Kleidung, Sicherheit, Diverses ...

Ist das Camp Teil einer größeren Tour, etwa einer Wüstendurchquerung, so bedingt das geografische Ziel auch einen zeitlichen Rahmen. Entsprechend muss der Alltag geregelt werden. Ohne klare Weck- und Aufbruchzeiten sind die nötigen Tagesetappen nicht zu schaffen. Ein ungeordneter **Aufbruch** von mehreren Leuten dauert mit Frühstück und Hygiene etwa 2 Stunden bis zur Abfahrt. Ein sehr schneller und gut vorbereiteter Aufbruch kann mit Zeltabbau in 20 – 30 Minuten erfolgen.

- [ ] Überzeugen Sie sich, dass im Feuer auch die letzte Glut gelöscht ist.
- [ ] Ist die Abortgrube zugeschüttet?
- [ ] Ist alles eingepackt: am Wasser, Feuer, Abort, an den Bäumen ...?

Biwak nennt sich ein provisorisches Lager für eine Nacht. Als Minimalausstattung dienen eine 2 x 2 m große Plane, besser ein Zweimann-Biwaksack, eine Unterlegmatte und ein Schlafsack.

- Der Kopf strahlt die meiste Wärme ab, also Mütze anziehen.
- In trockener Kleidung schläft es sich wärmer als in durchschwitzter.
- Mit dem Rucksack schützen Sie die Füße zusätzlich.
- Heiße Getränke und kohlenhydratreiche Nahrung (z.B. Zucker) verbessern das Einschlafen.
- Wertsachen unter dem Zelt/der Plane deponieren bzw. eingraben.
- Die Unterlage wird wärmer mit Laub, Stroh, Zeitungen oder Pappe.
- Auf Sandböden ein flächiges Feuer entzünden, dann die Glut dicht mit Sand abdecken und darauf schlafen.
- Das Lagerfeuer so anlegen, dass es nachts ohne aufzustehen vom Lager aus nachgelegt werden kann.

:-) www.campingweb.com, www.jugendfahrten.de, www.scoutnet.ch, www.caravanpark.de, www.camps.de, www.ecamp.com, www.camping-club.de

TIPP **Suchen Sie nach einem ungestörten und sicheren Platz mit Schutz vor nächtlichen Besuchern, Kriechtieren, Bodenkälte und Regen. Nützlich sind: Schlafsack, Unterlegmatte, Plane, Wecker.**

Koch- & Lagerfeuer

Bestimmen Sie den Ort für das Lagerfeuer und seine Anlage hinsichtlich des gewünschten Zwecks. Es kann:

- als **Kochfeuer** dienen. Dann ist es nicht größer als unbedingt nötig, allseitig begrenzt, brennt kontrolliert mit genügend Zuluft und Rauchabzug. Der Topf ist gut zugänglich, steht auf den Rändern oder hängt über dem Feuer. Glut aus einem größeren Lagerfeuer genügt, offene Flammen können stören. Holzkohle eignet sich gut.
- als **Wärmefeuer** dienen und strahlt viel Wärme seitlich ab. Viel Glut und ein reflektierender Hintergrund verbessern die Wirkung. Mehrere kleine Feuer wärmen besser als ein großes.
- als **Signalfeuer** dienen und soll weithin sichtbar sein. Es liegt hoch, wird durch nichts verdeckt, brennt mit großer Flamme und viel Rauch. Viele dünne Äste entzünden sich schnell, feuchtes Laub qualmt.
- nachts **Tiere fernhalten.** Dazu muss es ständig unterhalten werden. Stämme und Wurzelkloben eignen sich gut.
- die **Stimmung aufhellen** und den Abend angenehmer machen.

Lage der Feuerstelle

- Zu Bäumen mehrere Meter Abstand halten.
- Lockerer, humusreicher Waldboden, trockenes Moos, alte Wurzeln können sich entzünden. Das Feuer breitet sich seitlich unter dem Boden aus, insbesondere wenn Tiergänge für Luft sorgen.
- Aus der vorherrschenden Windrichtung dürfen Funken und Rauch weder in die Zelte noch in den Wald getragen werden.
- Bei Regen darf das Wasser nicht ins Feuer fließen.

Aufbau der Feuerstelle

▶ Aus Wiesen- oder Grasboden Soden ausheben und später wieder einsetzen. Das Feuer in der Grube anlegen.
▶ Nasser oder brennbarer Untergrund wird mit grünen Stämmen, Erde oder Steinen umgebaut.
▶ Ein Steinrand begrenzt die Feuerstelle. Steine aus dem Bach können beim Erhitzen explosionsartig zerspringen.
▶ Rund um die Feuerstelle alles Brennbare entfernt.
▶ Ein Windschutz hält das Feuer gleichmäßig, vermindert den Funkenflug und die Waldbrandgefahr.

TIPP **Bereiten Sie das abendliche Feuer schon tagsüber vor. Nützlich sind: Kerzen, Feuerzeug, Zunder, stabiles Messer, Spaten.**

- ▶ Entweder löscht der Letzte abends das Feuer oder es gibt eine Feuerwache, die das Feuer die ganze Nacht schürt.
- ▶ Löschmittel bereit stellen: Sand, Wasser, Schaufel.

Für das Lagerfeuer benötigen Sie **Brennmaterial**

- Zunder, also brennbares Material, das sich notfalls mit nur einem Streichholz bereits entzündet: Tannenzapfen, Stroh, Zeitungspapier, Teekerze, harzige Rinde, dünnste Zweige ... Es muss genug sein, damit sich auch kräftigere oder gar feuchte Holzstücke entzünden.
- Zweige und Äste, Stämme und Wurzeln, die das Feuer unterhalten und genug Hitze und Licht für den gewünschten Zweck erzeugen.
- ▶ Sammeln Sie tagsüber genügend Material für das Lagerfeuer und legen Sie es sortiert bereit.
- ▶ Totholz an Bäumen ist innen trocken, auch wenn es außen nass ist.
- ▶ Achten Sie im Unterholz auf Schlangen und Skorpione.

Entzünden des Lagerfeuers

- ▶ Bauen Sie um einen lockeren Kern aus Zunder eine mehrschichtige Pyramide aus allmählich dicker werdenden Ästen.
- ▶ Zünden Sie die Pyramide in Windrichtung an, damit die kleine Flamme in das Brennmaterial hineingedrückt wird.
- ▶ Vergrößern Sie mit wachsender Flamme nach und nach die Holzpyramide. Nur langsam dickeres Holz nachlegen.
- ▶ Das Feuer brennt erst dann sicher, wenn durchgeglühte, dicke Scheite eine dauerhafte Glut bilden.
- ❑ Besser als Streichhölzer sind Gasfeuerzeuge.
- ❑ Streichhölzer in Schraubdosen, evtl. mit Wachsüberzug gegen Feuchtigkeit schützen.
- ❑ In einer durchlöcherten Konservendose lässt sich Glut mit morschem Holz aufbewahren und transportieren.

Löschen des Lagerfeuers

- ▶ Ein großes Lagerfeuer sollte langsam und kontrolliert so herunterbrennen, dass nicht mehr viel zu löschen bleibt.
- ▶ Die Glut auseinander ziehen, damit sie abkühlt. Die Glut austreten.
- ▶ Sand ist das beste Löschmittel, es kühlt die Glut und schneidet die Luftzufuhr ab. Erst danach mit Wasser löschen.
- ▶ Wasser in das glühende oder brennende Lagerfeuer zu gießen, ist gefährlich. Es verdampft schlagartig und reißt Glut und Asche mit. Heiße Steine können explosiosnartig zerspringen.
- ▶ Kontrollieren Sie vorm Weggehen, ob wirklich alle Glut aus ist.

Umgang mit Lebensmitteln

Im feuchtwarmen Klima verderben Lebensmittel sehr rasch. Krankheiten werden in erster Linie durch Nahrung und Getränke übertragen. Hinzu kommen ungewohnte Speisen, Jet-Lag, Klimawechsel ..., die Abwehrmechanismen für fremde Bakteriengemische fehlen. Ekel schützt vor unverträglicher oder verdorbener Nahrung – essen Sie daher nur mit Appetit. Mit der Zeit sinkt die Ekelschwelle, dafür sorgt die Gewöhnung. [→ Gesund bleiben, Seite 209]

- Die Einheimischen wissen, wo sich vernünftig essen lässt. Wo viele Gäste verkehren, bleiben die Speisen nicht lange liegen. Wählen Sie ein Menü oder Tagesgericht. Das ist billiger und meist frischer.
- In indischen Restaurants werden Sie oft erst bedient, nachdem Sie Ihre Hände gewaschen haben – verhalten Sie sich hygienisch.
- Vermeiden Sie im Restaurant Sitzplätze in der Nähe der Toilette wegen des Geruchs, in der Nähe der Küche wegen der Hektik und in der Nähe des Ausgangs wegen des Durchzugs.
- Im Zweifelsfall essen Sie nur kleine Portionen, die Magensäure hilft dann gegen die Keime. Wer an Untersäuerung leidet, erkrankt eher.

Auch Tiere und Pflanzen werden krank, können von Viren, Bakterien, Pilzen, Würmern infiziert sein. Das Stoffwechselprodukt einer Schimmelpilzart gilt als stärkster bekannter Krebs erzeugender Stoff.

- Meiden Sie rohe oder halbgare Nahrung.
- Meiden Sie alle von Schimmelpilzen befallenen Lebensmittel. Das großzügige Ausschneiden betroffener Stellen genügt nicht. Pilzgifte werden nicht durch Kochen zerstört.
- Konserven, die beim Öffnen zischen oder gewölbte Deckel haben, können lebensbedrohliche Botulismus-Bakterien enthalten.
- Gefrorene Lebensmittel langsam im Kühlschrank auftauen und das Abtauwasser sorgfältig entsorgen.
- Rohe und zubereitete Lebensmittel getrennt aufbewahren.
- Beim zweiten Verwenden die Speisereste aufkochen. Erwärmen reicht nicht und warm halten ist gefährlich. Zwischen 10 und 60 °C gedeihen Krankheitserreger gut, am besten bei etwa 25 – 40 °C.

Beachten Sie bei der **Zubereitung:**

- Vor und beim Zubereiten des Essens Hände waschen.
- Wo soeben Fisch, Fleisch, Hühnchen zerteilt wurden, dürfen keine anderen Lebensmittel zubereitet werden. Entfernen Sie Blut und Fleischsaft sorgfältig. Schneiden Sie Gemüse und Fleisch auf verschiedenen Unterlagen.
- Alle dafür verwendeten Gerätschaften erst nach sorgfältiger Reinigung mit heißem Wasser für andere Speisen verwenden.

- Wischlappen täglich wechseln, Küchentücher bei 60 °C waschen.
- Fleisch durchbraten, Lebensmittel abkochen.
- Die einfachste und schmackhafteste Art der Zubereitung: anbraten, dann bei 80 bis 100 °C garen, pro kg gut 1 Stunde.
- Wer eiternde Wunden hat, sollte nicht das Essen zubereiten.

Schützen Sie die Lebensmittel vor direkter Sonne, isolieren Sie sie gegen Erwärmung. **Kühlen** ohne Kühlschrank bedeutet:

- Nachts kühlen, tags isolieren.
- Wasserdicht verpackte Lebensmittel im Bach kühlen, dabei gut beschweren oder festbinden.
- In einem Loch von einem halben Meter Tiefe ist es auch tags kühl.
- Mit einem nassen Handtuch und genügend Wind werden eingewickelte Lebensmittel durch Verdunstung gekühlt. Das funktioniert auch unter einem nassen, umgedrehten Tontopf.

So **konservieren** Sie Lebensmittel:

- Fleisch, Gemüse, Pilze … in dünnen Scheiben an der Luft oder im Ofen bis etwa 50 °C trocknen.
- Pökeln von Fleisch oder Fisch mit Salz.
- Langsames kaltes Räuchern über mehrere Wochen bei 15 bis 20 °C: Rohwürste, Schinken, Bündner Fleisch, Lachs, Käse …
- Warmes Räuchern über mehrere Wochen bei 30 bis 50 °C: Kochschinken, Geflügelbrüste, Fische …
- Heißräuchern einige Stunden bei 70 – 80 °C: Brühwürste, Fische …

Räucherwaren werden meist vorher gepökelt und sind gut haltbar. Sie erhalten ein typisches Raucharoma und Räucherfarbe. Bei starkem Räuchern kommt es zu Eiweißverlust. Rauchbestandteile schützen das Fett vor dem Ranzig werden. In der Rußschicht von schwarz geräucherten Fleischwaren wurden Krebs erregende Stoffe gefunden.

:-) www.daskochrezept.de, www.chefkoch.de, www.ausgekocht.de, www.naturkost.de

TIPP **Belebte Restaurants und Tagesgerichte deuten auf frisch zubereitete Speisen hin. Nützlich unterwegs: Eigenes Besteck, Ess-Stäbchen, Blechtasse, -teller.**

Selber kochen

Schonendes Kochen optimiert Geschmack und Nährwert:

- Jedes Lagern, Kühlen, Trocknen, Konservieren mindert den Ernährungswert der Lebensmittel, also frische Zutaten verwenden.
- Unter der Schale befinden sich besonders wertvolle Nährstoffe, also dünn schälen.
- Viele Vitamine sind wasserlöslich oder werden durch Luft zerstört, also Lebensmittel zügig waschen, zerkleinern und verarbeiten.
- Erhitzte Lebensmittel sind bekömmlicher, verlieren jedoch viele Vitamine. Daher kurz garen, nicht warm halten oder aufwärmen.
- Lebensmittel mit nur wenig Flüssigkeit dünsten.
- Die Brühe weiter verwenden, etwa als Saucengrundlage.
- Mit kaltem Wasser aufgesetzt geben Fleisch, Fisch, Gemüse viele Nährstoffe an die Brühe ab. Gibt man sie in kochendes Wasser, bleibt der Geschmack eher im Gargut.

Ohne Herd und Backofen ermöglichen folgende **Garmethoden,** die Speisen vielfältig zu variieren:

- Dünsten im geschlossenen Topf mit etwas Fett.
- Dämpfen im geschlossenen Topf mit wenig Wasser.
- Kochen im offenen Topf mit viel Wasser.
- Grillen mit Rost oder Spieß; grüne Zweige ersetzen die Eisenstäbe.
- Braten in einer Pfanne mit wenig Fett.
- Fritieren in einem Topf in viel Fett schwimmend.
- Garen im eigenen Saft, ummantelt mit Alufolie oder Brotteig. Ein Mantel aus Bananenblättern, Lehm oder Salz kann auch in die Glut gelegt werden. Salz wird vorher mit Eiweiß teigig gerührt.
- In der Kochgrube, eingewickelt in Blätter: Steine im Lagerfeuer erhitzen, dann damit die Grube auslegen. Eine Blattschicht ausbreiten, Gargut darauf verteilen, mit Blättern abdecken, Grube mit Erde bedecken. Gardauer drei bis fünf Stunden.

TIPP **Heißes Fett kann sich am offenen Feuer leicht entzünden! Zum Löschen den Deckel aufsetzen oder ein Handtuch darüber werfen. Niemals mit Wasser löschen! Nützlich unterwegs: Topf mit Griffzange, Metallteller (= Pfanne), Schraubdosen, Tasse, Löffel, Messer, Feuerzeug.**

Ist das Brennmaterial knapp, muss **energiesparend** gekocht werden:

- Hülsenfrüchte quellen lassen, je nach Alter drei bis zwölf Stunden.
- Gargut aufkochen und abseits vom Feuer gut isoliert garen lassen.
- In kaltem Wasser aufgesetzte Eier sind vier Minuten nach Beginn des Siedens fertig (weiches Eigelb).
- Lebensmittel mit wenig Wasser zu Eintöpfen verarbeiten.

Brot & Kuchen, Knödel & Nudeln lassen sich aus denselben, wenigen **Grundnahrungsmittel** herstellen und vielfältig variieren:

- Einen *einfachen Brotteig* kneten Sie aus Mehl, Wasser, Salz.
- • Triebmittel lockern den Teig: Trockenhefe, Sauerteig, Backpulver, Sprudelwasser.
- • Varianten erhalten Sie mit Nüssen, Sesam, Speck, Zwiebeln ...
- *Topfbrot:* Einen dicken, schweren Topf halb mit Teig füllen, verschließen, allseitig mit Glut bedecken, 60 – 90 Minuten.
- *Fladenbrot* backen Sie im Lagerfeuer: Kleine Äste auf Sandboden schnell abbrennen. Glut beiseite schieben, den glatt bemehlten Fladen 1 – 2 cm dick mit dem heißen Sand-Asche-Gemisch bedecken. Nach 10 – 15 Minuten herausnehmen, Sand und Asche gründlich abklopfen.
- *Stockbrot:* Teig um einen grünen Ast wickeln und grillen.
- Ein *kuchenähnlicher Brotteig* erfordert zusätzlich:
- • Eier und Zucker, eventuell Butter, Milch ersetzt das Wasser.
- • Varianten mit Nüssen, Rosinen, Schokolade, Trockenobst ...
- Alle Teige mit Varianten können als *Knödel* geformt werden.
- • In fast kochendem Wasser garen, bis sie oben schwimmen.
- • In einem Sieb oder Tuch über kochendem Wasser garen und von oben dicht abdecken.
- • In Fett und Salz anbraten, etwas Wasser zugeben und zugedeckt garen.
- • Kleine Teigschnipsel als Spätzle in Wasser kochen.
- Aus dem kuchenähnlichen Brotteig entsteht mit mehr Milch, Sahne, Wasser ein *Pfannkuchen,* der süß oder herzhaft belegt werden kann.

Die Ernährung planen

Eine gesunde Ernährung sollte 50 – 60 % Kohlenhydrate, 25 – 35 % Fett, 10 – 15 % Eiweiß enthalten. Bei Ausdauerbelastungen sollte das Verhältnis von Kohlenhydraten, Fetten und Eiweißen etwa 4:1:1 betragen. Bei hohem Krafteinsatz muss der Eiweißanteil erhöht werden.

Kohlenhydrate sind vor allem enthalten in Brot, Müsli, Reis, Mehlprodukten, Nudeln, Hirse, Mais, Batate, Kartoffeln, Yams, Maniok, Sago, Bananen. Alles Süße enthält Zucker. Bei der Verdauung entsteht Traubenzucker (Glukose), der in Form von Glykogen in der Muskulatur und in der Leber gespeichert wird. Ein Gramm Kohlenhydrat ergibt etwa 4 Kilokalorien (kcal) Energie. 700 – 2000 kcal sind damit schnell verfügbar.

Fette sind vor allem enthalten in Erdnüssen, allen Nüssen und Kernen, Avocado, Margarine, Ölen, Butter, Käse, Wurst, fettem Fleisch. Sie sind schwerer verdaulich und werden in den Fettzellen gespeichert. Ein Gramm Fett ergibt 9 kcal Energie. Etwa 50.000 kcal sind so verfügbar, doch nur langsam. Zum Abbau wird Sauerstoff benötigt.

Eiweiß (Proteine) sind vor allem enthalten in Fleisch, Geflügel, Fisch, Krusten- und Schalentieren, Milch, Eiern, Käse, Soja. Aus pflanzlichen und tierischen Eiweißen werden die Grundbausteine der Körpergewebe und -bestandteile aufgebaut, ebenfalls Eiweiße. Ein Gramm Eiweiß ergibt 4 kcal Energie. Eiweiß wird vom Körper jedoch nur im Notfall abgebaut, denn dadurch verringert sich die Muskelmasse.

Vitamine sind vor allem in frischen Lebensmitteln enthalten, in Obst und Gemüse sowie in Samen. Gelagerte, getrocknete, eingelegte, aufgetaute und sonstwie konservierte Lebensmittel enthalten viel weniger Vitamine. Ausgewogene Mischkost enthält meist genügend Vitamine. Lediglich bei extremer Belastung über Tage und Wochen und gleichzeitig eingeschränkter Ernährung sind Vitaminzusätze sinnvoll. Der Körper benötigt kleine Mengen für seinen Stoffwechsel. Die weitere Zufuhr von Vitaminen ist wirkungslos, in manchen Fällen schädlich. Manche schwören allerdings auf die positive Wirkung von Vitamin C (L-Ascorbinsäure) in großen Mengen von mindestens 2,5 g täglich. Das ist allein mit Obst nicht zu schaffen.

Mineralsalze [→ Trinken, Seite 128].

Bei anstrengenden Touren gibt es folgende Ernährungsphasen:

- Die Trainingsphase mit proteinreicher Ernährung schließt einige Tage vor der Tour ab. Die Glykogenspeicher des Körpers sind leer.
- Drei bis vier Tage mästet man sich kohlenhydratreich und füllt die Glykogenspeicher extrem auf.
- Bei der anschließenden Dauerbelastung werden zunächst die Kohlenhydrate verbrannt. Ungenügender Nachschub und fallender Blutzucker-

TIPP Beachten Sie: Durst, Hunger, Appetit, Sättigung sind Signale, die in Extremsituationen und bei Erschöpfung nicht mehr funktionieren. Nützlich unterwegs: Plastikschraubdosen, reißfeste Beutel und Kabelbinder.

spiegel zeigen sich durch Hunger, Kraftlosigkeit, Schweißausbruch, Zittern, Schwindel ...

- Auch während der Ruhetage zwischen den Leistungstagen muss mit Kohlenhydraten der Glykogenspeicher aufgefüllt werden.

Bei **Fußtouren in Einöden** ist es schwierig, sich längere Zeit mit frischen Lebensmitteln aus dem Rucksack zu versorgen. Rechnen Sie täglich mit etwa 500 Gramm Trockennahrung. Sie soll leicht sein und nahrhaft, schmackhaft und abwechslungsreich. Kombinieren Sie kreativ die folgenden Nahrungsmittel:

Kalte Mahlzeiten setzen sich zusammen aus Knäckebrot, Zwieback, Vollkornbrot oder Pumpernickel in Dosen mit Salami, Schinken, Pemmikan, Trockenkäse wie Parmesan oder Camembert aus der Blechdose. Dazu gibt es Müsli, -riegel, Haferflocken, Honig, Zucker, Trockenfrüchte, Marmelade, Rosinen, Studentenfutter, Nüsse, Schokolade. Getränke mit hohem Nährwert sind Ovomaltine oder Kakao, Vollmilchpulver ergänzt durch Zitronentee, Kaffee, Tee.

Warme Mahlzeiten variieren zusätzlich Reis, Hirse, Tortellini, Spaghetti, Knödel, Kartoffeln, Mehl, Trockengemüse, Pilze, getrocknetes Rinderhack, Volleipulver. Soßen und Suppen lassen sich vielfältig damit kombinieren, geeignet sind Tomatenmark, Brühwürfel, Erbswurst, H-Sahne, Pflanzenöl, Speck. Abgeschmeckt wird mit Salz, Cayennepfeffer, Curry, Thymian, Zwiebeln, Knoblauch. Nachtisch lässt sich aus Zucker, Honig, getrocknetem Obst oder aus Puddingpulver herstellen.

Ein etwa 70 kg schwerer Mensch besteht aus:

Wasser	ca. 60 % des Körpergewichts, hier also etwa 42 Liter
Körperfett	8 – 15 kg ein Mann, 10 – 20 kg eine Frau
Eiweiß	12 kg
Muskelglykogen	250 Gramm
Leberglykogen	100 Gramm
Glykogen, diverse	50 Gramm

:-) www.foodlexx.de, www.wgx.com/cheesenet, www.stashtea.com, http://osu.orst.edu/food-resource, www.dge.de

Fleisch & Geflügel

»Bleu«, also fast noch roh, sollten Sie nur Fleisch essen, dessen einwandfreie Herkunft Ihnen bekannt ist. Risikoloser ist »à point«, der Punkt zwischen roh und gar. Risikofrei ist durchgegartes Fleisch, das am Knochenansatz nicht mehr rot ist.

▶ Meiden Sie das Fleisch erkrankter Tiere.

▶ Meiden Sie Hackfleisch und Innereien. Sie verderben schneller als Fleisch und übertragen häufiger Krankheiten.

- Vor allem Hühner, Schweine und Eier können von Salmonellen befallen sein, aber auch Mayonnaise, Speiseeis, Sahneprodukte, Seetiere, Weichtiere.
- Das Fleisch fleischfressender Tierarten kann Trichinen enthalten.
- Je größer das Tier, desto älter. Je älter, desto zäher und kranker:

▶ Kaufen Sie Lamm statt Hammel, Zicklein statt Ziege, Kalb statt Ochse.

- In vielen Ländern unterscheidet man die **Fleischpartien** kaum oder gar nicht. Bei uns wird fettarmes Fleisch bevorzugt, in anderen Ländern gilt fettes Fleisch (Hammelschwanz) als Delikatesse.
- Besonders zart sind die Rücken- und Rippenpartien, also Kotelett- und Filetstücke sowie Hinterläufe. Haxen, Schulter und Vorderläufe enthalten viele Sehnen. Schwanz, Backen und Bauch sind sehr fett.
- Das Fett **frisch geschlachteter Tiere** glänzt, ist fest und weiß. Viele Fleischarten hängen nach dem Schlachten einige Tage gekühlt ab: Schwein 3 – 4 Tage, Rind 8 Tage. Rind- und Schaffleisch trocknet schnell an der Oberfläche und hält sich länger. Fleisch verdirbt in Papier oder luftdicht schließenden Behältern. Weißes Fleisch verdirbt schneller als rotes. Verdorbenes Fleisch wird schmierig, gräulich, blass, riecht süßlich.

▶ Hängen Sie Fleisch luftig und schattig in einem weiten Baumwollsack auf.

- Ein **frisches Ei** enthält zähes, dickes Eiweiß. Beim Altern trocknet das Ei, Bakterien dringen ein, die Luftblase wird größer und das Eiweiß wird dünner. Ein frisches Ei liegt in Wasser halb auf dem Boden, ein altes Ei schwimmt, insbesondere in Salzwasser.

▶ In Öl getauchte oder mit Wachs überzogene Eier altern langsamer. Hart gekochte Eier halten sich recht lange. Kochen tötet die Krankheitserreger im Ei, Braten nicht.

▶ In sandgefüllten Körben überstehen Eier auch die schlimmsten Pisten unzerstört, ein Kalkzusatz verbessert die Haltbarkeit.

▶ Meiden Sie Speisen mit rohen Eiern. Erhitztes Eiweiß ist besser bekömmlich als rohes. Mayonnaise (z.B. auch in Salatsaucen) enthält immer rohe Eier.

Fische & Krustentiere

Frische Fische haben klare und volle Augen, rote und feuchte Kiemen, einen frischen Geruch, fest sitzende Schuppen sowie elastisches und festes Fleisch. Kleine Fische haben zu viel Gräten, große schmecken meist schlechter als mittelgroße Fische. Ältere Fische werden klebrig und riechen unangenehm fischig. Dämpfen oder dünsten Sie Fisch schonend – braten und grillen ruiniert das empfindliche Fleisch. Aus garem Fisch lassen sich die Gräten glatt lösen.

- ▶ Fische »gegen den Strich« abschuppen. Innereien vorsichtig entfernen, die bittere Gallenflüssigkeit kann auslaufen. Entfernen Sie den bitteren Darm, einen langen schwarzen Faden.

Hai kennen Sie als: Schillerlocken, Seeaal und Seestör.

Tintenfische können sehr kurz oder sehr lang gekocht werden, wenn sie nicht wie Gummi schmecken sollen.

- ▶ Enthäuten Sie sie, entfernen Sie den durchsichtigen Knorpel aus dem Inneren und schneiden Sie den Kopf ab.

Frische **Krustentiere** haben einen gebogenen und elastischen Schwanz. Das weiche, gräuliche Fleisch aus dem Schwanz der *Languste* kann zu Erkrankungen führen und sollte besser nicht gegessen werden. *Hummer* sollten Sie in zwei Hälften kaufen. An das Fleisch in den Zangen gelangen Sie nur mit einer nussknackerartigen Zange. Das gilt sinngemäß auch für Langusten (die haben aber keine Zangen) und Krabben (auch: Taschen- oder Königskrebse).

- ▶ Man kocht diese Tiere etwa 20 Minuten pro Kilogramm und lässt sie in der Kochflüssigkeit abkühlen.
- ▶ *Garnelen* (auch: Scampi, Krabben, Gambas ...) werden durch Drehen des Körpers am Kopfansatz geöffnet. Mit Glück löst sich dann das Fleisch vom Panzer, sonst helfen Sie mit der Gabel nach.

Muscheln müssen beim Kauf geschlossen sein (dann leben sie noch). Nach dem kurzen Dünsten müssen die Schalen geöffnet sein. Alles von den beiden Regeln abweichende wird entsorgt. In unseren Breiten soll man Muscheln nur in den Monaten mit »r« essen, also nicht von Mai bis August. Zum einen schmecken sie nicht so gut, weil sie im Mai laichen. Zum anderen enthalten sie während der Zeit der Algenblüte besonders viele Giftstoffe.

- Bei Jakobsmuscheln, Seeigeln und anderen Schalentieren finden Sie neben dem Fleisch einen rötlichen *Corail,* den Rogen. Er ist essbar, schmeckt aber etwas fischig.

TIPP **Meiden Sie rohen und halbgaren Fisch sowie Rogen und Innereien tropischer Fische.**

Salat, Gemüse & Getreide

Felder werden oft mit Fäkalien gedüngt (»Kopfdüngung«), daher können Blattoberflächen mit Bakterien, Pilzen, Parasiten übersät sein. Auf Märkten werden Obst und Gemüse oft mit Wasser besprüht – doch woher kommt das Wasser?

▶ Obst und Gemüse kochen, schälen oder darauf verzichten. Salatsaucen mit Essig sind okay, weiße Soßen enthalten Ei oder Sahne.

Die Blattspitzen der **Artischocke** werden abgeschnitten, dann kocht man die Frucht 45 – 60 Minuten fertig. Das dicklich-gelbe Blattende gibt nicht viel her, ist aber essbar. Das darunter befindliche »Heu« wird entsorgt, bis Sie auf den wiederum essbaren Boden stoßen.
Die **Avocado** wird längs eingeschnitten und durch Gegendrehen der beiden Hälften vom Kern gelöst. Sie ist reif, wenn Sie sie mit dem Löffel essen können: pur, mit Marmelade, Zitronensaft beträufelt oder als Salat.
Von den über 200 **Bananenarten** ist bei uns nur die Obst- oder Zuckerbanane erhältlich. Bananen in anderen Erdteilen entsprechen nicht der EU-Norm, sind kurz und unansehnlich, schmecken aber besser. Die großen Koch- und Mehlbananen (*Plantains*) sind roh ungenießbar und werden wie Kartoffeln zubereitet.
Die **Batate** ist eine indianische Süßkartoffel von länglicher Form und rötlicher, gelblicher oder weißgrauer Farbe.
Rohe **Jamswurzeln** (*Yams*) können giftige Stoffe enthalten, besitzen neben Kohlehydraten, Vitaminen auch Spurenelemente. Sie werden geschält und geschnitten in leicht gesalzenem Wasser gekocht oder in Öl gebraten.
Die **Maniokwurzel** (*Kassava*) bildet bald nach der Ernte Blausäure. Sie muss daher gut geschält und gegart werden (Brei, Kloß oder Fladen). Maniok ist sättigend, aber nährstoffarm; *Tapioka* ist Stärkemehl aus Maniok.
Knoblauch und **Zwiebeln** gibt es fast überall auf der Welt, beide werden häufig als Gemüse, nicht als Gewürz behandelt.
Das Mark der **Sagopalme** wird als gelatinöser Kuchen verkauft.
Mais (amerikanisch: *corn,* österreichisch: *Kukuruz*) ist reich an Stärke, doch vitaminarm. Mais bildet die Grundlage von Brei (*Polenta* in Italien), spanischen Omeletts und mexikanischem Fladenbrot (*Tortillas*).
Hirse und **Sorghum** werden wie Reis gekocht, zu Fladen verbacken oder als Brei gegessen. Manche Hirsesorten lassen sich nicht verbacken.
Reis ist ein Spelzgetreide, dessen Schale entfernt werden muss, bevor der so genannte Voll- oder Naturreis zum Vorschein kommt. Im Gegensatz zum weißen, zusätzlich polierten Reis ist die braune oder rote Urform ein vollwertiges Nahrungsmittel. Vorgekochter (*parboiled*) Reis besitzt zwar mehr Vitamine als weißer, ist aber ebenfalls nicht mehr vollwertig.

Obst, Nüsse & Süßes

Cherimoya schmeckt sehr aromatisch, mild, süß. Sie wird halbiert, die Kerne werden entfernt, das Fruchtfleisch wird ausgelöffelt.

Die **Durian,** »Königin der Früchte«, auch Zibet-, Stink- oder Stachelfrucht, ist bis zu 3 kg schwer, grün, stachelig und riecht nach faulen Eiern und Limburger Käse. Der Geschmack ist jedoch »königlich«, Alkohol verstärkt die ohnehin eintretenden Verdauungsprobleme.

Erdnüsse, Haselnüsse sowie **Pistazien** sind unter tropischen Bedingungen selten schimmelpilzfrei (Krebs erregendes Aflatoxin). Sie sind sehr ölreich (hochgradig fette Nüsse wie Wal-, Para- und Haselnuss werden leicht ranzig), und werden zu Kochfett, Brei, Mus oder Fladen verarbeitet. Mit Honig wird aus Mandeln, Pistazien oder Walnüssen die Süßspeise *Baklava*.

Die **Macadamianuss** gilt als »Königin der Nüsse« und ist von allen Nüssen am schwierigsten zu knacken. Ihr Entdecker *Ferdinand von Müller* benannte sie nach einem befreundeten Lebensmittelspezialisten, *Dr. John MacAdam,* der Mitte des 19. Jahrhunderts von Schottland nach Melbourne auswanderte. Vielleicht der Sohn des anderen MacAdam, der damals die härtesten Straßen der Welt baute?

In einer grünen, jungen **Kokosnuss** ist der Kern kaum entwickelt, doch die wasserhelle Kokosmilch ist hygienisch einwandfrei und erfrischend. Erst die reife Frucht zeigt den vertrauten braunen Kern. An einem Ende erkennen Sie die 3 Keimpunkte – hier ist die Schale am dünnsten und relativ leicht durch Kraft oder Hitze zu sprengen (15 Minuten im Backofen bei 200 Grad).

Die Kerne der **Granatäpfel** werden ausgelöffelt oder ausgepresst.

Guave dünn schälen und wie einen Apfel aufschneiden.

Kaki wird wie Kiwi mit einem Löffel aus der Schale gegessen.

Die Stacheln der **Kaktusfeige** lösen sich nach langem Wässern.

Die **Karambole** oder *Sternfrucht* schmeckt leicht säuerlich. Man schneidet sie quer in Scheiben.

Kumquat schmeckt wie Orangeat.

Litschi quetscht man mit dem ungenießbaren Kern in den Mund.

Eine weiche **Mango** ist reif, die lederartige Haut ist ungenießbar. An der breitesten Stelle einschneiden und durch gegenläufiges Drehen trennen.

Reife **Papayas** haben dunkle Flecken auf der gelblichen Schale. Sie schmecken wie Melone: aus der Schale, mit Schinken, Zitrone.

Passionsfrüchte sind reif und gut, wenn sie unansehnlich wirken. Halbieren, auslöffeln oder auspressen: Reife *Maracujas* sind gelb, mit Falten und Dellen. Reife *Curubas* sind gelb-rötlich und säuerlich. Sie würzen Saucen zu Fisch und Meeresfrüchten, Fleisch und Geflügel. Reife *Granadillas* sind glatt und orangefarben mit braunen Flecken.

Tamarillo blanchieren, schälen, zuckern – als Kompott oder Salat.

Hungern & Fasten

Wird das Essen knapp und bleibt Nachschub aus, wird rationiert:

- ⅔ der verbliebenen Vorräte sollten für die erste Hälfte der zu überbrückenden Zeit reichen, ⅓ bleibt für die restliche Zeit.
- Die einzige Mahlzeit am frühen Abend wärmt nachts den Körper.
- Kleine Bissen, lange kauen, langsam und bewusst essen.

Bevor Ihre Lebensmittelreserven aufgebraucht sind, stellen Sie sich bereits innerlich auf die Fastenzeit ein. Betrachten Sie das aber nicht als lebensbedrohliches Hungern. Richtiges Fasten ist eine Heilmethode:

Phase 1: Die Entscheidung für das Fasten, der letzte Tag mit Essen. Nichts schwer Verdauliches, sondern etwas Leichtes essen, vielleicht Obst.

Phase 2: Das Hungergefühl verschwindet nach 1 – 3 Tagen. Der Körper stellt langsam den Stoffwechsel um. Trinken Sie viel und immer, wenn sich ein Hungergefühl meldet. Wenn Sie müde sind, legen Sie sich hin, schlafen Sie so viel wie möglich. Kreislaufprobleme treten in dieser Phase häufig auf, gönnen Sie sich Ruhe, schonen Sie sich.

Phase 3: Der Stoffwechsel hat sich umgestellt, setzt Prioritäten bei den Körperfunktionen und baut körpereigenes Fett ab. Das geht langsam, es wird wenig Wärme frei und man friert leicht. Ziehen Sie sich warm an. Viele fühlen sich in dieser Phase leicht und kräftig. Ausdauersport ist möglich, Spitzenbelastungen sind nicht so gut. In dieser Phase können Sie 1 Woche bleiben, 2 oder 3 – auch von 6-wöchigen Fastenzeiten wurde schon berichtet. Zwischendurch mag es mal einen Durchhänger geben und nach Belastungen kann auch stundenweise ein Hungergefühl auftreten. Das geht vorüber. Doch achten Sie aufmerksam auf die Bedürfnisse des Körpers: Ruhen, Schlafen, Trinken, sogar Stuhlgang, denn der Darm arbeitet weiter. Eine salzige, dünne Brühe oder ein dünner Obstsaft könen über Tiefen hinweghelfen.

Phase 4: Das Fasten zu brechen ist sehr schwer. Zügeln Sie die Gier. Magen und Darm haben lange nicht gearbeitet und werden nur langsam wieder tätig. Am ersten Tag gib es Obst und Flüssiges, am zweiten Tag gut verdauliche Gemüse und kohlenhydratreiche Kost. Fleisch und schwere Kost erst später. Wer unbeherrscht isst, quält sich mit einer gärenden und faulenden Mahlzeit, da die Verdauung versagt.

Nicht fasten sollten: Schwerkranke, Herzkranke, psychisch Kranke, essgestörte Menschen und stark Untergewichtige, Menschen mit zerebralen Durchblutungsstörungen, Nierenkranke, Schwangere, Kinder, Gichtkranke und Menschen mit Kalium- oder Magnesiummangel.

TIPP **Gezieltes Fasten überbrückt Versorgungsengpässe. Nützlich unterwegs: Obst, Trockenobst, Salz, Brühwürfel, Wasser, Tee.**

Trinkwasser & Getränke

Vom Ganges aus zeigt sich Varanasi malerisch. Im Uferschlamm suhlen riesige Kühe, dazwischen waschen sich Frauen, dann scheinen 100 Meter für die Kleiderwäsche reserviert zu sein, etwas weiter liegt das Ghat für die Leichenverbrennungen. Und mittendrin ragen meterdicke Röhren in den Fluss, ihre Öffnungen sind vergittert. Pumpenanlagen weisen darauf hin, dass hier Wasser aus dem Fluss geholt wurde. Leitungswasser?

Trinkwasser in der Zivilisation:

- Tee und Kaffee sind unbedenklich, nicht aber die ungekochte Milch darin. Kondens- und Trockenmilch sind keimfrei.
- Auch frisch gepresste Säfte sind keimfrei – nicht aber die Eiswürfel. Eiswürfel aus abgekochtem Wasser sind klar und blasenfrei.
- Bier, Wein, Schnäpse … sind keimfrei, nicht aber Zusätze wie Zitronenscheiben, Eiswürfel und Cocktailzusätze wie Ei, Milch …
- Unbedenklich ist alles, was sprudelt, also Kohlensäure enthält.
- Leitungswasser ist unbedenklich, wenn es nach Chlor riecht. Auch ozonisiertes Wasser ist keimfrei, aber das riecht man meist nicht.
- Häufige Wasserausfälle oder gefärbtes Leitungswasser deuten auf Leitungsreparaturen. Dabei dringt immer Schmutz ein. Aber wurde auch die erforderliche Stoßchlorung durchgeführt?
- Verfärbtes oder riechendes Wasser ist chemisch verunreinigt. Meiden Sie es unbedingt.

▶ Mineralwasserflaschen werden oft aus der Leitung nachgefüllt. Prüfen Sie beim Kauf, ob der Flaschenverschluss noch versiegelt ist.

▶ Zerstören Sie die Einmal-Plastikflaschen nach dem Leeren, damit Sie nicht nachgefüllt werden können.

▶ Setzen Sie Flaschen und Gläser nicht direkt am Mund an. Machen Sie es wie die Inder, und gießen Sie das Wasser in den Mund.

Es ist unmöglich, gesundheitlich bedenkliches Wasser mit den normalen Sinnen zu erkennen, denn auch das scheinbar reinste Wasser kann mit Bakterien, Viren, Parasiten oder gelösten Stoffen verunreinigt sein. Im Reisealltag bleibt man auf Vermutungen und Indizien angewiesen.

- Das reinste Wasser in der Natur ist **Regenwasser** – wenn nach den ersten Regenminuten die Luft von Staub, Rauch und Schadstoffen gereinigt ist. Aber die atmet man ja auch so ein. Dem Regenwasser fehlen zwar die Mineralstoffe, doch werden die mit der Nahrung aufgenommen.
- **Quellwasser** ist unbedenklich, wenn nicht der Boden oberhalb der Quelle tief gehend verunreinigt ist, beispielsweise durch eine Deponie oder die Fäkalien von weidendem Vieh.

TIPP **Aus halb durchlässigen Stoff- oder Lederwassersäcken verdunstet immer ein wenig Wasser und kühlt so das restliche Wasser. Den gleichen Effekt erzielen Sie mit einem nassen Handtuch. An einem zugigen Platz im Schatten frei aufgehängt funktioniert diese Methode am besten.**

Grundwasser wird durch versickerndes Regenwasser und durch Grundwasserströme aus benachbarten Gewässern gespeist und ist meist von mittlerer Qualität. Infektiös ist es nur, wenn ein Zugang zum Grundwasser, beispielsweise ein Brunnen, von außen kontaminiert wurde.

▶ Prüfen Sie ob der Brunnen sauber aussieht und ob die Menschen, die dort Wasser schöpfen, sorgfältig mit ihm umgehen.

Frischer Schnee hat die gleiche Qualität wie Regenwasser, aber auf altem Schnee und auf Gletschern liegt oft viel Schmutz. Altes Meereseis, erkennbar an runden Kanten und bläulicher Farbe, ist salzfrei und trinkbar.

▶ Eis und Schnee sollten erst geschmolzen, dann getrunken werden, sonst entziehen sie dem Körper zu viel Wärme.

Tau entsteht in den frühen Morgenstunden selbst in der Wüste, kann von Gräsern abgestreift oder mit einer Plane aufgefangen werden.

Pflanzensäfte vorsichtig probieren, milchige Säfte meiden, denn sie können medizinisch oder giftig wirken.

▶ Behandeln Sie Brunnen und Quellen respektvoll und hygienisch. Entnehmen Sie das benötigte Wasser, aber waschen Sie sich, Ihr Geschirr, Ihre Kleidung an einer anderen Stelle und verschmutzen Sie das Wasservorkommen nicht. [→ Camping & Lager, Seite 109]

Fließgewässer eignen sich eher zum Trinken, wenn

- das Wasser nahe der Quelle entnommen wird;
- das Wasser klar, kühl und geruchlos ist;
- das Wasser schnell fließt;
- weder Weidetiere noch Siedlungen oberhalb des Wasserlaufs sind;
- der Gewässergrund sandig und die Steine bemoost sind.

Stehende Gewässer sind mit großer Vorsicht zu nutzen:

- Kalte Bergseen sind sauberer als warme Seen.
- Durch Quell- und Regenwasser gespeiste Seen sind sauberer als solche, die durch Sickerwasser, Bäche und Flüsse gespeist werden.
- Von Mensch und Tier ungenutzte Seen sind sauberer als solche, die zum Baden benutzt werden oder als Viehtränke dienen.
- In Felsspalten sammelt sich oft Regenwasser in Mulden und bleibt auch in heißen Regionen lange gespeichert. Unter Umständen ist es nur mit einem Schlauch zu erreichen.

- Meerwasser ist in größeren Mengen für den Körper schädlich, kann aber anderen Wasserarten beigemischt werden.
- Brunnenwasser kann sauber sein, wenn die Menschen den Brunnen pflegen, Tiere keinen Zugang haben und Oberflächenwasser nicht hineinfließen kann. In der Nähe darf kein Abwasser versickern.

Wasser reinigen

Graben Sie einige Meter von einem fragwürdigen Gewässer entfernt ein Loch, möglichst oberhalb der Hochwasserlinie. Das sich dort sammelnde Wasser ist durch den Boden gefiltert, selbst Meerwasser ist teilentsalzt.

Trübes Wasser wird geklärt und von Schwebeteilchen gereinigt:

▶ Absetzen lassen, später vorsichtig vom Bodensatz abgießen.
▶ Durch ein Tuch und/oder durch saubere Sandschichten filtern.
▶ Zugesetzte Holz- oder Aktivkohle absorbiert kleine Partikel.

Klares Wasser wird entkeimt:

- Abkochen – mindestens ¼ Stunde – tötet sehr sicher alle Keime ab.
- Einfacher ist die Zugabe silbersalz- und chlorhaltiger Tabletten. Die wirken aber nur in klarem Wasser.
- Das Einrühren von Luftsauerstoff fördert die Selbstreinigungskraft des Wassers, ist aber nicht sicher.
- Kohlensäure desinfiziert zwar nicht, hemmt aber die Vermehrung der Bakterien. Wird Natriumbicarbonat oder Backpulver mit Zitronensäure oder -saft versetzt, entsteht Kohlensäure.
- Auch entkeimte Frischwasservorräte auf Booten, in Wohnmobilen, Ferienhäusern oder im Keller neigen zu Algenbildung und Wiederverkeimung, besonders bei höheren Temperaturen. Chlorhaltige Desinfektionsmittel eignen sich nicht für eine längere Konservierung, denn die Wirkung verliert sich nach einiger Zeit. Silberhaltige Desinfektionsmittel wirken bis zu 6 Monate.

▶ Im Einzelfall das Wasser mit Kaliumpermanganat aus der Apotheke desinfizieren (ein Gramm pro Liter, intensiv violett, $KMnO_4$).

:-) www.cdc.gov, www.katadyn.ch, www.jupiter.who.ch, www.equipped.org/watrfood.htm

TIPP **Trinkwasser soll farblos, klar, kühl und geruchlos sein, geschmacklich einwandfrei und ohne Krankheitserreger. Nützlich unterwegs: chlor- und silberhaltige Wasserentkeimungstabletten.**

Wassermangel & Durst

Wenn das Wasser knapp wird, essen Sie wenig, denn zum Abbau der Nahrung wird Wasser benötigt. Bevorzugen Sie zuckerhaltige Nahrung und meiden Sie Trockennahrung, Fleisch, Salz und Gewürze, denn die entziehen dem Körper besonders viel Wasser. Der berühmte Kieselstein zum Lutschen hilft der Psyche, aber nicht dem Körper.

Täglich werden etwa 0,6 l Flüssigkeit ausgeschwitzt. Das steigt bei extremer Belastung auf 1 Liter pro Stunde. Ein **Wasserverlust** von

- 2 % des Körpergewichtes mindert die Ausdauer;
- 3 – 4 % verringern die Kraft, machen müde, appetitlos, senken die Leistung deutlich;
- 5 – 6 % führen zur Erschöpfung, Reizbarkeit, Übelkeit;
- über 6 % stören die Koordination, verändern die Psyche;
- über 10 % führen zu Lebensgefahr.

Kontrollieren Sie den Wasserverlust. Auf **Dehydration** weisen hin:

- Weniger als 1 – 1,5 l Urin täglich bei ständiger Gewichtsabnahme.
- Der Harn sollte hellgelb sein, ist aber dunkel.
- Die Schleimhäute im Mund und die Zunge sind nicht mehr feucht.
- Leicht zusammengekniffene Haut auf dem Handrücken bleibt stehen, ist unelastisch.
- Die Haut wird rissig und trocken.

Hoher **Schweißverlust** führt vor allem zu Kalium-, Magnesium- und Eisensalzmangel und bewirkt Muskelkrämpfe, Unlust, Müdigkeit, Muskelschwäche und verminderte Leistungsfähigkeit.

- Ausgleichend wirken kaliumreiche Obst- und Gemüsesäfte, Trockenobst, Bananen, gesalzene Suppen, Zucker.
- Auch Bier enthält viele der benötigten Mineralstoffe.
- Isotonische Getränke, Mineraldrinks, Sportlerdrinks … bestehen überwiegend aus Zucker und schlimmstenfalls Koffein. Dafür können Sie Ihr Geld sparen. Mit normalen Lebensmitteln haben Sie den gleichen Effekt billiger.

TIPP **Achten Sie trotz Durst und Hitze darauf, woher das Trinkwasser kommt. Nützlich unterwegs: Behälter zum Schöpfen.**

KULTUR-KNIGGE

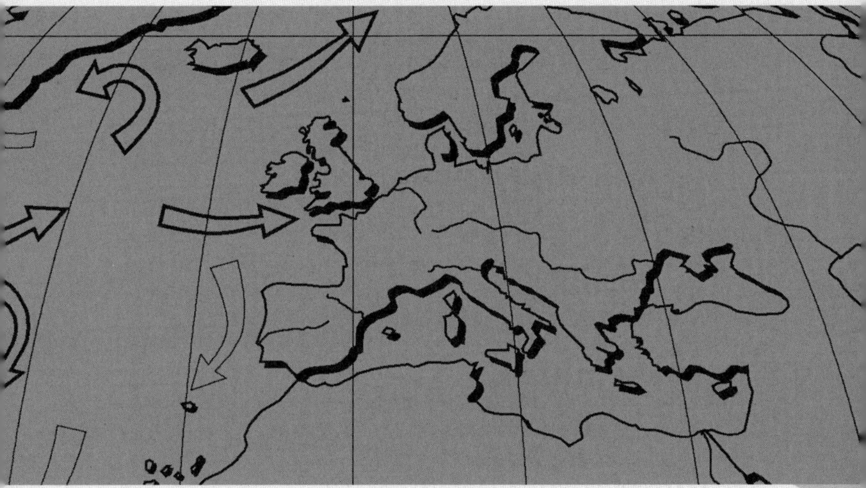

WELTWEIT INFORMIERT

PAPIERE, GELD & GEPÄCK

TRANSPORTMITTEL

ORIENTIERUNG

SCHLAFEN, ESSEN, TRINKEN

KULTUR-KNIGGE

NATUR & FREIZEIT

EXTRA: IN DEN BERGEN

HYGIENE & GESUNDHEIT

GEFAHREN & NOTFÄLLE

Dem Fremden begegnen

Medea: »Töten willst du, den Fremden, den Gast?« Aietes: »Gast? Hab' ich ihn geladen in mein Haus? Ihm beim Eintritt Brot und Salz gereicht? Und geheißen sitzen auf meinem Stuhl? Ich hab' ihm nicht Gastrecht geboten, Er nahm sich's, büß' er's, der Tor!«

Begrüßungszeremonien können sich von Region zu Region ändern. Beobachten Sie andere, fragen Sie. Seien Sie vorsichtig mit Gesten, denn was hier »gut« bedeutet, kann dort eine Beleidigung sein.

- Machen Sie sich bemerkbar, wenn Sie sich einem Dorf, einem Haus, einer Wohnung nähern, am besten laut singend – böse Menschen kennen keine Lieder. Wer sich anschleicht, ist jedoch verdächtig.
- Nehmen Sie Hut und Sonnenbrille ab, lächeln Sie, suchen Sie Augenkontakt und geben Sie den anderen Zeit, Sie zu betrachten.
- Legen Sie alles ab, was als Waffe gedeutet werden könnte. Die Hände sollten leer sein.
- Nähern Sie sich langsam und sensibel. Gerade dort, wo es kaum eine Privatsphäre gibt, wirkt zu schnelle Annäherung bedrohlich.
- Beginnen Sie mit distanzierten Begrüßungsformen: sich verneigen, erhobene Handinnenfläche, Hand aufs Herz, Handschlag, Umarmung, ...
- Wecken Sie Neugier und Spieltrieb insbesondere bei Kindern mit Ansichtskarten, Spielen, Musik, artistischen oder Zauberkunststücken ...
- Wer um Wasser, Essen, Unterkunft bittet, gilt eher als harmlos.
- Mit Frau und mit Kindern reisend, finden Sie eher Zugang.
- Fast überall ist es höflich, eine Frage entschuldigend oder bittend einzuleiten und den Angesprochenen mit Namen, Titel, Herr bzw. Dame anzusprechen.

Die Welt kann Sie verändern – wenn Sie es wollen. Verändern Sie die Welt nur, wenn sie es will. Viele Reisende haben schon erlebt, wie der Individualtourismus die **Sozialstruktur** eines Dorfes verändert hat. Die folgenden Tipps sollen Ihnen helfen, Fehler zu erkennen:

- Probleme entstehen, wenn die Wirklichkeit nicht so ist, wie Sie es erwartet haben. Könnten Sie Ihre Erwartungen ändern? Soll es so sein wie zu Hause? Warum sind Sie dann hier?
- Konflikte entstehen, wenn Sie die Wirklichkeit schneller und anders ändern wollen, als es ihr entspricht. Nehmen Sie sich Zeit, erfühlen Sie den fremden Rhythmus. Seien Sie geduldig, freundlich und sensibel im Umgang mit Menschen, Kultur und Natur.
- Achten Sie lokale Traditionen – gerade dann, wenn sie Ihnen unverständlich sind, vielleicht seltsam, fremd, lustig erscheinen.

- Achten Sie die Würde der Einheimischen. Sie ist ein Teil der einheimischen Kultur.
- Achtung heißt, das Fremde ernst zu nehmen. Seien Sie ehrlich, aufmerksam und offen. Versuchen Sie zu lernen, nicht zu belehren.
- Viele Dinge, Menschen, Orte, Situationen sind einmalig. Helfen Sie, diese Einmaligkeit zu bewahren. Verlassen Sie einen Ort reicher und vielfältiger, als Sie ihn vorgefunden haben.
- Unbekannte Dinge und Menschen bieten Ihnen neue Erfahrungen. Jede neue Erfahrung bereichert Ihr Leben, auch wenn Ihnen das zunächst nicht gefällt. Erfahrungen sind Antworten auf Fragen von morgen.
- Suchen Sie das Schöne und bleiben Sie fähig zum Staunen.

»In der Fremde ist nur der Fremde ein Fremder« (*Karl Valentin*). Aber was ist fremd? Wir stehen als europäische Reisende in einer 500jährigen Tradition der Europäisierung der Welt. Kolumbus hat 1492 Amerika nicht entdeckt, sondern für den Beginn der Globalisierung erschlossen. Mit der Eroberung der »Neuen Welt« begann der größte Genozid der Menschheitsgeschichte. Vorsichtig geschätzt wurden mit dem Beginn des 16. Jahrhunderts 60 Millionen Menschen aus Afrika verschleppt bzw. die Mehrheit starb während der grausamen Sklaventransporte. Und allein zwischen 1820 und 1930 verließen 50 Millionen Menschen mehr oder weniger feiwillig Europa. Die Welt ist heute überwiegend »neo-europäisch« (*Crosby*): Nordamerika, ein Teil Südamerikas, Australien, Neuseeland. Englisch ist Weltsprache, der Dollar eine Weltwährung, McDonalds ist Weltnahrung.

Reisende begegnen nicht nur Menschen, sondern auch **Kulturen** und werden selbst auch als Vertreter einer Kultur wahrgenommen. Die Bewohner Ihres Reiselandes haben ein Bild von Ihnen als Vertreter der Weißen, der Europäer, der Christen, der Reichen ... Der Wandernde kommt heute und geht morgen – der Fremde bleibt. Er hat sich von der heimatlichen Gesellschaft gelöst und bindet sich nicht an die neue. Er provoziert durch eine vorläufige Anwesenheit, die das ganze Wertesystem in Frage stellt. »Die Menschen kämpfen und streiten für ihren Glauben und identifizieren sich mit ihrer Kultur« (*Huntington*). Der Glaube kann eine Religion sein (Christen, Juden, Moslem ...) oder eine Ideologie (Faschismus, Kommunismus ...). Was Kultur ist, weiß keiner so recht. Doch sie hat mit Zugehörigkeit zu tun, mit dem Ort, an dem man akzeptiert wird: Familie, Gruppe, Region, Nation – Heimat? Das verlangt Vertrauen, doch wer vertraut schon einem Fremdem?

:-) www.studienkreis.org, www.ded.de, www.akte.ch, www.iz3w.org, www.tourism-watch.org, www.dse.de, www.gtz.de, www.bmz.de, www.ekd.de, www.avh.de, www.msf.ch, www.welthungerhilfe.de, www.nadir.org, www.thehungersite.com, www.gfbv.de

Gast & Gastgeber

»Es gibt kein Volk, das der Geselligkeit und Gastfreundschaft mit solcher Hingabe huldigte wie die Germanen. Es gilt als Sünde, einem Menschen sein Haus zu verschließen, wer es auch sei; jeder empfängt ihn mit einem seinen wirtschaftlichen Verhältnissen entsprechend reich zubereiteten Mahle. Sind die Vorräte aufgezehrt, dann weist der, der eben noch Gastgeber gewesen war, den Weg zu einem anderen gastlichen Hause und geht selbst mit; uneingeladen betreten sie den nächsten Hof. Und das hat nichts zu sagen: der Empfang ist nicht weniger herzlich; im Gastrecht macht eben keiner einen Unterschied zwischen Bekannten und Unbekannten. Es ist Brauch, dass man dem scheidenden Gast auf Verlangen etwas übereignet, und umgekehrt fällt es (dem Gastgeber) nicht etwa schwerer, einen Wunsch auszusprechen. Sie freuen sich über die Geschenke, aber sie rechnen die Gaben (dem Empfänger) nicht nach und fühlen sich durch die erhaltenen Geschenke nicht irgendwie verpflichtet. Zwischen Gastgeber und Gast gibt es keinen Unterschied von mein und dein.« (Tacitus, Germania)

Einladungen ermöglichen es, Land und Leute aus einer anderen Perspektive wahrzunehmen. Jedes Land hat andere Vorstellungen von Gastfreundschaft. Die gilt es zu erkennen. Die Einladung kann eine Floskel sein – dann benehmen Sie sich unmöglich, wenn Sie sie annehmen. Nach der dritten Wiederholung kann diese Einladung aber sehr ernst gemeint sein. In einem Land sind Einladungen nach Hause alltäglich, im anderen Land gelten sie als besondere Auszeichnung.

Als **Gast** genießen Sie viele Rechte – aber Sie übernehmen auch Pflichten. Dummerweise kennen Sie die meist nicht. Verhalten Sie sich sensibel und beobachten Sie das Verhältnis zur Gastfamilie. Der Einladende verpflichtet sich selbst zu einem bestimmten Verhalten. Vielleicht muss er Ihnen nun jeden Wunsch von den Augen ablesen, auch wenn sich das die Familie eventuell nicht leisten kann.

- Seien Sie vorsichtig mit Ihren Wünschen.
- Nehmen Sie Einladungen zum Aufenthalt in einem Haus, in einer Familie nur an, wenn es Ihnen leicht fällt, (fast) nie allein zu sein und immer begleitet zu werden und wenn es Ihnen gefällt, ständig etwas angeboten zu bekommen: Speisen, Getränke, Unternehmungen.
- Zeigen Sie, dass es Ihnen schmeckt. Essen und trinken Sie langsam und wenig, wenn Sie auf Nachschlag verzichten wollen.

TIPP **Bei einer Einladung übernehmen Gastgeber *und* Gast Pflichten und Verantwortung. Nützlich unterwegs: Kleine persönliche Geschenke wie Fotos, Ansichtskarten von zu Hause, Nützliches oder Spielzeug für die Kinder …**

Einladungen und Angebote abzulehnen, ist immer unhöflich, manchmal sogar kränkend und beleidigend – es sei denn, man hat die richtige Entschuldigung. Notfalls schieben Sie also eine ansteckende Erkrankung vor, eine Krankheit der Leber, des Magens oder religiöse Vorschriften. Damit lässt sich alles begründen.

▶ Nahezu universal scheint das bekannte Sprichwort zu gelten: »Gäste sind wie Fische. Spätestens am dritten Tag beginnen sie zu stinken.«

Probleme entstehen und dominieren das Verhältnis zueinander, wenn krasse Gegensätze zu überbrücken sind, also wenn

- eine gemeinsame Sprache fehlt;
- das Verständnis für die andere Kultur nicht besteht;
- die sozialen Unterschiede zwei Lebenswelten erzeugen.

Im besten Fall wird es schnell langweilig, weil man einander nichts zu sagen hat. Unvorhersehbar sind die zahllosen **Fettnäpfchen.** Ein falsches Verhalten, eine unbedachte Ablehnung kann Ihren Gastgeber beleidigen und seine Ehre verletzen. Auch hat er Sie nicht völlig selbstlos eingeladen. Suchen Sie das Gleichgewicht zwischen Nehmen und Geben:

- Ihr Gastgeber verspricht sich vielleicht ein höheres Ansehen. Dann werden Sie pausenlos vorgeführt und bestaunt.
- Oder er verspricht sich ein Geschenk. In vielen Kulturen müssen Gegengeschenke den Wert des Erhaltenen übersteigen, will man nicht das Gesicht verlieren.
- Bedanken Sie sich mit Gegengeschenken. Nützliches ist immer richtig, Ramsch wird oft als solcher erkannt.
- Lehnt jemand ein Geschenk ab, drückt er seine Feindschaft aus.
- Hilfe erzeugt Dankbarkeit – zu große Geschenke beschämen. Geldgeschenke an Kinder können die Bettelei fördern, Spenden an Krankenhäuser, Waisenhäuser, Schulen helfen gezielter.
- Wecken Sie nicht unnötig Erwartungen, versprechen Sie nichts, was Sie nicht halten können oder wollen.
- Hat man Sie willkommen geheißen, ohne Sie zu kennen? Dann erweisen auch Sie Ihre Achtung vor dem Unbekannten.
- In einer Ihnen unbekannten Kultur sind mangelndes Verständnis, falsches Verhalten und ungewollte Verletzungen kaum vermeidbar. Vieles wird man Ihnen nachsehen, doch bleibt kein schönes Bild.
- Was spricht dagegen, fremde Sitten zu verstehen, sich sensibel zu verhalten? Respektieren Sie die Gefühle der Menschen, hören Sie zu und nehmen Sie wahr. In der Fremde sind Sie der Fremde.
- Wenn Sie sich ausgefragt fühlen, fragen Sie das Gleiche zurück.

Kulturelle Konflikte

Im Umgang mit den Menschen des Gastlandes müssen Reisende so viele alltägliche Probleme lösen, dass Konflikte unvermeidlich sind. Manche Konflikte sind ärgerlich, doch bald vergessen. Was aber, wenn der Ärger zunimmt, die Reise verleidet wird? Tauchen Konflikte auf, von denen man glaubte, sie zurückgelassen zu haben? Menschlich ist es, die Ursachen bei den anderen zu suchen.

Selbstbefragung führt Sie zu den inneren Ursachen:

❑ Was fällt mir schwer zu akzeptieren? Was in der fremden Umgebung, an den Menschen, kann ich nicht leiden? Kann ich den Menschen und dem Land vorwerfen, dass sie sind, wie sie sind?

❑ Habe ich Annahmen aus meinem Leben daheim übertragen auf das Leben hier? Habe ich gewohnheitsmäßig gehandelt und die veränderten Umstände vernachlässigt?

❑ Habe ich Anstandsregeln verletzt, vielleicht sogar Tabus gebrochen? Habe ich Menschen persönlich verletzt und gekränkt?

Eine **Analyse** entlarvt äußere Ursachen häufig als banalen Anlass:

- In manchen Kulturen ist es unhöflich, einen Wunsch ausdrücklich abzulehnen oder eine Frage direkt zu verneinen. Die Ablehnung wird dann diskret signalisiert: durch das Neigen des Kopfes; ein Schnalzen; der Gesprächspartner wendet sich stumm ab …
- Jemand scheint Sie nicht zu verstehen, versucht, abzulenken: Was man denn wolle und ob es denn nichts anderes sein dürfe … Vielleicht fragen Sie nach einem weißen T-Shirt, doch der Verkäufer zeigt Ihnen nur bunte. Möglicherweise hat er kein weißes T-Shirt, kann das aber nicht offen ausdrücken.
- Oftmals werden anscheinend klare Absprachen nicht gehalten. Vielleicht verbindet Ihr Gegenüber andere Vorstellungen damit. Oder die Begriffe werden einfach anders verstanden.
- Selbst wenn die Sprache klare Absprachen ermöglicht, legen doch beide Gesprächspartner ihre Annahmen hinein. Und die passen oft nicht. Die Formulierung »Natürlich ist das so und so« zeigt an, dass etwas eben nicht »Natur gegeben« ist, sondern kulturell bedingt. Eine Absprache enthält immer sachliche Vereinbarungen, beispielsweise einen Termin oder eine Qualität. Unausgedrückt bleiben die üblichen Umgangsformen, sie liegen den Absprachen zugrunde.

TIPP **Reisen Sie langsam und bescheiden. Ärger ist fast unvermeidlich, wenn Sie sich genau so verhalten, als wären Sie zu Hause.**

Konflikte miteinander & ihre Lösung

Reisen löst weder Probleme mit sich selbst noch mit anderen, sondern verschärft sie. Manches geschickt Verborgene offenbart sich unterwegs:

- Die Reise wird nicht offen und unbefangen begonnen, sondern mit Hoffnungen befrachtet.
- Gewohnheiten und eingespielte Verhaltensmuster halten den ständig wechselnden Anforderungen nicht stand.
- Der äußere Druck steigt, man muss einander vertrauen können.
- Das Leben in Hotel oder Zelt lässt wenig Raum zum Ausweichen oder zum Rückzug in eine intime Privatsphäre.
- Macken, Marotten und Manieren bieten letztlich nur den aktuellen Anlass, die aufgestaute Aggression am Gegenüber abzuarbeiten.

Klären Sie den **Reisestil** in der Gruppe vor der Reise:

- ❑ Was wünscht sich jeder von dieser Reise, für sich selbst, vom anderen, vom Land ...?
- ❑ Sind Route und Zeitplan klar? Wie werden unterwegs Änderungen beschlossen? Wie flexibel wird geplant?
- ❑ Welche zwischenmenschliche Basis gilt vorerst? Freundschaft? Kameradschaft? Liebe? Wie wird mit Sexualität umgegangen?
- ❑ Wie wird mit Geld umgegangen? Teilweise oder ganz getrennte Kassen? Wie und wie oft wird abgerechnet?
- ❑ Wie werden Aufgaben verteilt? Rotierend oder nach Vorlieben?
- ❑ Wie unterstützt man einander bei Krankheit, Diebstahl, Unfall, Überfall, Haft ...?
- ❑ Wie wird mit Alkohol, Drogen, Zigaretten, ... umgegangen?
- ❑ Welche Konfliktlösungsstrategien werden vereinbart? Unmut sofort äußern? Wöchentliche Aussprache? Soll es stunden- oder tageweise Auszeiten geben? Trennt man sich beim »großen Knall«?

Dann ist die Zeit reif für eine **Konfliktlösung:** Jeder hat das Gefühl zu verzichten, nur noch zu geben, auszuhalten, zurückzustecken. Statt Ruhe und Gelassenheit herrschen Hektik, Angst, Vorwürfe. Zur Konfliktlösung bitten Sie einen Außenstehenden um Unterstützung als vermittelnder Mediator. Er darf keine persönlichen Beziehungen zur Gruppe haben und keine eigenen Interessen mit dem Gesprächsverlauf verbinden. Alle Betroffenen nehmen teil. Das Gespräch hat fünf Phasen:

Phase 1: Schaffen Sie eine ruhige, entspannte Atmosphäre in ungestörter Umgebung und ohne Zeitdruck.

Phase 2: Jeder hat Gelegenheit, den subjektiven Eindruck unkommentiert durch andere zu schildern. Der Mediator fasst das jeweils noch einmal mit

eigenen Worten zusammen und fragt, ob das so richtig wiedergegeben sei. Emotionaler Druck soll abgebaut werden.
Phase 3: Durch Diskussion oder Rollenspiel Verständnis für die Positionen der Gegenpartei entwickeln. Überprüfen Sie die Grundlagen (Ich glaube, dass ...) und Zusammenhänge (Wenn ..., dann ...).
Phase 4: Eine Konfliktlösung ist möglich, bei der alle etwas gewinnen können. Dabei gibt es keine Verlierer und keine Bestraften, sondern nur Gewinner. Dazu müssen alle etwas beitragen. Verzicht und Gewinn müssen gerecht verteilt werden.
Phase 5: Konkrete Verhaltensmaßnahmen erarbeiten, die zum gewünschten Ziel führen, absprechen und fest vereinbaren.
:-) www.centrale-fuer-mediation.de

Probleme erscheinen kleiner, wenn eine Lösung in Sicht ist. Lösungen erhalten Sie für überschaubare Probleme. Also strukturieren Sie Ihr Problem, beschreiben Sie es schriftlich, ordnen Sie Ihre Gedanken, diskutieren Sie Möglichkeiten ...
Probleme werden überschaubar nach folgendem Muster:
- Worin besteht das Problem? Formulieren Sie es schriftlich.
- Was sind die Folgen? Listen Sie diese detailliert auf.
- Wie sind die Folgen zu bewerten? Erstellen Sie eine Rangfolge.

Probleme werden lösbar nach folgendem Muster:
- Zerlegen Sie das größte Problem in kleinere Teilprobleme.
- Suchen Sie für jedes Teilproblem mögliche Lösungen:
- improvisiert oder professionell;
- mit eigenen Mitteln oder mit fremder Hilfe;
- möglichst schnell oder möglichst gründlich.
- Entscheiden Sie sich für einen Lösungsweg:
- bei Zeitdruck für die schnelle Lösung;
- bei Geldmangel für die billige Lösung;
- bei Materialknappheit für die improvisierte Lösung.

TIPP **Entscheiden Sie sich dafür, das Problem zu lösen. Halten Sie auf dem Weg dorthin durch und betrachten Sie jeden Schritt als Erfolg.**

Glaube & Religion

Glaube und Religion sind vielerorts tiefer verankert als bei uns und prägen das Leben oft stärker als es in unseren Staaten der Fall ist: Kleidungs- und Speisevorschriften, Moralvorstellungen, Rechtsprechung, Art und Stil von Feiertagen, Kalendereinteilung etc. Die Wertmaßstäbe des Alltags leiten sich aus den Glaubensgrundsätzen ab, und die werden auch bei gleichem Glauben unterschiedlich interpretiert. In manchen Regionen und Ländern orientieren sich die Gesetze und Vorschriften strenger am Glauben als in anderen. Und auch die Menschen sind mehr oder weniger gläubig, sind rigide oder locker im alltäglichen Umgang mit den Glaubensgrundsätzen. Zwischen Stadt- und Landbevölkerung gibt es Unterschiede ebenso wie zwischen verschiedenen Klassen.

▶ Die besonderen Wertmaßstäbe und das darauf abgestimmte Verhalten sollten Sie kennen, erkennen und respektieren.

▶ Klären Sie Ihre eigenen religiösen Überzeugungen und Grenzen. An Riten und Gottesdiensten anderer Religionen teilzunehmen, kann zum Konflikt mit den eigenen religiösen Werten führen.

▶ Als bekennender Atheist werden Sie selten auf Verständnis stoßen.

▶ Achten Sie religiöse Orte, Riten, Gläubige. Religiöse Gefühle werden besonders intim und intensiv erlebt und sind auch besonders verletzlich. Oft sind es aus unserer Sicht nur Kleinigkeiten, die verletzen (etwa die Kleidung oder Haltung).

▶ Nähern Sie sich langsam, warten Sie auf eine Einladung und bitten Sie um die Erlaubnis, bevor Sie fotografieren. Achtung zeigen heißt, den anderen Umgang zu akzeptieren.

:-) www.kath.ch/dossiers/weltreligionen, www.churches.net, www.jewish.com, http://philtar.ucsm.ac.uk/encyclopedia, www.multifaithnet.org

Hinduismus

Der Hinduismus ist eine gewachsene Religion ohne Stifter, der Gläubige ist ein *Hindu*. Im Westen meist falsch verstanden werden *Fakire, Gurus, Sadhus* und Techniken wie *Yoga*. Nichtinder gelten als Nichthindus, ein Religionswechsel zum Hinduismus ist nur äußerst schwer möglich. Nichthindus dürfen viele nepalische und manche indische Tempel nicht betreten. Darf man in den Tempel, so ist die Teilnahme an einer der täglichen Opferfeiern, *pujas*, meist möglich. Dabei wird ein Teil der Opfergaben als *prasadam*, heilige Speise, herumgereicht.

- Nichthindus gelten als Unberührbare, Kastenlose, Parias und damit per se als unrein. **Reinheit** wird spirituell verstanden, Reinigung häufig eher rituell vollzogen. Äußerer Schmutz ändert daran nichts. Als unrein gelten die linke Hand und die Füße, das bedeutet:

- Tempel und viele Privaträume betritt man barfuß, gelegentlich erst nach einem Fußbad.
- Man sitzt mit gekreuzten Beinen und richtet die Füße nicht auf einen Priester oder Lehrer oder auch nur auf einen anderen Anwesenden oder ein religiöses Bildnis.
- Die Mahlzeiten werden mit der rechten Hand eingenommen.
- Geschenke werden jedoch mit beiden Händen überreicht/angenommen.
- Bilder und Darstellungen im Tempel dürfen nicht angefasst werden.
- Der Kopf anderer Menschen, besonders von Kindern, darf nicht mit der Hand berührt werden.
- Frauen bedecken die Schultern, Männer tragen lange Hosen.
- Halten Sie Abstand bei Leichenverbrennungen, fotografieren Sie dabei auf keinen Fall.
- Tempel werden durch die linke Tür betreten und durch die rechte verlassen. Heiligtümer werden im Uhrzeigersinn auf einem besondereren Pfad, der *kora,* umwandert (Circumambulation). Auch tibetische Gebetsmühlen werden im Uhrzeigersinn gedreht. Das gilt als Anbetung, eine Richtungsumkehr kann als Fluch aufgefasst werden.

:-) www.hindunet.org, www.steyler.at/links/hinduismus.htm
http://hinduism.about.com, www.hindu.dk

Islam

Etwa ein Fünftel der Menschheit ist muslimischen Glaubens. Von den Propheten des Islam, zu denen auch Jesus Christus und Propheten des Alten Testaments gehören, ist *Mohammed* der bedeutendste, wird aber nicht angebetet. Daher ist es falsch, von »Mohammedanern« zu reden, ein Gläubiger wird *Moslem* genannt.
Zwar liegen zwischen Marokko und arabischer Halbinsel die Kernländer des Islam, doch leben in vier asiatischen Ländern die meisten Muslime: in Indonesien, Pakistan, Indien und Bangladesh. In Senegal wird der Islam anders praktiziert als im Iran.
Da die Feiertage durch die Mondaufgangs- und -untergangszeiten bestimmt werden und diese von der geografischen Lage abhängen, ändern sich die genauen Daten der Feiertage von Land zu Land. Am wichtigsten für den Reisenden ist der 9. Monat des islamischen Kalenders [→ Seite 142], der **Ramadan**. Dann dürfen Muslime tagsüber weder essen noch trinken. Restaurants oder Gaststätten öffnen erst nachts, Versäumtes wird dann nachgeholt. Das Fastengebot gilt jedoch nicht für Kinder, Schwangere, Kranke und Reisende. Der Ramadan beginnt von Jahr zu Jahr etwa 11 Tage früher, die genauen Termine werden erst kurz vorher vom örtlichen Imam bestimmt.

Beachten Sie in moslemisch geprägten Gesellschaften einige **Regeln:**

- Offen gezeigte nackte Haut gilt als anstößig. Frauen bedecken den ganzen Körper bis auf Gesicht, Hände und Füße; mancherorts auch diese Stellen. Frauen, die mehr Haut entblößen als erlaubt, regen die männliche Fantasie an, Zudringlichkeiten sind möglich.
- Männer zeigen zwischen Nabel und Füßen keine Haut, daher gelten Shorts als unmännlich.
- Körperformen überdecken, hautenge Kleidung vermeiden.
- Saubere und ordentliche Kleidung hebt in islamischen Ländern ebenso die Achtung wie in Europa.
- Als unrein gilt das Fleisch fleischfressender Tiere, also Schweine, Hunde, Katzen. Für das Schlachten von Tieren gelten bestimmte Regeln, sonst wird auch deren Fleisch unrein. Auch Blut ist unrein.
- Gegessen wird mit der rechten Hand, die linke ist unrein. Isst man ohne Besteck, dann nur mit Daumen, Zeige- und Mittelfinger und so, dass nicht die ganze Hand beschmutzt wird.
- Ob der Koran den Alkohol verbietet, ist umstritten. Meist wird er dennoch gemieden, öffentlicher Alkoholkonsum verachtet.
- Traditionell leben Mann und Frau in zwei Welten, Kontakte zum anderen Geschlecht sind eher selten. Männer bewegen sich im öffentlichen Raum, auf der Straße, im Geschäft. Den Frauen ist der private Raum zugewiesen und über das Private wird nicht geredet.
- Fragen Sie nach den Söhnen, nicht nach der Ehefrau.
- Küssen, streicheln, Händchen halten ... ist im öffentlichen Raum verpönt, selbst der Handschlag. Dagegen ist Körperkontakt zwischen Männern oder zwischen Frauen ausgeprägter als wir es gewohnt sind.
- Bevor Sie eine Moschee betreten, bitten Sie jemanden in der Nähe des Eingangs um Erlaubnis und ziehen Sie Ihre Schuhe aus. Reinheit ist wichtig im Islam: Vor dem Gebet ist es vorgeschrieben, sich zu waschen. Die Moschee ist Ort des Gebetes, aber kein heiliger Ort. Stören Sie die Andacht der Betenden nicht, beachten Sie die Kleidungsvorschriften.
- Stören Sie einen Moslem nie beim Gebet. In kleinen Orten ersetzt ein besonders sauberer und vielleicht eingefasster Gebetsplatz die Moschee. Parken und campieren Sie dort nicht.
- Respektieren Sie Begräbnisplätze, auch wenn sie Ihnen unschön vorkommen. Niedrige Mauern umfassen den Platz, flache unbeschriftete Steine kennzeichnen Gräber, oft liegen Scherben dazwischen.

:-) www.islam-online.net, www.islamic-city.com, www.islam.de, www.cc.utah.edu/~jwr9311/MENA.html,
Koran in deutsch: www.orst.edu/groups/msa/quran, www.islam.org,
Linkliste: www.library.cornell.edu/colldev/mideast/islam.htm

Zeit, Kalender & Feiertage

Die koordinierte Weltzeit (*Coordinated Universal Time,* UTC) entspricht ungefähr der früher verwendeten *Greenwich Mean Time* (GMT). Sie wird durch Atomuhren gemessen und über Zeitsender verbreitet. In Deutschland ist es UTC plus 1 Stunde, also entspricht 13 Uhr UTC hier 14 Uhr Ortszeit im Winter, 15 Uhr Ortszeit im Sommer. a.m. (*ante meridiem*) gilt bis 12 Uhr mittags; p.m. (*post meridiem*) bedeutet nach 12 Uhr.

:-) www.weltzeituhr.com, www.fourmilab.ch, www.timeanddate.com

Die Kalender unterscheiden sich durch die Festlegung des ersten Datums und durch die Länge eines Jahres.
Die in der **westlichen Welt** gebräuchlichste Definition beruht auf dem *Sonnenjahr,* also der Dauer des Umlaufes der Erde um die Sonne. Ein Sonnenjahr umfasst etwa 365,25 Tage. Weil es keine 0,25 Tage gibt, bleibt also alle 4 Jahre ein ganzer Tag übrig, der im *Schaltjahr* als 29. Februar eingefügt wird. Kleinere Ungenauigkeiten führen zu weiteren Schalttagen in größeren Abständen.
In der **östlichen Welt** wird das Jahr meist über den Umlauf des Mondes um die Erde definiert und umfasst 12 Phasen von Neumond zu Neumond mit jeweils etwa 29,5 Tagen. Weil es keine 0,5 Tage gibt, wechseln sich Monate mit 29 und 30 Tagen ab. Ein Mondjahr umfasst dann 354 Tage. Zusätzlich ist etwa alle 3 Jahre ein Schalttag nötig. Weil die erste Mondsichel nach dem Neumond abends erscheint, beginnt dann ein neuer Monat und ein neuer Tag. Die meisten Mondkalender legen den Tagesbeginn daher auf 18 Uhr. Ein gebundenes Mondjahr versucht durch zusätzliche Schaltmonate Mondphasen und Jahreszeiten zu vereinbaren.
Schwierigkeiten mit Kalendersystemen gibt es, wenn ...

- der Kalender den Jahreszeiten entsprechen soll, also der Bauer den Tag der Aussaat nach dem Kalender festlegen will;
- der Kalender Feiertage und Feste festlegen soll;
- mehrere »Kalenderkulturen« einander verstehen und ihre Feiertage und Ferien langfristig aufeinander abstimmen wollen;
- die globale »Nullzeit-Kommunikation« für Absprachen eine gemeinsame Uhrzeit und einen gemeinsamen Kalender erfordern.

:-) Feste weltweit: www.whatsgoingon.com, www.worldcalendar.com, www.whatsonwhen.com, www.holidayfestival.com, www.trottoir.de

:-) www.richter-germany.de/kalender.htm, www.calendarzone.com, www.computus.de, www.derkalender.de, www.kloster-metten.de/kalender.htm

Den **Gregorianischen Kalender** führte 1582 Papst Gregor XIII. ein. Er beginnt am 1. Januar 1 und ist bis heute bei uns gültig. Er setzte sich nur langsam durch: Preussen 1612, Deutschland 1700, England 1752, Japan 1872, Bulgarien 1916, Russland 1918, Griechenland 1923 und in der Türkei 1926. Medien und Wirtschaft bedienen sich heute fast weltweit dieses Kalenders. Der Religionsbezug (vor/nach Christus) wird häufig durch vor/nach unserer Zeitrechnung ersetzt. Feste und religiöse Feiertage dagegen werden nach traditionellen Kalendern festgelegt.

:-) http://www.ptb.de/deutsch/org/4/43/432/greg.htm

Der **Julianische Kalender** galt vor Einführung des Gregorianischen Kalenders. Ihn verwenden die orthodoxen Kirchen noch heute. Er liegt gegenüber dem Gregorianischen Kalender um etwa 13 Tage zurück.

Der **Koptische Kalender** beginnt im Jahre 284, als Diocletian römischer Kaiser wurde. Das Jahr beginnt im Herbst. Ein Jahr hat 12 Monate mit 30 Tagen und einen 13. Monat mit 5 oder 6 Tagen.

Der **Jüdische Kalender** beginnt mit dem 7.10.3761 vor Christus, also der berechneten Erschaffung der Welt. Zugrunde liegt ein Mondjahr mit 354 Tagen, also 12 Monaten mit 30 und 29 Tagen im Wechsel. Bei Bedarf wird das Jahr durch einen weiteren Monat verlängert und stimmt dann wieder mit dem Sonnenjahr überein. Das Schaltjahr hat 384 Tage.

Jedoch kann ein Jahr einen Tag kürzer oder länger sein, denn manche Feste müssen auf den richtigen Tag fallen. So darf der erste Tag des Jüdischen Jahres nicht auf einen Sonntag, Mittwoch oder Freitag fallen. Notfalls wird Neujahr auf den nächsten Tag verschoben.

Daher kennt das Jüdische Jahr drei Varianten mit 353, 354 oder 355 Tagen sowie Schaltjahre mit 383, 384, 385 Tagen. Korrekturen erfolgen im zweiten oder dritten Monat (29 oder 30 Tage). Ein Schaltjahr liegt vor, wenn die Jahreszahl durch 19 dividiert einen Rest von 3, 6, 8, 11, 14, 17 oder 19 ergibt. Der Schaltmonat wird vor dem 6. Monat eingefügt.

Der neue Tag beginnt im jüdischen Kalender um 18 Uhr.

:-) www.hagalil.com/kalender, www.payer.de/judentum/jud500.htm

In Bali gilt der **Pakuwon-Kalender** neben dem gregorianischen und dem indischen, insbesondere für religiöse Zeremonien, gute und schlechte Tage, Geburtstage usw. Die Jahre werden nicht gezählt und dauern 210 Tage. In einem gregorianischen Jahr können also zwei Pakuwonjahre beginnen (1999: 28. März und 24. Oktober).

Pakuwon wird in 10 verschiedene Wochensysteme unterteilt (1- bis 10-Tagewochen). Diese Wochensysteme ergeben 55 verschiedene Tage mit unterschiedlichen Namen. Ein *Pakuwon*-Jahr hat 6 »Monate« zu 35 Tagen und einem 5- *(Pancawara)* und 7-Tagewochen-Zyklus.

:-) Bali: www.payer.de/bali/bali01.htm

Der **islamische Kalender** beginnt mit der Flucht Mohammeds von Mekka nach Medina, der *Hegira* (auch: Hedschra, Hidjra, Hegirae u.a.) am 19. Juli 622 des Gregorianischen Kalenders. Kalif Umar führte diese Zeitrechnung im Jahre 638 ein. Meist werden die beiden Kalender durch ein H (*Hegira*) und ein M (*Milaad* = Geburt) unterschieden.
Islamische Jahre sind reine Mondjahre mit 12 Monaten zu 29 oder 30 Tagen, gesamt 354 Tage. In einem Zyklus von 30 Jahren gibt es 11 Schaltjahre mit einem zusätzlichen Tag am Jahresende. Ein Schaltjahr liegt vor, wenn die Jahreszahl durch 30 dividiert einen Rest von 2, 5, 7, 10, 13, 16, 18, 21, 24, 26 oder 29 ergibt. Gegenüber dem Gregorianischen Kalender ist es in circa 32 Jahren um ein Jahr kürzer, pro Jahr also gut 11 Tage. Die Monate des Islamischen Kalenders sind: *Muharram, Radschab, Safar, Schaban, Rabi' al-awwal, Ramadan, Rabi' ath-thani, Schawwal, Dschumada al-ula, Dhu l-qa'da, Dschumada al-achira, Dhu' l-hiddscha.*
Der religiöse Tag beginnt mit der Abenddämmerung.
:-) www.islam-online.net
Der iranische **Jalaali-Kalender** gilt auch in benachbarten Regionen Afghanistans, Zentralasiens, Kurdistans, Iraks. Er ist benannt nach dem iranischen Dichter und Mathematiker *Jalaal-ol-Din Malek-shaah-e Saljuqi Omar Khayyam* und beruht auf dem Sonnenjahr. Er beginnt wie der islamische Kalender mit der Hegira.
Die ersten 6 Monate dauern 31, die letzten 6 Monate 30 Tage, der letzte Monat hat in Schaltjahren nur 29 Tage. Das ist in 33 Jahren etwa 8 mal der Fall, immer dann, wenn die Jahreszahl geteilt durch 33 einen Rest ergibt von 1, 5, 9, 13, 17, 22, 26, 30.
:-) www.assirat.org/Hcal
Der **reformierte indische Lunisolar-Kalender** gilt seit 22. März 1957. Seine Schaltjahrregel entspricht der des Gregorianischen Kalenders, doch beginnt die *Saka*-Jahreszählung am 22. März 79 n.Chr. In Schaltjahren beginnt das indische Jahr am 21. März des Gregorianischen Kalenders. Auch heute sind neben dem reformierten Kalender noch viele einheimische Kalender für religiöse Zwecke in Gebrauch.
Die Monate heißen: *Caitra, Vaihsakha, Jyaistha, Asadha, Shravana, Bhadrapada, Ashvina, Karttika, Margashirsa, Pausa, Magha, Phalguna.* Caitra hat 30 oder 31 Tage, es folgen 5 Monate mit 31 Tagen, die restlichen haben 30 Tage. Charakteristisch ist die Teilung des Tages in 60 *nadis oder ghatikas* zu je knapp 24 Minuten, 60 *vinadis* zu je knapp 24 Sekunden und schließlich Einheiten zu knapp 7 Millisekunden.
:-) http://hindunet.org/hindu_calendar

Der **japanische** und der **chinesische Kalender** basieren auf einem gebundenen Mondkalender mit 24 Jahreszeiten (*jié qì*).

Jahreszeit	Bedeutung	Gregorianisches Datum
Li chun	Frühlingsanfang	4. Februar
Yu shui	Regenwasser	19. Februar
Jing zhe	Erwachen der Insekten	6. März
Chun fen	März-Tag und Nachtgleiche	21. März
Qing ming	Reine Klarheit	5. April
Gu yu	Kornregen	20. April
Li xia	Sommeranfang	6. Mai
Xiao man	Volles Korn	21. Mai
Mang zhong	Kornähre	6. Juni
Xia zhi	Sommer-Sonnenwende	22. Juni
Xiao shu	Milde Hitze	7. Juli
Da shu	Große Hitze	23. Juli
Li qiu	Herbstanfang	8. August
Chu shu	Ende der Hitze	23. August
Bai lu	Weißer Tau	8. September
Qiu fen	Herbst-Tag und Nachtgleiche	23. September
Han lu	Kalter Tau	8. Oktober
Shuang jiang	Erster Frost	24. Oktober
Li dong	Winteranfang	8. November
Xiao xue	Leichter Schnee	22. November
Da xue	Starker Schnee	7. Dezember
Dong zhi	Winter-Sonnenwende	22. Dezember
Xiao han	Milde Kälte	6. Januar
Da han	Große Kälte	20. Januar

Das chinesische Jahr (*nian*) hat 12 oder 13 Monate mit 29 oder 30 Tagen. Die Jahre dauern 353, 354, 355 oder 383, 384, 385 Tage. Neujahr fällt auf den zweiten Neumond nach der Wintersonnenwende: frühestens auf den 21. Januar, spätestens auf den 21. Februar.
Jahre und Tage umfassen 60er-Zyklen. Früher begann ein Zyklus mit der Regentschaft eines Kaisers. Seit 1911 gilt eine Zählung, die 2698 v.Chr. beginnt, also mit dem ersten Jahr des Gelben Kaisers.
Die 60-er Zählung kombiniert einen Stamm von 10 himmlischen Namen – *jia, yi, bing, ding, wu, ji, geng, xin, ren, gui* – mit einem Ast von 12 irdischen Namen: *zi* (Ratte), *chou* (Ochse), *yin* (Tiger), *mao* (Hase), *chen* (Drache), *si* (Schlange), *wu* (Pferd), *wei* (Schaf), *shen* (Affe), *you* (Hahn), *xu* (Hund), *hai* (Schwein). Damit ergeben sich 60 Kombinationen: *jia zi, yi chou, bing yin …* bis *gui hai.* Das 16. Jahr des 78. Zyklus *ji mao* begann am 16. Februar 1999, gefolgt von *geng chen* (Drachen) am 5. Februar 2000.
:-) http://hope.caltech.edu/~dawei/calendar

Kaufen & Besorgen

An den Kreuzungen von Fernverbindungswegen gedeihen oft Märkte. Die griechische Agora, der persische Bazar oder der arabische Souk liegen fast immer im Stadtzentren, Tier- und Automärkte meist außerhalb.

Geschäfte und Waren

- Kaufen Sie dort, wo auch die Einheimischen kaufen.
- Manche Händler glauben, das erste Geld eines Tages brächte Glück und sind beim ersten Geschäft nachgiebiger.
- Bei Wochenmärkten neigen Händler zum schnellen und billigen Abverkauf in der Schlussphase, besonders bei verderblicher Ware sowie schweren, sperrigen Objekten.
- Ladengeschäfte sind teurer als Straßenhändler.
- Läden in Hauptstraßen und an touristischen Zonen sind teurer. Abgelegene Läden finden Sie beispielsweise im Branchenbuch.
- Bei Luxusgütern bestehen höhere Handelsspannen als bei Waren des täglichen Bedarfs.

Kaufen oder nicht?

Viele Langzeitreisende empfinden es als innere Bereicherung zu erkennen, dass man weniger braucht als man zu Beginn der Reise glaubte. Andererseits gibt es jenseits der notwendigen Ausgaben den Luxus, der sich aus der Begierde speist. Und gerade in einer neuen Umgebung fesselt Vieles die Aufmerksamkeit: »Das muss ich haben!« Doch je weniger man haben muss, desto leichter ist das Reisen. Glücklicherweise lässt sich das Begehren schrittweise merklich abkühlen:

Erster Schritt: Unikate und Schnäppchen sind äußerst selten. Ein ausgiebiger Gang über den Markt, verbunden mit einem Gang durch das Kaufhaus zeigt die ganze Breite des örtlichen Angebots. Was zu Beginn des Flanierens noch einmalig schien, erweist sich wenig später als Dutzendware. Der Blick schärft sich, Qualitätsunterschiede werden wahrgenommen. Beides degradiert das Exotische bald zum Normalen.

Testen Sie den Markt, indem Sie mehrfach den Preis von 2 oder 3 identischen Produkten erfragen. Liegen die genannten Preise eng zusammen, ist vermutlich auch der »Touristenzuschlag« gering – oder es gibt ein »Preiskartell«. Bei starken Preisschwankungen machen die Händler mit Sicherheit Mondpreise.

Zweiter Schritt: Schlafen Sie vor dem Kauf eine Nacht. Verringert sich der Kaufdrang merklich? Wie sehr wird die Begeisterung für das Objekt der Begierde dann erst nach der Reise abgekühlt sein?

Dritter Schritt: Werden Sie sich Ihrer Kaufmotive bewusst und beantworten Sie sich ehrlich einige Fragen:

- ❑ Wozu brauche ich das? Als Andenken – aber gibt es wirklich eine Beziehung zu dem Objekt, werde ich später eine Geschichte dazu erzählen können? Als Geschenk – für wen? Als Dekoration – für was genau? Als Wertanlage – aber lässt es sich wirklich mit Gewinn verkaufen?
- ❑ Als Sammelobjekt – ist es wirklich eine Bereicherung meiner Sammlung? Können Sie Plagiate und Fälschungen erkennen?
- ❑ Wie werde ich zu Hause empfinden, wenn ich das nicht kaufe?
- ❑ Kann ich den Gegenstand auch zu Hause kaufen? Lohnt sich dann noch der Aufwand für Verpackung, Zoll, Transport, Porto …?
- ❑ Bei Computern, Audio- und Videogeräten verzichten Sie praktisch auf Händlergarantie, Service, deutschsprachiges Handbuch und einiges mehr.
- ❑ Ist der Gegenstand ortstypisch und andernorts nicht, nur in schlechter Qualität oder erheblich teurer zu beschaffen?

Sie **entscheiden** sich zum Kauf und suchen den Anbieter mit dem breitesten Angebot auf. Und da zeigt es sich, dass es eine ganze Reihe ähnlicher Stücke gibt. Für welches sollen Sie sich entscheiden? Betrachten Sie zunächst das gesamte Angebot ohne Ansehen des Preises.

- ▶ Legen Sie alle Stücke beiseite, die keinesfalls in Frage kommen.
- ▶ Scheiden Sie nun alle Stücke mit Mängeln aus.
- ▶ Lassen Sie sich nun das billigste und teuerste Stück zeigen. Wohin tendieren Sie? Ein Kompromiss enttäuscht später häufig, da er aus Unentschlossenheit und mangelnder Klarheit resultiert.
- ▶ Lassen Sie sich nun Preisdifferenzen erklären. Ist Ihnen die Mehrleistung den Mehrpreis wert?

Klären Sie Ihre **Ansprüche und Kriterien.** Die Suche nach …

- dem billigsten Angebot erfordert Anpassungsfähigkeit, Flexibilität, Experimentierfreude, Duldsamkeit, Bedürfnisarmut.
- dem besten Angebot erfordert Geld sowie Sachkenntnis oder Kritiklosigkeit, denn: Was ist das Beste?
- dem preiswertesten Angebot erfordert Zeit und Klarheit über die eigenen Werte und Wünsche.

TIPP **Nehmen Sie sich Zeit, suchen Sie nach vernünftigen Kaufgründen. Bewahren Sie alle Kaufbelege mindestens bis zur Ausreise auf; sie können für Zoll oder Versicherungen wichtig werden.**

Handeln

Als Ahne des Handels gilt der Raub, doch führte die soziale Vernunft unsere Vorfahren zu einer harmonischeren Umgangsform. Bei den Völkern der Maori, der Inuit, der Indianer und anderen galt: Wer viel besitzt, ist angesehen. Wer viel verschenkt, steigt in der sozialen Achtung, doch muss der Beschenkte versuchen, den Schenker zu übertreffen.

Beim Reisen werden wir wieder an solche Zeiten erinnert: die Angst, übervorteilt zu werden, konkurriert mit dem Wunsch, den Handel zu beidseitiger Zufriedenheit abzuschließen. Dagegen reduziert sich der Kaufvorgang in den Industrieländern auf einen Abgleich zwischen den Anforderungen des Käufers und der Produktqualität.

In Ländern mit Bazarmentalität ist das Handeln jedoch wesentlicher Bestandteil des Kaufvorganges. Der Preis ist ein Produkt der persönlichen Begegnung zwischen Kunde und Händler, er ist eben nicht standardisiert. Verschiedene Kunden, verschiedene Preise für das gleiche Objekt. Es kostet natürlich Zeit, sich kennen- und »schätzen« zu lernen. Möglicherweise dreht sich das Gespräch lange um dies und jenes, der eigentliche Gegenstand der Verhandlung tritt in den Hintergrund. Vielleicht antwortet der Verkäufer auf die Frage nach dem Preis einfach: »As you like« und erwartet einen angemessenen Betrag.

Wesentlich für Verhandlungsgespräche ist die persönliche Einschätzung: »Was ist mir das Objekt wert?« Die **Bewertung** setzt ein Qualitätsurteil voraus, Vergleichsmaßstäbe, Kenntnisse und Erfahrungen:

- Wie hoch sind Materialwert, Sammlerwert, künstlerischer Wert?
- Wie hoch ist der handwerklich-technische Herstellungsaufwand?
- Wie sind Erhaltungszustand, Marktsituation, Wiederverkaufswert?

Verhandlungen sollten dynamisch sein. Ungeschickt ist es, ein Angebot damit zu begründen, dies sei das persönliche Limit. Damit beenden Sie entweder ein Verhandlungsgespräch oder Sie machen sich unglaubwürdig, wenn Sie anschließend das Limit verändern. Bleiben Sie immer freundlich. Handeln heißt nicht, dass Sie den Händler, das Objekt oder den Hersteller schlecht machen sollen. Im Gegenteil: Loben Sie den Gegenstand, um den es geht. Warum sonst sollten sie ihn kaufen wollen? Als **Argumente** für das Verhandlungsgespräch dienen ungenaue Aussagen, die sich möglichst vielfältig variieren lassen:

- Es ist nicht exakt das, was ich suche, aber ich finde mich damit ab.
- Ich habe exakt dieses Objekt woanders schon billiger gesehen, möchte aber lieber hier kaufen, weil …
- Es soll ein Geschenk sein, liegt aber möglicherweise völlig daneben.

Die **Vorgehensweise** beim Handeln:

- Testen Sie die Verhandlungstaktik des Händlers zuerst an einem Objekt, das Sie gar nicht kaufen wollen. Bleiben Sie hart, wechseln Sie dann zu Ihrem eigentlichen Objekt.
- Machen Sie niemals das erste Gebot, warten Sie auf die erste Forderung des Händlers. Beispiel: Der Händler fordert 800 Peanuts, Sie haben aber bei anderen Händlern schon 350, 400, 500 gehört und schätzen den ortsüblichen Wert auf 250. Also liegt Ihr erstes Angebot so um 180/200, damit Sie auf Gegenangebote noch mehrere Steigerungsmöglichkeiten haben.
- Planen Sie bei jedem Angebot schon Ihr nächstes Angebot mit.
- Wenn Sie mehrere Stücke erwerben wollen, so verhandeln Sie zunächst nur eines bis hin zu einem befriedigenden Preis. Dann erhöhen Sie die Anzahl der Objekte und verhandeln erneut, so dass der Endpreis geringer ist als die Summe der Einzelbeträge.
- Schließlich sind noch die Nebenkosten verhandelbar: Verpackung, Porto, Transport zum Hotel, Reinigung, kleine Veränderungen …
- Lassen Sie sich Zeit. Wenn der Händler drängelt, ist etwas faul.

Bei **festgefahrenen Situationen** gibt es drei Möglichkeiten:

- Zeigen Sie, dass Ihr Limit erreicht ist: Legen Sie Ihr letztes Angebot bar und abgezählt auf den Tisch. Manche Händler greifen dann zu.
- Zeigen Sie deutlich, dass Sie dem Kaufobjekt nicht verhaftet sind: Verabschieden Sie sich freundlich und langsam, ziehen Sie sich mit vielen Worten zurück, bitten Sie sich Bedenkzeit aus.
- Erbitten Sie vom Händler anstelle eines weiteren finanziellen Entgegenkommens etwas Materielles: ein Ersatzteil, eine Batterie, Zubehör … als letzten Kaufanreiz.

Einen Kauf können Sie meist **rückgängig** machen, wenn:

- die zugesicherten Eigenschaften dann doch nicht vorhanden sind. Aber wie beweisen Sie, was mündlich zugesichert wurde?
- Wucher vorliegt, also ein vergleichbares Produkt auf dem Markt erheblich billiger zu haben ist. Aber was ist vergleichbar?

TIPP **Bleiben Sie unverbindlich und gesprächsbereit. Jedes Argument hilft Ihnen, belebt das Gespräch und verbessert die Stimmung.**

Souvenirs bewerten

Der Kauf mancher Andenken trägt zum Aussterben **bedrohter Tier- und Pflanzenarten** bei. Beim deutschen, österreichischen und Schweizer Zoll werden Souvenirs aus solchen Tier- und Pflanzenprodukten ohne amtliche Begleitpapiere beschlagnahmt, zudem drohen Geldbußen bis zu 50.000 Euro, in schweren Fällen Haftstrafen. Antiquitäten und archäologische Funde auszuführen, ist in vielen Ländern verboten und wird streng bestraft.

- Bevorzugen Sie lokale kunsthandwerkliche Produkte.
- Kaufen Sie keine antiken Unikate oder zeremoniellen Gegenstände.
- Vermeiden Sie Souvenirs aus Raubtierfellen, Elfenbein, Elefantenhaar und -leder, Nashorn- und Tigerprodukten, lebenden oder ausgestopften Tieren, Schildpatt, Kroko- oder Schlangenhaut, Schnecken, Korallen oder Muscheln, aufgespießte Insekte, Frösche, Salamander und sonstige Lurcharten, Kleidungsstücke aus Katzenfellen gefleckter Arten, Schildkröten ... [→ Zoll, Seite 34].
- Vermeiden Sie Andenken aus Kakteen und Orchideen, Edelweiß, Sukkulenten, Palm- und Baumfarnen u.v.a.
- Nehmen Sie nicht an Sammel-Exkursionen von z.B. Kakteen teil, ignorieren Sie Safaris, Angebote für nächtliche Meeresschildkrötenbeobachtungen, Sportfischen ...

Lederwaren, Kleidung und Teppiche können mit Beizen, Farben oder Insektenschutzmitteln behandelt sein, die in der EU verboten sind. Solche Mittel können abfärben, Hautreizungen verursachen oder gar Allergien auslösen. Lederwaren aus unzureichend behandelten Häuten können Milzbrandsporen enthalten und Hauterkrankungen verursachen.

- Ziehen Sie aus einem **Textilstoff** einen Faden und verbrennen Sie ihn: Baumwolle riecht nach verbranntem Holz, Kunststoff nach verbranntem Plastik, Seide nach verbrannten Haaren.
- Denken Sie beim Kauf **hochwertiger technischer Geräte** daran, dass Sie auf Händlergarantie, Service und ein deutschsprachiges Handbuch verzichten. Lohnt sich der Kauf dann noch?
- Achten Sie auf **Plagiate und Produktfälschungen**. Manche Produktnamen zielen absichtlich nur leicht am Original vorbei: Cannon statt Canon, Techniks statt Technics ...
- Fragen Sie nach: Steckt **Kinderarbeit** hinter den Teppichen, Decken ...? Es mag gut geführte Kinderheime und Manufakturen geben, in denen Kinder das Handwerk richtig lernen. Doch die Regel ist das nicht.

Diamanten sind das härteste natürliche Material, sie werden zu Brillianten geschliffen. Rubine (rot) und Saphire (blau, weiß, gelb) sind weniger hart und klar und werden auch synthetisch hergestellt. Smaragde (grün) und Aquamarin (blassblau bis grünlich) sind noch weniger hart.

- *Karat,* der Samen des Johannisbrotbaums, diente früher als Gewicht und ist heute ein Maß für Edelsteine und Edelmetalle.

Edelsteine werden meist zu 1½, 1, ½, ¼, ⅛ Karat angeboten, ein Karat entspricht einem Gewicht von 200 mg. 5 Karat sind also 1 g. Ein 1-karätiger Diamant kostet etwa 10.000 Euro. Er wird folgendermaßen beurteilt:

- Der *Cut* erfolgt meist als Brillant-, Herz-, Oval-, Prinzess-, Tropfen-, Smaragd- und Marquiseschliff. Je exakter der Schliff, desto brillanter ist das »Feuer«, denn das Licht bricht und reflektiert optimal an den Facetten des Diamanten. Der Schliff ist eine Geschmacksfrage.
- Verunreinigungen färben manche Diamanten leicht. Nur ein Diamant der Farbe *River D* ist absolut farblos und wertvoll.
- *Clarity* (Reinheit) ist vollkommen, »lupenrein«, wenn bei zehnfacher Vergrößerung mit einer Lupe keine Einschlüsse zu sehen sind.

Mineralien werden durch folgende Eigenschaften bestimmt: Strichfarbe, Härte, Dichte, Mineralienfarbe/Glanz, Spaltbarkeit/Bruch, Tenazität, Kristallform. Dazu brauchen Sie zumindest ein Kristall-Bestimmungsbuch und ein Härtebestimmungs-Set sowie weitere Geräte.

:-) www.gemstone.org, www.steine.de

Bei **Gold** gibt Karat den Goldanteil in der Legierung an. Dieser Anteil wird in Promille angegeben und entspricht dem Zahlenwert des Stempels auf dem Gold, z.B. 900, 333 ... Ein 23-karätiges Gold enthält 958 Anteile Gold sowie 42 Anteile anderer Metalle. Das Gewicht des Goldes wird meist in Unzen angegeben (1 Unze, troy ounce = 31,103 g).

Karat	Anteil	Karat	Anteil	Karat	Anteil
24	1000	16	667	8	333
23	958	15	625	7	292
22	917	14	585	6	250
21,6	900	13	542	5	208
21	875	12	500	4	167
20	833	11	458	3	125
19	972	10	417	2	83
18	750	9	375	1	42
17	708				

Der **Wert eines Edelmetallobjekts** setzt sich zusammen aus:

- *Materialkosten:* Gold kostet etwa 10 Euro pro Gramm, Silber etwa 0,17 Euro pro Gramm. Den genauen Marktwert finden Sie in der örtlichen Tageszeitung oder im Internet;

- *Lohnkosten* für die Schmuckarbeit je nach Verarbeitungsaufwand;
- *Sammlerwert* bzw. kunstgeschichtlicher Wert;
- *Ideeller Wert* für den Verkäufer.

Die **Qualitätsprüfung** von Gold erfolgt durch chemischen Nachweis oder durch die Bestimmung der Dichte. Beim Kauf sind nur vorläufige Proben möglich, die auf Echtheit hindeuten:

- Feuer hinterlässt keine Rußspuren auf Gold.
- Gold hinterlässt an ungeschliffener Keramik winzige Metallflitter.
- Ritzen zeigen, ob der Gegenstand lediglich vergoldet ist.
- Schwefel- oder Salzsäure verändern das Gold nicht.

:-) www.oanda.com, www.chartdoc.de, www.gold.org

Souvenir bedeutet im Französischen auch: »sich Notizen machen«. Ein **Tagebuch** ist mehr als nur eine Gedächtnisstütze. Es hilft, sich klar zu werden über das am Tag Erlebte und rückt im Nachhinein manche verschönte oder verschlimmerte Erinnerung zurecht. Um Erlebnisse zu beschreiben, muss man sich ausdrücken, Empfindungen und Eindrücke beschreiben. Beides, sofortiges Aufschreiben und der Zwang zum Formulieren, schärft die Wahrnehmungsfähigkeit.

Machen Sie aus dem Tagebuch eine kreative Collage. Zeichnen Sie, kleben Sie Andenken ein: Stadtpläne und Speisekarten, Servietten und Bierdeckel, Bordkarten, gepresste Blumen, ein Tütchen Wüstensand, eine CD oder K7 mit einheimischer Musik. Damit schaffen Sie sich ein einzigartiges und persönliches Andenken.

- ▶ Nehmen Sie sich täglich Zeit – morgens, um sich auf neue Erfahrungen einzustellen, und abends, um die Begegnungen des Tages zu betrachten. Schreiben Sie Tagebuch.
- ▶ Ziehen Sie zwischendurch Bilanz. Man notiert hier die besonders schönen Erlebnisse, dort die besonders schlechten. Die ersteren sollten überwiegen – andernfalls stimmt was nicht.
- ▶ Mit Kohlepapier entsteht beim Tagebuchschreiben gleich eine Kopie, die Sie nach Hause schicken können.

Museen und Sehenswürdigkeiten sind in vielen Ländern der Welt montags geschlossen. Ein Museumspass kann günstig für mehrere Museen gelten, vielleicht auch für öffentliche Verkehrsmittel.

- ▶ Veranstaltungskalender und -hinweise erhalten Sie bei der Touristeninformation, in Tageszeitungen, im Reisebüro und in Zeitschriften. Achten Sie auf Aushänge.

:-) www.musee-online.org

:-) Weltkulturerbe: www.unesco.org/whc/nwhc/pages/home/pages/

Kleidergrößen

Damen			Herren		
Amerika	England	Europa	Amerika	England	Europa
Kleider & Mäntel			Anzüge		
8	30	36	34	34	44
10	32	38	36	36	46
12	34	40	38	38	48
14	36	42	40	40	50
16	38	44	42	42	52
18	40	46	44	44	54
	46	46	56		
Schuhe			Schuhe		
6	4 ½	37	5 ½	5	39
6 ½	5	37/38	6 ½	6	40
7	5 ½	38	7 ½	7	41
7 ½	6	39	8 ½	8	42
8	6 ½	39/40	9 ½	9	43
8 ½	7	40	10 ½	10	44
9	7 ½	41	11 ½	11	45
Blusen & Pullover			Shirts		
32	34	40	14	14	36
34	36	42	14 ½	14 ½	37
36	38	44	15	15	38
38	40	46	15 ½	15 ½	39
40	42	48	16	16	40
42	44	50	16 ½	16 ½	41
44	46	52	17	17	42
Strümpfe			Socken		
8	8	35	9 ½	9 ½	39
8 ½	8 ½	36	10	10	40
9	9	37	10 ½	10 ½	41
9 ½	9 ½	38	11	11	42
10	10	39	11 ½	11 ½	43
10 ½	10 ½	40	12	12	44
11	11	41	12 ½	12 ½	45

Konfektionsgrößen sind in Frankreich und Spanien eine Nummer größer als in Deutschland, also 40 statt 38, in Italien sind sie 2 Nummern größer, also 42 statt 38.

Fotografieren

Als Ziel der Kamera zu dienen, empfinden viele Menschen bedrohlich. Zudem glauben viele Menschen, dass mit dem Bild auch Macht über den Abgebildeten verbunden ist. Die meisten Menschen mögen nicht als Objekt, als Schaustück behandelt werden. In manchen Religionen wie dem Islam ist es verboten, ein Abbild von Menschen zu machen.

Die ständige Suche nach Motiven schärft zwar die Wahrnehmung, das Geschaute wird jedoch einseitig unter Fotoaspekten bewertet: Blickwinkel, Bildausschnitt, Vordergrund, Hintergrund, Lichtverhältnisse, Tiefenschärfe ...

▶ Legen Sie gezielt Fototage ein, das entspannt die restliche Zeit.

Schützen Sie Kamera und Filme:

▶ gegen Kälte. Beim schnellen Abkühlen beschlägt die Optik. Ersatzbatterien sind unerlässlich, denn kalte Batterien versagen viel früher als warme. Bei starkem Frost fassen Sie die Metallteile nur mit Handschuhen an oder umkleben Sie sie mit Textilband.

▶ gegen Hitze und Sonne. Filme in Kühltaschen, mitten im Gepäck oder in Heizrohrisolationsrohren lagern. Im Kühlschrank aufbewahrte Filme sind spröde und können reißen, also erst auftauen lassen. Die Kamera in einer Tasche und immer schattig lagern.

▶ gegen Staub. Bei allen Fahrten über staubige Straßen die Kamera mehrfach staubsicher verpacken. Ein UV-oder Polarisationsfilter ist sinnvoll und schützt gleichzeitig die Optik des Objektivs.

▶ gegen Feuchtigkeit. Starke Temperaturwechsel bei feuchter Luft (Klimaanlage) lassen Wasser in der Kamera kondensieren. Verpacken Sie dann Kamera und Trockenmittel (Silikagel, Reis, Salz in Leinensäckchen) luftdicht. Das Trockenmittel nimmt die Feuchtigkeit auf. Später erneuern oder durch Erhitzen trocknen.

▶ gegen Röntgenstrahlen. Röntgengeräte am Flughafen sollten so eingestellt sein, dass zweimaliges Röntgen den Filmen nichts ausmacht. Die Strahlungseffekte addieren sich jedoch, so dass bei mehreren Flügen Vorsicht geboten ist. Bleibeutel können dazu führen, dass der Zollbeamte die Strahlungsintensität erhöht. Aufgegebenes Gepäck und Luftfracht wird oft mit höheren Strahlendosen durchleuchtet.

▶ gegen Verlust und Diebstahl. Nehmen Sie mit dem ersten Foto eines Films Ihre eigene Adresse auf. Die Chance steigt, einen verlorenen Film zurückzuerhalten. Packen Sie die Kamera in eine Umhängetasche. Diese sollte nicht als Fototasche zu erkennen sein.

:-) www.wwf.de, www.photo.net,
www.fotofish.at//homepage.sime.com/ mpberger/foto/foto.htm

Nützlich unterwegs: Staubpinsel, Pflegetücher, Isorohre aus Schaumstoff.

NATUR & FREIZEIT

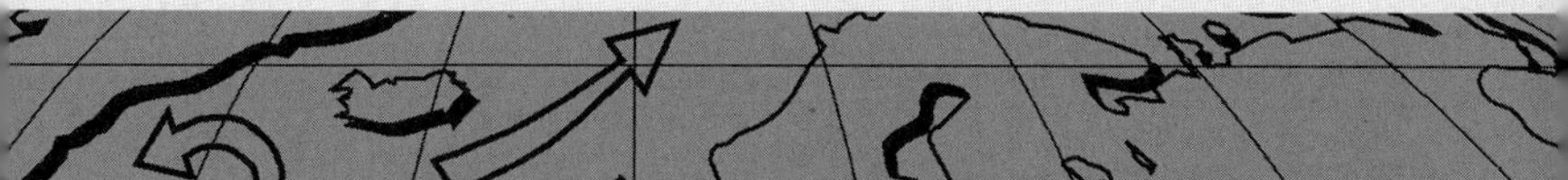

Sport & Spiel in freier Natur

Oft ergibt sich unterwegs die Möglichkeit, einen Freizeitsport erstmalig auszuüben: Reiten, Tauchen, Ski fahren ... Die Gelegenheit reizt – aber wie sicher ist das? Selbst ein gewohnter Sport kann unter veränderten Bedingungen unbekannte Gefahren bergen. Sonne und Wasser, Höhe und Wetter, aber auch die Rettungseinrichtungen sind anders als zu Hause.

Passen Sie Ihr Vorhaben, Ihre Ausrüstung und Ihr Verhalten dem Schwierigkeitsgrad der **Freizeitsportart** an. Sie sollten wissen,

- ❑ welchem Schwierigkeitsgrad Sie sich aussetzen;
- ❑ ob die nötige Ausrüstung vorhanden ist;
- ❑ welche Gefahren möglich sind und wie man sie erkennt;
- ❑ welche Vorsichtsmaßnahmen Sie ergreifen können;
- ❑ welche Notfall- und Rettungsmaßnahmen angebracht sind.
- ▶ Hinterlassen Sie bei Freunden, im Hotel, bei Organisationen ... Ihren detaillierten Touren- und Zeitplan mit Reserven und Verspätungen. Sie haften für den Aufwand zur Suche und Rettung. Sie können Kosten und Schäden vermeiden, wenn Sie für eine gute Information sorgen.

:-) Risikoprävention bei Natursportarten: www.risk-fun.com

Suchen Sie Ideen für **Spiele**?

:-) www.cheatz.de, www.denksport.de, www.games.de, www.schachmatt.de

Die IUCN definiert **National Parks:** »Protected area managed mainly for ecosystem protection and recreation. Natural area of land and/or sea, designated to protect the ecological integrity of one or more ecosystems for present and future generations, exclude exploitation or occupation inimical to the purposes of designation of the area and provide a foundation for spiritual, scientific, educational, recreational and visitor opportunities, all environmentally and culturally compatible«.

:-) www.greenpeace.org, www.wwf.de

:-) Zoos: www.biologie.de, www.mindspring.com

:-) Naturschutz: www.wcmc.org.uk/data/database/un_combo.html, http://hum.amu.edu.pl/~zbzw/ph/pnp/swiat.htm, www.payer.de/entwicklung/entw02.htm

TIPP **Denken Sie an Bargeld und viel Kleingeld für abgelegene Gebiete.**

Wetter, Klima & Kleidung

Wetter ist ein bestimmter Zustand der Atmosphäre, Witterung gibt die Wetterlage einer bestimmten Periode an. Also: der 1. November war sonnig (Wetter), der November ist verregnet (Witterung). Jahrelange Wettererfahrungen werden statistisch zum Klima: kalte Winter, heiße Sommer, Durchschnittstemperatur, Niederschlagsmengen etc.

Die Regionen der Welt sind durchs Klima geprägt. Man unterscheidet **5 Klimazonen** (A bis E) mit feineren Klimatypen:

A **Das tropische Regenwaldklima** ohne Winter (z.B. Malaysia) mit Mitteltemperaturen über 18 °C wird unterteilt in:

Af Das tropische Regenwaldklima (z.B. Kuala Lumpur) ist bestimmt durch kurze und schwache Trockenzeiten im Wechsel mit Regenzeiten sowie ständig hohe Temperaturen, deren tägliche Schwankungen größer sind als deren jahreszeitliche Schwankungen. Im trockensten Monat fallen mindestens 60 mm Regen.

Aw Das Savannenklima (z.B. Bombay) entsteht in den äußeren wechselfeuchten Tropen. In Richtung der Wendekreise verschmelzen die zwei Regenzeiten zu einer kurzen Regenzeit.

B **Das Trockenklima** (z.B. Saudi-Arabien) weist äußerst geringe Niederschläge unterhalb einer Trockengrenze auf und unterteilt sich in:

Bw Die durch das Subtropenhoch gestaltete, vegetationsarme Wüste (z.B. Kuwait) mit Temperaturen tags von rund 45 °C und nachts bis an den Gefrierpunkt.

Bs Das gemilderte Subtropenhoch sowie vereinzelte Niederschläge bestimmen das Steppenklima (z.B. Alicante). Die Regenzeit kann ausbleiben. Vegetation beschränkt sich auf grasige Pflanzen und dorniges Gestrüpp. Die Monatstemperatur 25 – 30 °C.

C **Das warm-gemäßigte Klima** (z.B. Großbritannien) mit tiefsten monatlichen Temperaturen zwischen +18 und -3 °C und Niederschlägen oberhalb der Trockengrenzen unterteilen sich in

Cw warmes wintertrockenes Klima (z.B. Lhasa)

Cs warmes sommertrockenes Klima (z.B. Rom)

Cf feuchtgemäßigtes Klima (z.B. Stuttgart)

D Das **boreale** oder **Schnee-Wald-Klima** (z.B. Finnland) mit tiefsten monatlichen Temperaturen unter -3 °C, und wärmsten monatlichen Temperaturen über +10 °C unterteilt sich in:

Dw wintertrockenkaltes Klima (z.B. Peking)

Df winterfeuchtkaltes Klima (z.B. Moskau)

E **Das Schneeklima** (z.B. Grönland) mit mittleren Temperaturen im wärmsten Monat liegt unter +10 °C, unterteilt sich in:

Et Das Tundrenklima mit mittleren Temperaturen in mindestens einem Monat über 0 °C (z.B. Spitzbergen)
Ef Klima ewigen Frostes (Polargebiete)

Jahreszeiten erscheinen in den Klimaregionen verschieden durch
- Niederschlagsjahreszeiten in den Tropen mit Regen- und Trockenzeiten sowie wenig schwankenden Temperaturen;
- Beleuchtungsrhythmen in den Polarzonen: vom 21. März bis zum 23. September scheint die Sonne ohne unterzugehen;
- Temperaturrhythmen in den gemäßigten Breiten mit Frühling, Sommer, Herbst, Winter sowie schwankenden Tageslängen.

In Klimatabellen finden Sie **mittlere Temperaturen** angegeben – doch was bedeuten sie? Liegt die Temperatur des wärmsten Monats ...
- über 22 °C: heiße Sommer (z.B. Marseille)
- unter 22 °C und 4 Monate über 10 °C: warme Sommer (Karlsruhe)
- unter 22 °C und ein Monat über 10 °C: kühle Sommer (Reykjavik)

Innerhalb einer Klimaregion zeigen meernahe Regionen ausgeglichene Tages- und Jahrestemperaturen. Kontinentales Klima zeigt große Temperatursprünge zwischen Winter/Sommer und Tag/Nacht.

Die **Kleidung** ist in erster Linie Wetterschutz, soll also:
- in kalten Gebieten wärmen, aber nicht schweißtreibend sein;
- in heißen Gebieten kühlen, indem sie Luft und Schweiß durchlässt;
- in Gebieten hoher UV-Strahlung die Haut schützen;
- schweißdurchlässig sein, aber undurchlässig für Regen;
- weder reiben noch drücken oder Bewegungen einschränken.

In allen Klimazonen funktioniert das **Zwiebelprinzip:**
- die unterste Schicht: luftig, locker, schweißdurchlässig, hautverträglich
- die zweite Schicht: wärmend
- die dritte Schicht: wieder wärmend
- die letzte Schicht: winddicht und wasserabweisend

:-) www.wetteronline.de, www.alle-wetter.de, www.wetternetz.de, www.cnn.com/WEATHER, www.dwd.de, www.reisewetter.de, www.worldclimate.com, www.wetterklima.de, www.dkrz.de, www.weltbilder.de, www.procumulus.de

Sonne & Hitze

Schwitzen kühlt den erhitzten Körper. Bis zu 8 Liter Flüssigkeit werden täglich ausgeschwitzt und müssen ersetzt werden. Durst ist kein sicherer Hinweis auf den Wasserbedarf des Körpers, trinken Sie mehr. Alkohol entzieht dem Körper zusätzlich Wasser [→ Dehydration, Seite 128].

- Der Urin soll hell und klar sein, dunkler Urin zeigt Wasserbedarf an.
- Der Salzverlust von etwa 2 Gramm pro Liter Schweiß wird durch die Mineralsalze in der Nahrung ausgeglichen, zusätzlich kann so viel Salz ins Trinkwasser gegeben werden, dass es den Geschmack nicht verändert.
- Besonders Kinder im ersten Lebensjahr müssen gegen Hitze und Strahlung geschützt werden.

Prophylaxe ist angebracht:

- ▶ Vermeiden Sie die besonders intensive Sonneneinstrahlung mittags, auf dem Wasser, in den Bergen, auf Schnee und Eis.
- ▶ Suchen Sie einen kühlen Ort im Schatten oder erhöht. Zwei Meter über dem Boden kann es bis zu 20 Grad kühler sein als unten.
- ▶ Tragen Sie Kopfbedeckung und lockere Kleidung. Textilien sind begrenzt UV-durchlässig, wirken also nur wie ein Sonnenschutzmittel.
- ▶ Schützen Sie besonders Stirn, Glatze, Nasenrücken, Ohren, Lippen, Schultern, Nacken, Rücken, Brust, Po, Knie und Fußrücken.
- ▶ Sonnencreme mit einem hohen Lichtschutzfaktor 30 Minuten vor dem Sonnenbad auftragen. Schwitzen und Hautkontakt vermindert die Wirkung. Nachcremen erhält den Schutz, verlängert ihn aber nicht.
- ▶ Benutzen Sie beim Schwimmen ein wasserfestes Sonnenschutzmittel. Salzwasser strapaziert die Haut zusätzlich.
- ▶ Parfümierte Sonnenschutzmittel können Insekten anziehen.
- ▶ Medikamente können die Haut gegen Licht sensibilisieren.
- ▶ Parfüms und Deos können in der Sonne zu Pigmentflecken führen.

Die **Hauttypen** reagieren unterschiedlich:

- ❑ **Typ 1**: Helle Haut, Sommersprossen, blonde oder rote Haare, blaue/grüne Augen. Eigenschutzzeit 3 – 10 Minuten. Lichtschutzfaktor über 15.
- ❑ **Typ 2**: Helle Haut, blonde Haare, blaue oder grüne Augen. Eigenschutzzeit 10 – 20 Minuten. Lichtschutzfaktor 14, später 7 – 14.
- ❑ **Typ 3**: Dunkle Haare, braune Augen. Eigenschutzzeit 20 – 30 Minuten. Lichtschutzfaktor mindestens 8, später 5 – 8.
- ❑ **Typ 4**: Dunkle Haut, dunkle Haare, braune Augen. Eigenschutzzeit 30 – 40 Minuten. Lichtschutzfaktor mindestens 4, später 2 – 4.

Meiden Sie bei **Sonnenbrand** jede weitere Sonnenbestrahlung und bedenken Sie das langfristig erhöhte Hautkrebsrisiko.

- ▶ Kühlen Sie die Haut mit Wasser, aber nicht mit Eis.

- Als Hausmittel gelten Kamillenextrakt, verdünnter Essig, Zitronensaft, Joghurt, Sauerrahm. Manche schwören auf Aspirin.
- Öl verschließt die Poren und lässt die Haut darunter weiterkochen. Besser kühlendes Gel oder zur Pflege Hautcreme auftragen.
- Hautausschlag und Pilzbefall der wunden Stellen sind möglich.

Die Hitzetoleranz ist zwischen dem 20. und 35. Lebensjahr am größten. **Hitzeschlag** resultiert aus zu intensiver Sonneneinwirkung bzw. zu hoher Anstrengung bei feucht-heißem Klima, wenn nachts die Temperaturen kaum sinken. Die Wärmeabfuhr versagt (Hitzestau), der Körper erwärmt sich auf über 40 °C: kalter, aber verminderter Schweiß, trockene, heiße, graublaue Haut. Kopfschmerzen, Schwindel und rascher, unregelmäßiger Puls. Übelkeit, Ermüdung, reizbar durch Lärm, Licht, Bewegung. Kreislaufstörung bis zu Kollaps und Tod. Behandlung:

- Sofort in den Schatten, Kleider öffnen, kalte Umschläge auf Brust und Kopf, Hand- und Fußgelenke.
- In Wasser oder Suppe gelöstes Kochsalz zuführen.
- Bei Bewusstlosigkeit die Kochsalzlösung als Einlauf verabreichen.
- Sehr vorsichtiger Transport wegen möglichen Herzschadens.
- Für lange Ruhe und Erholung sorgen, da Rückfallgefahr besteht.

Viel häufiger als Hitzschlag sind **Erkältungen.** Meiden Sie Zugluft:

- Kühlende Luft sollte die Umgebungstemperatur nur um etwa 2 bis 5 Grad unterschreiten. Stellen Sie die Aircondition entsprechend ein.
- Richten Sie den kühlenden Luftstrom nicht aufs Bett.
- Schweißnasse Haut plus Zugluft führt zu Erkältungen. Decken Sie sich nachts zu und bekleiden Sie sich leicht.

Eine normale Erkältung ist keine Grippe und klingt nach 1 bis 2 Wochen ab. Sie ist nicht ursächlich behandelbar. Wenn sich Augen, Nasennebenhöhlen, Ohren oder Hals entzünden, muss die Therapie angepasst werden. Eine medikamentöse Zink-Histidin-Prophylaxe soll den Krankheitsverlauf lindern. Was Sie tun können:

- Anstrengung vermeiden, nicht rauchen und viel trinken.
- Dampfbäder mit Kamille oder Kochsalzlösung.
- Nasenspray (mit Dexpanthenol) nur 1- bis 2mal täglich einsetzen – die Schleimhäute können austrocknen. Hausmittel: Salzwasser durch die Nase ziehen; warmes Bier trinken oder Zwiebelsud mit Kandis.

TIPP **Nehmen Sie die ersten Anzeichen ernst, Abhilfe ist einfach. Nützlich unterwegs: Hut, Tuch, lockere Kleidung, Sonnenschutzmittel (auch für Lippen), Brille gegen UV-Reflexionen von Schnee/Sand, Wasser, Kochsalz.**

Sturm & Wind

Tropische Wirbelstürme (Zyklone = Tiefdruckgebiete) treten vor allem im August und September auf der Nordhalbkugel, im November und März auf der Südhalbkugel auf und betreffen immer wieder die gleichen Regionen: Hurrikan im Atlantischen Ozean, Taifun im Pazifik, Willy-Willy vor Australien. Der Tornado ist ein »milder« Hurrikan.

Monsune sind unbeständige und unzuverlässig strömende, extrem feuchtwarme sommerliche oder trocken-kalte winterliche Luftmassen in Südasien, die jahreszeitlich ihre Richtung um 120 °C ändern.

Passate sind sehr beständige Luftmassen, die von den Rossbreiten (Hochdruckzellen) zur äquatorialen Tiefdruckrinne fließen: der Nordost-Passat auf der Nordhalbkugel, Südost-Passat auf der Südhalbkugel.

Warme Fallwinde (Föhn, Chinook) schmelzen den Schnee.

Die Windstärken

Stärke in Beaufort	Name	Anzeichen	Geschwindigkeit in km/h
0	Windstille	Rauch senkrecht aufsteigend	bis 0,7
1	Zug	Rauchfahne abgelenkt	bis 5
2	leichte Brise	an der Haut spürbar	bis 12
3	schwache Brise	dünne Zweige schwanken	bis 19
4	mäßige Brise	Fahnen flattern leicht	bis 28
5	frische Brise	stärkere Zweige schwanken	bis 39
6	starker Wind	Fahnen flattern heftig	bis 50
7	steifer Wind	Bäume schwanken	bis 62
8	stürmischer Wind	Kinder werden umgeworfen	bis 75
9	Sturm	Kamin, Fensterläden brechen	bis 88
10	schwerer Sturm	Bäume entwurzeln	bis 102
11	orkanartiger Sturm	schwere Schäden an Häusern	bis 117
12	Orkan	Bäumen, Autos	über 117

Auf die regionale **Hauptwindrichtung** weisen hin: Flughafen-Landebahnen, Fahnenwüchsigkeit von Bäumen, Hecken und Baumreihen als Windbrecher.

Bei Sturm sind besonders gefährlich ...

- herumfliegende Äste, Bleche, Masten.
- ▶ Gebäude, zur Not Auto aufsuchen. Bewegliche Objekte und Scheiben gegen Bersten sichern.
- Flutwellen, Sturmflut, Hochwasser, anschwellende Flüsse und Bäche.
- ▶ Verlassen Sie küstennahe und tief liegende Gebiete.
- Ausfall von Strom, Telefon, Wasser, Gas, Aufzug ...

Der **Schirokko** (Chamsin, Ghibli) bläst staubig heiß aus der Sahara.

▶ Bei **Sandsturm** ist Schutz gegen feinsten Staub nötig: Im Haus oder Auto, mit Brille, Tüchern, genügend Wasser und einer Schaufel.

Gewitter & Unwetter

Wärmegewitter kündigen sich bei Hochdruck im Sommer durch amboss-förmige Haufenwolken an, entladen sich lokal, danach klart es auf.

▶ Wolken beobachten, Schutz suchen und das Gewitter abwarten.

Frontgewitter verbreiten sich mehrere Tage großräumig mit einer Kaltfront und kühlen stark ab. Da bleibt nur der Abbruch der Bergtour.

Gewitter bergen Gefahren durch Blitz, Regen, Hagel, Schneefall, Temperatursturz mit vereisenden Böden. Liegen zwischen Blitz und Donner weniger als 15 Sekunden, können Blitze in der Nähe einschlagen.

- ▶ Erhöhte direkte Einschlaggefahr haben: Gipfel, Waldrand, Einzelbäume, Heuhaufen, Grate, Maste, Gletschertische, Zeltstangen, Fahr- und Motorräder, Zäune, ... und der aufrechte Körper.
- ▶ Erdströme bewirken eine gefährliche Schrittspannung zwischen den Füßen im Umkreis von 20 Metern um den Blitzeinschlag.
- ▶ Durch Spannungsableitung gefährlich sind Wasserleitungen, Bahngleise, Wasserflächen, nasse Rinnen, Eisendrähte, -leitern ...
- ▶ Suchen Sie einen sicheren Platz: Mindestens eine Körperlänge von der Felswand weg und 7 – 8 Körperlängen unter einem Vorsprung.
- ▶ Höhlen und Grotten sind nur sicher, wenn sie genügend Rücken- und Kopffreiheit sowie Abstand zur Außenkante bieten.
- ▶ Auf isolierender Unterlage eng kauern, Füße zusammen. Viel Abstand halten zu Wänden, Zelthaut oder Zeltstangen.
- ▶ Eigensicherung beim Klettern nur unterhalb des Herzens anlegen.
- ▶ Metallgegenstände, z. B. Eispickel, tragen kaum zur Erhöhung der Gefahr bei und müssen nicht unbedingt weit entfernt werden.
- ▶ Sicher sind Auto, Eisenbahn-, Campingwagen und andere Metallkabinen.
- ▶ Suchen Sie einzeln Schutz, damit gegenseitige Hilfe möglich ist.

Der Deutsche Wetterdienst definiert als **Unwetter:**

- Durchschnittliche Windgeschwindigkeit in etwa 10 m Höhe über offenem, flachem Gelände von mehr als 75 km/h, 21 m/s, 9 Bft.
- Wiederholte Windböen in etwa 10 m Höhe über offenem, flachem Gelände von mehr als 103 km/h, 28 m/s, 11 Bft.
- Sehr starke konvektive Erscheinungen wie Hagelschlag, Tornados.
- Mehr als 15 cm Schnee in 12 bzw. 25 l/mm Regen in 6 Stunden.
- Verbreitete Glatteisbildung oder Tauwetter mit ergiebigen Regenfällen bei vorhandener Schneedecke von etwa 15 cm.

:-) www.tornadoproject.com, www.geoscreen.de, www.geo-guide.de, www.discovery.com/news/earthalert/earthalert.html

Strand, Meer & Ufer

Am Rand von Korallenbänken herrscht besonders reges Leben. Graue Korallenbänke sind abgestorben. Respektieren Sie das Leben im Wasser:

- Halten Sie Abstand zu Schilf- und Röhrichtbeständen. Sie bieten Lebensraum für Pflanzen und Tiere, dienen deren Fortpflanzung und Schutz. Anlanden, Wellengang und Lärm stören und zerstören.
- Bleiben Sie Wasservögeln, Reptilien, Robben ... fern, füttern Sie sie nicht.
- Nutzen Sie Sonnenschutzmittel sparsam, sie bilden Ölteppiche.
- Verzichten Sie beim Tauchen auf das Harpunieren, sammeln Sie weder Tier- noch Pflanzensouvenirs, brechen Sie keine Korallen ab, wühlen Sie keinen Schlamm auf, reißen Sie keine Pflanzen aus. In Naturschutzgebieten dürfen auch keine leeren Muscheln gesammelt werden – sie dienen anderen Tieren als Behausung und gehören zum Ökosystem.

Gefahren in unbekannten Gewässern:

- In klarem Wasser schätzt man die Wassertiefe um etwa ein Drittel zu gering ein. Ein Maß für die Wassertiefe sind die sich überschlagenden Wellen in Strandnähe. Ein »Brecher« entsteht, wenn seine Höhe 3 Vierteln der jeweiligen Wassertiefe entspricht, also Brecherhöhe 150 cm, Wassertiefe 200 cm. Eine 3 Meter hohe Welle kann einen Schwimmer für etwa eine Minute unter Wasser halten.
- Besonders beim Waten im ufernahen Bereich sind die Füße gefährdet durch: Glasscherben, scharfkantige Muscheln, giftige, beißende oder stechende Fische, Korallen, Seeanemonen, Schalentiere, Stachelhäuter, Seeigel, Seeschlangen, Hakenwürmer ...
- Im Wasser können gefährlich werden: Netze, Angelleinen, Wracks, Buhnen, Molen, Brückenreste, Drahtseile u.ä.
- Kämpfen Sie nicht sinnlos gegen eine zu starke Strömung an. Schwimmen Sie hinaus, wenn Sie schwächer wird.
- Nach Stürmen können viele Quallen in Ufernähe sein. Der Kontakt mit ihnen oder anderen Nesseltieren ist erkennbar an streifenförmigen Rötungen mit nachfolgenden Blasen und schmerzhaften Hautreizungen. Sie werden wie Insektenstiche behandelt.
- In manchen Gewässern drohen Augen-, Ohren- und Darminfektionen entweder durch Abwässer oder durch Parasiten wie Bilharziose.
- Baden Sie nicht in stehenden oder nur schwach fließenden Gewässern (Lagunen), es sei denn, deren gesundheitliche Unbedenklichkeit ist garantiert.
- Beim Baden im Meer und in Schwimmbecken mit gechlortem Wasser besteht kein Infektionsrisiko.

- Bei und nach Hochwasser sind Steilufer unterspült und daher abbruchgefährdet.

Prophylaxeregeln:

- Baden Sie nur dort, wo Ihnen zuverlässige Personen versichern, dass es ungefährlich sei.
- Tragen Sie im flachen Wasser Tauchschuhe, Trekkingsandalen, Turnschuhe, Badelatschen – gehen Sie nicht barfuß ins Wasser.
- Waten Sie möglichst kurz, schwimmen Sie so bald wie möglich.
- Fassen Sie keine Fische, Pflanzen oder Korallen an. Leuchtende Farben warnen oft vor Gift. Stachel brechen in der Haut ab, Nesselzellen haften an der Haut, Kontaktgifte durchdringen sie.
- Meiden Sie die Nähe von Abwasserrohren oder -kanälen.
- Erkundigen Sie sich nach der Bilharziosegefahr in tropischen Binnengewässern.

Nützliche Tipps beim **Schwimmen und Schnorcheln**:

- Schwimmen, schnorcheln oder tauchen Sie nie allein.
- Tauchermasken beschlagen beim Tauchen nicht, wenn Sie auf die innere Glasseite spucken und den Speichel verreiben ohne auszuspülen.
- Ziehen Sie die Flossen erst im Wasser an.
- Druckausgleich beim Tauchen mit Taucherbrille: Nase zuhalten und durch Schlucken den Druck auf die Ohren vermindern.
- Tragen Sie ein T-Shirt, damit Schultern und Rücken nicht verbrennen, schützen Sie auch Ihre Waden.
- Motorboot auf Kollisionskurs? Rufen, winken, abtauchen.
- Nach dem Schwimmen das Innenohr trockentupfen, damit sinkt das Entzündungsrisiko.

Ausrüstungstipps

- [ ] Ist die Tauchermaske dicht? Lose aufsetzen, durch die Nase einatmen – dann muss die Maske fest am Gesicht kleben!
- [ ] Die Tauchermaske sollte es ermöglichen, unter Wasser die Nase zuzuhalten, um den Druckausgleich vorzunehmen.
- [ ] Ein einfacher, separater Schnorchel ist besser als ein integrierter.
- [ ] Taucherbrillen taugen nur zum Dümpeln an der Oberfläche.
- [ ] Untrainierte nehmen besser kleine und/oder weiche Flossen. Je größer und härter Flossen sind, desto mehr Kraft brauchen Sie zum Schwimmen. Dafür kommen Sie natürlich auch besser voran.

:-) www.fische.de, www.schwimmsport.de

Gefahren im Wasser

Piranhas, Haie, Rochen, Muränen, Zitterwelse ... greifen nur an, wenn sie überrascht werden und die Fluchtdistanz zu gering ist. Der Mensch ist für sie kein typisches **Futtertier.** Doch alles, was sich nicht kräftig und gesund verhält, unkontrolliert zappelt oder sich tot treiben lässt, kann als Beute verstanden werden. Die Aggression wird durch Blutpartikel (Geruch und Farbe), rote Farben und Fluchtreaktion gesteigert; es gelten ähnliche Verhaltensregeln wie gegenüber Landtieren [→ Seite 238].

- Die durch Piranhas in Sekundenschnelle bis auf die Knochen abgenagte Kuh ist ein Mythos. Der Tierpfleger im Kölner Aquarium steigt ins Piranhabecken, um es zu säubern – und überlebt.
- Überproportional viele Hai-Angriffe finden in flachem Wasser statt. Haie werden angelockt durch Abfälle, die ins Meer geworfen werden oder durch ungeklärte Abwässer sowie durch Anfüttern zu Schauzwecken.
- Süßwasserkrokodile sind gefährlicher als Salzwasserkrokodile. Besonders gefährlich sind die afrikanischen Krokodile. Nähern Sie sich Krokodilgewässern nur vorsichtig und mit einem langen Stock bewaffnet. Holen Sie Wasser an immer anderen Stellen. Nilpferde und Krokodile verlassen nachts ihre Gewässer. Achten Sie auf Spuren und lagern Sie mindestens 100 Meter vom Ufer entfernt.

▶ Bleiben Sie auf Distanz zu Tieren, meist geschieht dann nichts.

:-) www.hai.ch, www.marine-mammals.de, www.sharkinfo.ch, www.elasmo.de

Verletzte Haut schnell, vorsichtig und sanft von gifthaltigen Partikeln reinigen, ohne diese mit der Hand zu berühren.

▶ Mit trockenem Sand oder Essig bestreute Quallen lösen sich von der Haut. Ebenso entfernt man den hinterlassenen Schleim. Spülen Sie die Haut vorsichtig, aber gründlich mit Meerwasser.

▶ Oberflächlich sitzende Stacheln von Seeigeln mit Heftplaster überkleben, dann entfernen. Oder mit Wachs beträufeln und das erstarrte Wachs abziehen. Tief sitzende Stacheln mit einer Pinzette herausziehen. Manche schwören auf Urin als äußerliches Heilmittel, andere auf Essig oder den Saft von Papayas.

▶ Durch giftige Fische verletzte Hautpartien schnell und lange mit heißem Wasser behandeln – das zerstört das hitzeempfindliche Fischgift.

▶ Betroffene Stellen trocken tupfen. Sonnencreme, Antihistaminika, ersatzweise den Saft von Aloe Vera oder Papaya auftragen. Bei stark allergischer Reaktion Erste-Hilfe leisten und einen Arzt holen.

▶ Badedermatitis verschwindet von allein nach einigen Tagen. Auslöser sind Egellarven, besonders in Schilfgewässern mit Enten.

Gerätetauchen

Vor der Reise erledigen:

- ❑ Zollbescheinigung für Tauchgeräte
- ❑ Batterien von Tauchcomputer, Blitz und Lampe kontrollieren, Tauchmaterial auf Vollständigkeit und Funktion prüfen
- ❑ Tauchärztliches Attest, Dekompressionstabelle
- ❑ Tauchbrevet, Logbuch, Seekarte, Fischbestimmungsbücher

Vorbereitung vor Ort

- ▶ Wo ist der nächste Arzt, das Spital, eine Dekompressionskammer?
- ▶ Kurieren Sie eine Erkältung, Magen-Darm-Probleme, Probleme mit den Ohren und Verletzungen vor dem Tauchen aus.
- ▶ Gewöhnen Sie sich langsam ans fremde Gewässer. Zunächst nicht mehr als 2 Tauchgänge pro Tag durchführen.
- ▶ Mindestens 24 Stunden vor einem Flug nicht mehr tauchen!

Persönliche Ausrüstung

- ❑ Wollmütze, Stirnband, Ohrenschutz, Badezeug
- ❑ ABC-Ausrüstung (Maske, Flossen, Schnorchel)
- ❑ Tauchermesser, -uhr, -computer, Tiefenmesser
- ❑ Finimeter und Kompass
- ❑ Tauchanzug (Jacke, Hose, Kopfhaube)
- ❑ Füßlinge, Handschuhe, Tarierweste oder Jacket
- ❑ Lungenautomat (Oktopus-System)
- ❑ Handlampe mit Ladegerät, Batterien, Adapter
- ❑ Reparatur- und Ersatzmaterial [→ Improvisieren, Seite 90], zusätzlich: Prüfmanometer, Signal-, Verbindungsleinen, Karabiner
- ❑ Reiseapotheke [→ Seite 217], zusätzlich: Tropfen gegen akute Ohrenschmerzen (Panotile); Ohrentropfen zur Vorbeugung in der Apotheke mischen lassen: 2 ml Eisessig und 5 ml Glycerin mit Isopropanol (70 %) auf 50 ml auffüllen.

Tauchbasen mit Anfängerausbildung vermieten meist auch komplette Tauchausrüstungen. Diese sehr gründlich kontrollieren oder von Erfahrenen kontrollieren lassen.

- ❑ Kompressor und Sauerstoff
- ❑ Monotauchgeräte: 10 l, 12 l, 15 l
- ❑ Bleigewichte und Gurte (im Salzwasser ca. 2 kg mehr)
- ❑ Boot und Boje mit Taucherflagge, Markierungsboje

Alkoholkonsum, fehlende Akklimatisation, Konditionsmangel und Dehydration sind die häufigsten Ursachen für **Tauchunfälle und Komplikationen;** Ertrinken ist die häufigste Todesursache.

> **TIPP** Ein Taucher benötigt eine fundierte Ausbildung, ständiges Schwimmtraining, gesteigerte Ausdauer und Fitness sowie die Kenntnis des Tauchreviers und der dortigen Meerestiere.

▶ Jeder Arzt darf eine Tauchtauglichkeitsbescheinigung ausstellen, doch weist die Zusatzbezeichnung »Sport- oder Tauchmedizin« auf besondere Kenntnisse des Arztes hin. Sie umfasst:

- ❑ Körperliche Untersuchung
- ❑ Kontrolle der Gehörgänge und des Trommelfells
- ❑ Lungenfunktionsprüfung und Röntgenuntersuchung
- ❑ EKG und Belastungs-EKG
- ❑ Blutuntersuchungen, z.B. Ausschluss einer Zuckerkrankheit

- **Barotraumen** sind durch Überdruck entstandene lebensbedrohliche Gesundheitsschäden. Beim Abtauchen ohne Druckausgleich werden insbesondere die Lunge und die Mittelohren geschädigt. Risse in den Lungenbläschen können zu einem Luftaustritt in den Brustkorb (Pneumothorax) mit akuter Atemnot und zu Lufteinlagerung in den Gefässen (Embolie) mit akutem Sauerstoffmangel in den Organen führen. Das Trommelfell kann reißen. Das eintretende Wasser schmerzt und führt zum Drehschwindel bis hin zur Orientierungslosigkeit.
- Die **Dekompressionskrankheit** bringt Schmerzen, Juckreiz, Taubheitsgefühle, Erschöpfung und Übelkeit. Häufig sind Gelenke betroffen, insbesondere das Schultergelenk. Die Folgen können zu lebensbedrohlichen Halbseiten- und Querschnittslähmungen führen. Beim Druckabfall durch zu schnelles Auftauchen entstehen Stickstoffbläschen im Gewebe und in den Gefäßen. Besserung erfolgt entweder in einer Überdruckkammer oder durch sofortiges schnelles Abtauchen.
- Der **Tiefenrausch** entsteht durch die narkotisierende Wirkung des Stickstoffes in Tiefen ab 30 Meter bei Überschreitung der »Nullzeit«. Dies ist die maximale Tauchzeit in einer bestimmten Tiefe. Sie wird mit Kleincomputern oder Tabellen berechnet.

:-) www.unterwasser.cx, www.divers-net.de, www.taucher.net, www.boerde.de/~solf, www.tiefenrausch.de, www.vdst.de, www.tauchen-online.de, www.diveguide.com, www.asian-diver.com

Wasserwandern

Alle Boote, die mit Paddeln bewegt werden, sind **Kanus:**

- **Kajaks** sind ringsum geschlossen und an der Sitzluke abgedichtet. Sie werden im Sitzen mit nach vorne ausgesteckten Beinen und mit einem Doppelpaddel gepaddelt. Sie ermöglichen ein Wiederaufrichten nach einer Kenterung (Eskimorolle).
- **Kanadier** sind offen. Traditionell wird darin gekniet, man kann aber auch im Sitzen gut mit dem Stechpaddel arbeiten.

Schwierigkeitsgrade:

1: unschwierig – freie Fahrt; regelmäßiger Stromzug; regelmäßige Wellen und kleine Schwälle; einfache Hindernisse.

2: mäßig schwierig – freie Durchfahrt; unregelmäßige Stromzüge; unregelmäßige Wellen; mittlere Schwälle; schwache Walzen, Wirbel und Presswasser; einfache Hindernisse im Stromzug, kleinere Stufen.

3: schwierig – übersichtliche Durchfahrt; hohe, unregelmäßige Wellen; größere Schwälle; Walzen, Wirbel und Presswasser; einzelne Blöcke, Stufen; andere Hindernisse im Stromzug.

4: sehr schwierig – Durchfahrten nicht ohne weiteres erkennbar, Erkundung nötig; hohe, andauernde Schwälle; kräftige Walzen, Wirbel, Presswasser; Blöcke versetzt im Stromzug; höhere Stufen mit Rücklauf.

5: äußerst schwierig – Erkundung unerlässlich; extreme Schwälle; extreme Walzen, Wirbel und Presswasser; enge Verblockungen; hohe Gefällstufen mit schwierigen Ein- oder Ausfahrten.

6: Grenze der Befahrbarkeit – Im allgemeinen nicht möglich, bei manchen Wasserständen mit hohem Risiko befahrbar.

▶ Die Geschwindigkeit eines Flusses lässt sich einfach messen: Markieren Sie Ihren Standpunkt am Ufer, werfen Sie ein Stück Holz ins Wasser und laufen Sie exakt sechs Sekunden mit. Messen Sie dann die zurückgelegte Strecke ab, multiplizieren Sie diese mit 600. Sie erhalten die Fließgeschwindigkeit in Metern pro Stunde.

Ausrüstung

- ❑ Machen Sie die Boote mit Auftriebskörpern unsinkbar.
- ❑ Stechpaddel sollten etwa 30 cm kürzer sein als der Körper. Im Boot sitzend, sollte der Griff des eingetauchten Paddels auf Augenhöhe sein. Große Leute und breite Kajaks benötigen ein längeres Paddel.
- ❑ Gummiringe in der Nähe der Paddelblätter verhindern, dass Wasser am Schaft entlang in die Ärmel oder ins Boot läuft.
- ❑ Bequeme, weite Freizeitkleidung, die schnell trocknet. Bei kalter Witterung Neoprenanzug! Wassergeschützte Ersatzkleidung.

- ❑ Schwimm- bzw. Rettungsweste, evtl. Kopfschutz
- ❑ Paddeljacke in Signalfarbe
- ❑ Kleingeld, Telefonkarte, Telefonnummern
- ❑ optische und akustische Signalmittel wie Signalpfeife
- ❑ Reiseapotheke [→ Seite 217]
- ❑ Reparaturmaterial, Werkzeug [→ Improvisieren, Seite 90]

Tipps für den naturverträglichen Kanusport:

- ▶ Beachten Sie Schutzgebietsverordnungen.
- ▶ Paddeln Sie nicht in Naturschutzgebieten.
- ▶ Bilden Sie Fahrgemeinschaften zur Einsetzstelle.
- ▶ Beachten Sie den Mindestpegel, fahren Sie nicht bei Niedrigwasser.
- ▶ Setzen Sie neben Brücken und Wehren ein, nicht über Naturufer.
- ▶ Bleiben Sie beim Umtragen und Sichern im Uferrandstreifen.
- ▶ Halten Sie Abstand zu Schilfgürteln und Vögeln, meiden Sie Kiesbänke während der Brutzeit.
- ▶ Nehmen Sie Rücksicht auf andere Kanuten, Badende und Angler.

Zur **Sicherheit** sollten Sie nie allein paddeln. Hinterlassen Sie bei der Abfahrt Ihre geplante Route und die voraussichtliche Rückkehrzeit.

- ▶ Anfänger paddeln auf Seen oder kleinen, ruhigen Flüssen.
- ▶ Erkundigen Sie sich über die Wetterlage und die Gefahren des Gewässers. Meiden Sie Wildwasser und Hochwasser.
- ▶ Meiden Sie Wehre, E-Werke und Stauanlagen aller Art. Wehre sind entweder leicht fahrbar oder lebensgefährlich, daher weiträumig umtragen. Äußerste Vorsicht bei unübersichtlichen Flussstrecken.
- ▶ Halten Sie Abstand zu anderen Wasserbenutzern, insbesondere zu Motorschiffen und Seglern. Kanus sind vom Schiffsführer schlecht zu sehen und gegenüber der Berufsschiffahrt ausweichpflichtig!
- ▶ Beachten Sie die schifffahrts- und naturschutzrechtlichen Regeln.

Für **Fahrten mit dem Kanadier** auf ruhigen Gewässern gilt:

- ▶ Zuerst steigt der vordere Paddler ein, der andere hält das Kanu etwa in Bootsmitte.
- ▶ Der kräftigere oder erfahrenere Paddler sitzt hinten und steuert.
- ▶ Der vordere Paddler gibt ein Tempo vor, dass gleichmäßig und ruhig über längere Zeiten gehalten wird.
- ▶ Einer paddelt links, der andere rechts. Nach Absprache wechseln Sie gelegentlich die Seiten.
- ▶ Treibschläge mit dem Paddel erfolgen so nah wie möglich am Bootsrand entlang, parallel zum Boot.

TIPP **Wer paddeln will, muss mit Boot und Wasser vertraut sein. Siehe auch »Selbstreise-Handbuch Band 1, »Für die Reisevorbereitung«.**

Paddelschläge können das Boot beschleunigen, abfangen, steuern und drehen. Steuerschläge im engeren Sinn führt der Hintermann aus, doch der Vordermann leitet sie oft ein. Beim Vorwärtspaddeln sollte ...

- die Schaftführung möglichst steil sein;
- das Paddel möglichst dicht am Boot einsetzen;
- der Schlag aus dem gesamten Oberkörper heraus erfolgen;
- man vorausschauend paddeln und Kraft sparen.

Für **Fahrten mit dem Kajak:**

- ❑ Ist der Sitzbereich frei von scharfen Ecken und Kanten?
- ❑ Ist eine Steueranlage vorhanden und funktionsfähig?
- ❑ Sind Auftriebskörper vorhanden, prall aufgeblasen und dicht?
- ❑ Ist die Spritzdecke am Süllrand dicht und leicht abziehbar?
- ❑ Sitzt die Schwimmweste angenehm und fest?

- Die Fußstützen einstellen. Die Beine liegen locker und etwas angewinkelt seitlich an den Schenkelstützen an.
- Boot ins Wasser setzen.
- Stabilisieren Sie das Kajak beim Einsteigen mittels *Paddelbrücke:* Legen Sie das Paddel hinter sich mit dem Schaft hinter dem Süllrand aufs Boot, das Paddelblatt aufs Ufer. Greifen Sie mit der wasserseitigen Hand Paddelschaft und Süllrand, mit der uferseiligen Hand den Schaft auf halber Länge. Gleiten Sie mit den Füßen voran auf den Sitz. Nicht auf den Paddelschaft setzen!
- Spritzdecke schließen, hinten einhängen, dann nach vorne ziehen.
- Um den Handabstand zu kontrollieren, halten Sie das Paddel waagerecht über den Kopf. Dabei sollten die Ellenbogen in etwa einen rechten Winkel bilden.

:-) www.kanutourismus.de, www.kanu.de, www.faltboot.de

Paddeln auf See

Beim Seekajaken bestehen gegenüber dem vorigen Kapitel erhöhte Anforderungen an Können, Wissen, Ausrüstung und Verhalten, u.a.:

- ❑ gute körperliche Konstitution und sichere Bootsbeherrschung
- ❑ Paddeltechniken wie flache und hohe Stütze auch bei schlechten Bedingungen von Wind, Strömung, Wellen, Hindernissen …
- ❑ sichere Navigation mit Seekarte, Tidenkalender, Gezeitenatlas
- ❑ Kenntnis der Wetterkunde, lokalen Tiden, Strömungen, Priele
- ❑ Erfahrung mit Rettungs- und Wiedereinstiegsmethoden
- ❑ gute Kenntnisse in Erster Hilfe, besonders bei Unterkühlung

Seekajak nach den DKV-Kriterien mit wasserdichter **Ausrüstung:**

- ❑ Ersatzpaddel, Paddelfloat, Lenzpumpe
- ❑ Schleppseil und Treibanker
- ❑ Seekarte, Tidenkalender, Kompass und Kurslineal bzw. Planzeiger
- ❑ Barometer, Uhr, Fernglas, Radio, Taschenlampe
- ❑ Heiße Getränke, Verpflegung

Beachten Sie unmittelbar **vor der Fahrt** die Wettervorhersage und hinterlassen Sie Ihre Planungen einer Kontaktperson am Festland.

- ▶ Streckenplan mit Ablauf, Zielpunkten, Ausweichzielen.
- ▶ Kursplan mit Hin-, Rück- und Ausweichkursen in Karte einzeichnen.
- ▶ Zeitplan mit Start- und Ankunftszeiten, Fahrtzeiten, Tidenkalender.
- ▶ Pläne, Zeichen und Signale mit den Mitfahrern vereinbaren.
- ▶ Namen und Anschrift des Fahrers wasserfest im Boot anbringen.

Während der Fahrt:

- ▶ Wetter, Wind, Seegang, Strömung beobachten.
- ▶ Kurs halten, Abdrift beachten, Tide kräftesparend ausnutzen.
- ▶ Befahrungsregelungen und Schiffsverkehr beachten.
- ▶ Kurse und Ziele vorausschauend den veränderten Bedingungen anpassen, rechtzeitig die Fahrt abbrechen, spätestens bei Dämmerung.

:-) www.salzwasserunion.de

NATUR & FREIZEIT

TIPP **Einen Notfall signalisieren Sie auf See, indem Sie das Paddel mit beiden Armen wiederholt waagerecht heben und senken, und zwar von der Spritzdecke bis über den Kopf. [→ Notsignal Seite 237]**
Fahren Sie sicherheitsbewusst, bereit zu Abbruch und Umkehr.

Wildwasser fahren

Schwierigkeitsgrade nehmen bei höherem Wasserstand rasch zu. Sie variieren je nach Sicht, Wasser und Flussbett und bedingen unterschiedliche Anforderungen an Fähigkeiten und Ausrüstung:

1: unschwierig – leicht erkennbare Fahrroute; Stromzug und Wellen sind regelmäßig, kleine und kürzere Schwälle; einfache und offene Kurven, leicht umfahrbare Hindernisse.

Voraussetzungen: Grund- und Bogenschläge, Paddelstütze, Ein- und Ausschlingen, gut entwickelte Ausdauer bei längeren Strecken; geeignet für alle Bootsarten. Schwimmweste, Kälteschutz je nach Witterung.

2: mäßig schwierig – leicht erkennbare Fahrroute, insgesamt offene Durchfahrt; Stromzug und Wellen sind unregelmäßig, mittlere und längere Schwälle, kleine Walzen, Wirbel und Pilze; einfache Hindernisse im Stromzug, kleine Stufen.

Voraussetzungen: sicheres, präzises Ein- und Ausschlingen, Queren rückwärts, Beherrschen von Paddelhang und Ziehschlägen, Erkennen und Bewerten von Pegelständen, einfache Rettungsmaßnahmen; geeignet für wildwassertaugliche Boote. Kälteschutz, Schwimmweste, Helm.

3: schwierig – Fahrroute nicht immer leicht erkennbar; hohe unregelmäßige Wellen, größere und längere Schwälle, Walzen, Wirbel, Pilze, Prallwasser an Hindernissen, Strömung zieht unter Uferbewuchs; Stufen, leichte und kurze Verblockung.

Voraussetzungen: Erfahrung mit geringeren Schwierigkeitsgraden, Paddelhang und Ziehschlägen, Ausdauer, Eskimorolle, sicherer Umgang mit dem Rettungssack; Befahrung in Gruppen. Mitnahme von Rettungssack, evtl. Rettungsgurt.

4: sehr schwierig – Fahrroute nicht ohne weiteres erkennbar, Erkundung erforderlich; lange Schwälle mit hohen, unregelmäßigen Wellen und Walzen; Verblockung mit unübersichtlichen Durchfahrten.

Voraussetzungen: alle Techniken, Ein- und Ausschlingen auf engem Raum, präzises Anfahren von Kehrwassern, beidseitige Eskimorolle, physisch und psychisch gut trainiert, sicherer Umgang mit allen Rettungsgeräten, Beherrschen der Bergungsmaßnahmen, gute Strömungskenntnisse.

5: äußerst schwierig – Erkundung vor der Befahrung unerlässlich; extremes Gefälle bei großer Wasserwucht, extreme und anhaltende Schwälle; hohe Stufen, enge Verblockung mit engen, unübersichtlichen Durchfahrten und schwierigen Ein- und Ausfahrten, Katarakte.

Voraussetzungen: viel Erfahrung mit Wildwasser und Bergungsmaßnahmen unter erschwerten Bedingungen; evtl. verstärkte Boote, Rettungsgeräte

6: Grenze der Befahrbarkeit – Nicht oder nur bei gewissen Wasserständen mit hohem Risiko befahrbar.

Kälte & Wasser

Mit steigender Windgeschwindigkeit nimmt der Mensch die Temperatur sehr viel niedriger wahr als sie tatsächlich ist. Diesen Effekt nennt man den windchill-Effekt. Die Kurven in der Tabelle zeigen die empfundene Temperatur bei gegebener tatsächlicher Lufttemperatur abhängig von der Windgeschwindigkeit.

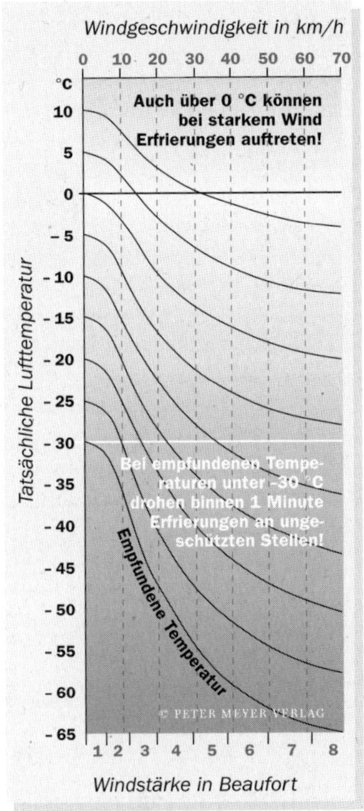

Auf See ist es selbst in den Tropen sehr kalt, denn der Wind ist über dem Wasser stärker als an Land. Einmal von Spritzwasser durchnässt, wird es kritisch, besonders wenn Wolken aufziehen oder die Sonne untergeht. Der Körper kühlt durch die Verdunstung des Wassers ab, Wind verstärkt diesen Effekt. Im Wasser kühlt der Körper bis zu 25 Mal schneller aus.

- ▶ Winddichte Jacke und wasserdicht verpackte Ersatzkleidung mitnehmen.
- ▶ Auch nasse Kleidung schützt gegen Auskühlung.

:-) www.dlrg.de, www.slrg.ch

Paddler sind bei Kälte besonders gefährdet, beugen Sie vor:

- ❑ Sie sind gesund, durchtrainiert, aufgewärmt, warm gepaddelt, an kaltes Wasser gewöhnt und nicht hungrig, durstig, erschöpft oder ermüdet.
- ❑ Sie tragen einen Neoprenanzug (verdoppelt die Überlebenszeit) oder einen Trockenanzug (vervierfacht sie).
- ❑ Sie tragen Neoprenkopfhaube, Ohrenstöpsel, Nasenklammer, Schwimmweste, Handschuhe.

Beim plötzlichen Sturz ins Wasser kann bei Wassertemperaturen von unter +13 °C ein **Kälteschock** eintreten, der alle kontrollierten Bewegungen bis zu 5 Minuten lähmt. Damit einher gehen:

- Atemnot, unkontrolliertes tiefes Luftholen und unkontrolliert schnelles Atmen (Hyperventilation);
- man verschluckt Wasser;
- Schwindelgefühl, Verwirrung, Ohnmacht;
- Panik und Handlungsunfähigkeit;

- Verlust des Gleichgewichtgefühls, Orientierungsverlust;
- Kälteschmerz bei unter 5 °C kaltem Wasser.

Schwere des Seegangs

Schwere	Beaufort	Augenschein
0		spiegelglatt
1 gekräuselt		kleine Wellen ohne Schaumkamm
2 schwach bewegt	2 – 3	kleine Wellen mit glasigen Kämmen, die sich kaum brechen
3 leicht bewegt	4	kleine Wellen bis 1 m Höhe mit vereinzelten Schaumköpfen
4 mäßig bewegt	5	Wellen bis 2,5 m Höhe, weiße Schaumkämme, Gischt
5 grob	6	Wellen bis 5 m Höhe, brechende Kämme, weiße Schaumflächen
6 sehr grob	7	türmende See mit Wellenhöhen bis 9 m, mit streifenförmigem Schaum in Windrichtung
7 hoch	8 – 9	Wellenberge bis 22 m Höhe, Gischt weht von den Wellenkämmen und beeinträchtigt die Sicht, rollende See
8 sehr hoch	10	Wellenberge bis 32 m Höhe, überbrechende Kämme, weiß schäumende See, schweres Rollen, verringerte Sicht
9 außergewöhnlich schwer	11 – 12	Wellenberge bis 45 m Höhe, mit Gischt und Schaum gefüllte Luft, kaum Sicht

Mit dem Sturz ins Wasser beginnt die **Nutzzeit,** während der man handlungsfähig bleibt und sich selbst retten kann. Sie entspricht unterhalb von 15 °C etwa der Wassertemperatur, also bei 10 °C etwa 10 Minuten.
Die **Überlebenszeit** gibt die Zeit bis zum Tod durch Unterkühlung an [→ Seite 201]. Für leicht bekleidete, untrainierte Personen gelten etwa die Zeiten aus der Tabelle. Sie verlängert sich, wenn der Gekenterte:

- sich zusammenkauert statt zu schwimmen (etwa doppelte Zeit);
- den Kopf aus dem Wasser hält (etwa 30 % weniger Wärmeverlust);
- auf sein Kajak klettert, um den Körper aus dem Wasser zu halten;
- eine ohnmachtssichere Rettungsweste trägt.

Überlebenszeit in Stunden

Wassertemperatur	schnelle Auskühlung	langsame Auskühlung
0 °C	40 Min – 1.10 Std.	1.10 – 1.50 Std.
+5 °C	1 – 1.50 Std.	1.50 – 3 Std.
+10 °C	1.45 – 2.50 Std.	2.50 – 5.40 Std.
+15 °C	2.50 – 4.40 Std.	4.40 – über 12 Std.

Reisen mit Tieren

Das Reisen mit Tieren setzt Erfahrung voraus, Einfühlungsvermögen und seit dem 1.7.2000 in Europa auch den »Equidenpass« für Einhufer: Pferde, Esel, Zebras, Maultiere etc. Er kostet zwischen 60 und 150 Euro.

Tiere erleichtern als Zug-, Last- oder Reittiere die Reise. Sie erschließen Regionen, die kein Wagen befahren kann. Dabei gelten folgende mittlere Strecken pro Tag (7 Stunden), die je nach Größe und Zustand des Tieres erheblich schwanken können. Einen Anhaltspunkt für die Belastbarkeit liefert das Stockmaß des Tieres.

Tier	kg-Last	km	Tier	kg-Last	km
Elefant	460	25	Pferd	60	39
Maultier	181	46	Esel	54	39
Maultier	136	58	Ochse	55	24
Maultier	90	91	Kamel	150	25
5er Huskyschlitten	200	60			

Esel sind in erster Linie Zug- und Lasttiere, obwohl sie auch geritten werden können. Bei für Esel unklaren Situationen oder Gefahr bleiben sie einfach stehen. In der Gruppe laufen sie gerne hintereinander in langer Reihe. Esel beherrschen Schritt, Trab und Galopp, selten Passgang, noch seltener Tölt. Sie springen erst, wenn sie ein Hindernis genau untersucht haben, bremsen also vorher.

Ein Reitesel sollte mindestens 4 Jahre alt und groß genug sein für das Packgewicht. Ein Zugesel kann das Zweifache seines Gewichtes ziehen, also etwas weniger als Pferde. Beim Einfahren muss der Esel langsam an das Geschirr gewöhnt werden. Als Tragtier eingesetzt, sollte die Packlast 20 % des Eigengewichtes nicht überschreiten. Zum Tragen eignen sich besonders doppelseitige Bastkörbe.

Ausrüstung

- ❑ Westernsättel, Distanz- und Wanderreitsättel für Pferde eignen sich auch für Esel, normale Sättel dagegen nicht. Zwischen Sattel und Wirbelsäule müssen unbelastet etwa 5 cm Abstand frei sein
- ❑ Das Sattelkissen (Selett) wird mit Filz unterlegt, damit der besonders spitze Rücken des Esels gut geschützt ist
- ❑ Karabinerhaken für den Backenriemen der Trense
- ❑ Trense ohne Kehlriemen und Halfter
- ❑ Schweifriemen, der den Sattel hinten hält
- ❑ Gerte

Ein guter Esel wirkt harmonisch und nicht nervös, sondern freundlich und aufmerksam. Eine fehlerhafte Erziehung und eine falsche, nicht tiergerechte Behandlung führen zum Gegenteil. Er hat folgende Merkmale:

- ❑ Ein gerades oder ganz leicht gebogenes Profil.
- ❑ Die Beine stehen gerade, Vorderbeine in X-Form gelten als Fehler.
- ❑ Der Huf ist zylindrisch und bildet mit dem Fuß eine gerade Linie.
- ❑ Nicht zu schwerer und langer Kopf mit kräftigem, geradem Hals.
- ❑ Der Kiefer mit aufeinander treffenden Zähnen in einer Reihe.
- ❑ Eine genügend breite und tiefe Brust.
- ❑ Der Widerrist darf nicht flach sein und liegt höher als die Kruppe.
- ❑ Die muskulösen Lenden sind etwas kürzer als beim Pferd.
- ❑ Der Schwanz ist hoch angesetzt.
- ❑ Eine muskuköse Schulter ist gut mit dem Brustkorb verbunden.

Das **Maultier** ist ein Nachkomme von Pferdestute und Eselhengst, beim **Maulesel** sind es Eselstute und Pferdehengst.
Wie der Esel schließt sich das Maultier dem Menschen gerne an, trifft aber in manchen Situationen seine eigenen Entscheidungen. »Sturheit« ist eine vom Esel geerbte Schutzreaktion vor falschem Verhalten. Maultiere sowie Maulesel sind sensibel, und ein durch falsche Erziehung verdorbenes Tier ist kaum zu korrigieren.
Mulis sind sehr gelenkig, im Gebirge sehr trittsicher und zuverlässig als Trag- und Reittier. Ihre Ausbildung ist schwieriger als bei Pferden und erfordert mehr Zeit. Maultiere sind langlebiger, leichtfuttriger, gesundheitlich stabiler und temperaturunempfindlicher als Pferde, größer und stärker als Esel und nicht so nässeempfindlich.

Kamel ist die Gattungsbezeichnung für langhalsige und hochbeinige Paarhufer, u.a. *Lama, Alpaka* und *Vikunja*. Das *Trampeltier* hat zwei, das *Dromedar* nur einen Höcker. Die Höcker enthalten Fettreserven. Die Höhe des Kamels trennt es von der bodennahen Heißluftschicht, die Nüstern kann es gegen den Sand verschließen. Das Dromedar kann eine Woche ohne Wasser auskommen.

:-) www.bahoe.de, www.eselfreunde.de
:-) www.ferien-mit-hund.de, www.husky-info.de, www.schlittenhund.de, www.ssbw.de, www.dssv.org

TIPP **Suchen Sie ein Zug-, Last- oder Reittier? Ohne eigene Erfahrung benötigen Sie dazu einen kundigen Begleiter.**

Wanderreiten

Hengste sind bewegungsaktiver und verspielter als Stuten und lieben Scheinkämpfe. Sie zu führen, verlangt Erfahrung. Umgänglicher als beide ist der kastrierte Hengst (Wallach). Beobachten Sie vor der Auswahl eines Pferdes:

- ❑ Der Zustand von Stall, Sattelkammer und anderen Pferden zeigt die Sorgfalt, mit der die Pferde gehalten werden.
- ❑ Tobt es sich nach dem Verlassen des Stalls aus oder will es zurück?
- ❑ Ist es dominant oder ängstlich?
- ❑ Akzeptiert es den Zaun?
- ❑ Je höher Kopf und Schweif, desto weniger reitgeeignet ist es.
- ❑ Ist der Gesamteindruck harmonisch? Verwachsungen und Fehlhaltungen können durch falsche Zucht und Haltung entstehen und führen zu Schwächen beim Reiten oder Fahren.
- ❑ Wie verhält sich das Pferd gegenüber einem vertrauten Reiter?
- ❑ Erproben Sie das Pferd unter den Bedingungen, für die Sie es kaufen oder mieten: im Gelände, in Trab, Galopp.

Schwierigkeitsgrade beim Reiten

1: leicht – Einfaches Gelände, ohne Springen, auch für sattelunerfahrene Anfänger mit geringer Kondition möglich.

2: noch leicht – Kleine Hügel, enge Wege, ohne Springen, erfordert Geländeerfahrung, 25 – 50 Reitstunden und ausdauernde Kondition.

3: mittel – Schwierige Passagen mit niedrigen Ästen querfeldein im unwegsamen Gebiet. Vereinzeltes Springen erfordert völlige Sicherheit in allen drei Gangarten und eine sportliche, ausdauernde Kondition.

4: schwierg – Schwieriges Gelände erfordert Erfahrung und ständige Aufmerksamkeit, Sicherheit auf fremden temperamentvollen Pferden und Kondition für stundenlange Ritte und Märsche.

5: sehr schwierig – Außergewöhnlich schwieriges Gelände mit steilen Passagen, Gräben, sehr engen Stellen und häufigen Sprüngen mit schwierigen, temperamentvollen Pferden, auch Hengsten, erfordert hohe Sportlichkeit und überdurchschnittliche Ausdauer.

Tragen Sie Ihre **persönliche Ausrüstung** ein:

- ❑ Reitmantel, Friesennerz oder Poncho bis über Sattel und Stiefel
- ❑ Reithelm oder Hut mit sturzsicherem Einsatz
- ❑ Reithose ohne dicke Nähte an den Innenseiten
- ❑ Gürteltasche
- ❑ Unterwäsche aus Baumwolle oder atmungsaktiven Kunstfasern, ohne Nähte oder Verzierungen im Sitzbereich
- ❑ Gummistiefel für kühle und feuchte Regionen

- ❑ Stiefel aus Wild- oder Fettleder mit weitem Schaft, seitwärts geschnürt, mit kräftiger Gummisohle und Absatz
- ❑ knöchelbedeckende Reitturnschuhe, Jodhpur-Stiefel, Chaps

Den **Wanderritt vorbereiten:**
- ❑ Adresslisten für Wanderreitquartiere
- ❑ Karten mit Reitwanderwegen
- ❑ Impfpässe der Pferde

Testen Sie die **Ausrüstung für das Pferd** vor dem Wanderritt:
- ❑ Packtaschen vorne und hinten mit je 4 Spanngurten befestigt
- ❑ Vorderzeuge, hinterer Bauchgurt
- ❑ Sattel mit großer Auflagefläche
- ❑ Sattelpads und Schaffell, Sattelgurtschoner
- ❑ Wanderreithalfter mit Gebiss oder Halfter mit Strick
- ❑ Zügel, Trense, Sidepull
- ❑ Regendecke, Deckengurt
- ❑ Striegel, Bürste, Hufkratzer, kleine Hufraspel (Surform)
- ❑ Hufschutz, Hufmesser (breite Klinge), Schleifstein
- ❑ Futtertonne mit Kraftfutter und Leckerlis zum Locken
- ❑ Wasserkanister
- ❑ Transporthalfter, -gamaschen
- ❑ Longen zum Verladen
- ❑ Sattelbock, Weide- und Abschwitzdecken
- ❑ Wander-Elektrozaun: Gestänge, Kabel, Isolatoren, Spanngurte, Draht, Spule, Griffe

Reparaturset [→ Improvisieren, Seite 90], zusätzlich:
- ❑ Lederahle, Lederschnüre, Notbeschlagswerkzeug, Klappsäge
- ❑ Reservenägel für Trotters und Eisen
- ❑ Reservekarabiner für Zügel und Gebiss

Pferde-Apotheke
- ❑ Betaisadona
- ❑ Canesten
- ❑ Ivamerol
- ❑ Purivet
- ❑ 5 Ampullen Traumel
- ❑ 3 Spritzen 5 ml, Fieberthermometer
- ❑ Chromal Strahlfäule, Schwamm
- ❑ Melkfett mit Teebaumöl, Rollenpflaster, 2 Bandagen

TIPP Pferde, die längere Zeit nicht geritten wurden, sind für Wanderritte ungeeignet. Sie sollten durch Wasser gehen, mindestens 5 Jahre alt, gesund und geimpft sein. Pferde sind Fluchttiere, das heißt in für sie unklaren oder gefährlichen Situationen rennen sie wie verrückt los.

Das vom Pferd zu tragende **Gewicht** setzt sich zusammen aus dem Eigengewicht des Reiters, dem Sattel und dem Gepäck. Ein durchschnittliches Pferd trägt laut Faustformel auf kurzen Distanzen ¼ und auf mittleren Distanzen ⅕ des Eigengewichtes. Bei langen Distanzen tragen Ponys ⅙, Großpferde ⅐ des Eigengewichtes.
Wem das nicht ausreicht, der kann ein Packpferd mitführen oder selbst häufiger zu Fuß gehen, um das Pferd zu entlasten. Bei klaren Tagesstrecken und Gruppen ist auch ein Troßfahrzeug denkbar.
Bei längeren Wanderritten verliert das Pferd an Gewicht, dabei ändert sich die Sattellage. Ein zunächst gut passender Sattel drückt und reibt dann. Und je mehr daran hängt, um so schlimmer sind die Folgen.

Verteilen Sie das **Gepäck** durchdacht:
- Kräftige Pferde erhalten das schwerere Gepäck.
- Schwerere Reiter erhalten das leichtere Gepäck.
- Schwere Materialien liegen möglichst tief in der Tasche.
- Linke und rechte Tasche sollen gleich schwer sein.
- Vorne ist wenig, hinten viel Gewicht (1:3) unterzubringen.
- Sachen für den häufigen oder schnellen Gebrauch griffbereit packen: Verpflegung, Wasser, Messer, Kamera, Verbandszeug …
- Ersatzkleidung mit dem Schlafsack und wasserdichter Hülle aufgerollt hinter das Cantle binden.

:-) www.pferde-4u.de, www.pferde.de, www.koppel.de, www.der-wanderreiter.de, www.pferdebuch.de, www.reiterurlaub.at, www.reitsafari.com

Rad & Mountainbike

Schwierigkeitsgrade beim Rad fahren

1: leicht – Ohne große Steigungen und langsam gefahren, sind Strecken bis 40 km auch für wenig Geübte und Jugendliche geeignet.

2: mittelschwierig – Strecken bis 60 km mit leichten Steigungen, leicht erhöhtem Tempo fordern den ausdauernden Gelegenheitsradler.

3: anspruchsvoll – Strecken bis 80 km mit Höhenunterschieden fordern ein zügiges Tempo, eine Gangschaltung und geübte Radler.

4: schwierig – Strecken bis 120 km und teilweise starker Steigung eignen sich für trainierte Radler, die ein hohes Tempo durchhalten.

Schwierigkeitsgrade beim Mountainbiking

1: leicht – Der Weg ist Kfz-frei und besitzt eine gute Feinschotter- oder Asphaltdecke. Steigungen und Gefälle betragen bis 5 %, auf kurzen Strecken maximal 10 %. Längere Anstiege fehlen, Steigung und Gefälle wechseln häufig. Gefahrenstellen fehlen oder werden besonders gekennzeichnet. Mit normalen Fahrrädern auch von Kindern ab 10 Jahren befahrbar.

2: mittelschwierig – Der Weg ist auf landwirtschaftlichen und Lkw-Verkehr eingerichtet. Die Fahrbahndecke ist uneben, Geländer und Zäune fehlen, anschließendes Steilgelände ist ungesichert. Einrichtungen zur Entwässerung, Sperren und Schranken, im Wegbereich lagernde Güter und abgestellte Maschinen können plötzlich den Weg versperren. Die Steigung beträgt 5 – 12 %, auf kurzen Strecken bis 17 %. Unübersichtliche Kurven erfordern sportliches Können und defensives Verhalten möglichst mit Mountainbikeausrüstung.

3: schwierig – Anspruchsvolle Strecke, die den Schwierigkeitsgrad 2 in jeder Hinsicht überbietet. Vorausschauendes Fahren und MTB-Ausrüstung sind erforderlich.

Während der Fahrt

- Kurze Tagesetappen, hören Sie auf Ihren Körper.
- Die Nacht muss erholsam sein, sonst ist ein Erholungstag nötig.
- Rückenschmerzen deuten auf eine falsche Sattelposition hin.
- Probleme mit den Knien verschwinden oft, wenn Sie öfter einen niedrigeren Gang wählen.
- Schützen Sie sich vor Auskühlung und Hitze [→ Seite 155].
- Mountainbiker fahren nur auf breiten Wegen, nicht querfeldein, meiden Wanderrouten und respektieren die langsameren Wanderer.
- Pflanzen nicht pflücken, Tierspuren nicht folgen, Vogelschutz- und Wildeinstandsgebiete respektieren, Gatter wieder schließen.

Rad durchchecken:

- ❑ Räder und Reifen auf Luftdruck und Profil
- ❑ Bremsen und Schaltungen
- ❑ Kette
- ❑ Licht vorne und hinten
- ❑ Sattel- und Lenkereinstellung

Wichtige Ausrüstung

- ❑ Helm
- ❑ Knie- und Ellenbogenschützer
- ❑ Fahrradschloss
- ❑ Wasserflasche, Satteltasche, Lenkradtasche
- ❑ Anhänger, Kindersitz
- ❑ In Gegenden mit wilden Hunden klemmen Sie einen langen Stock griffbereit am Fahrrad ein.
- ❑ Manche Radler empfehlen einen Regenschirm, besonders wenn Wind und Regen von hinten kommen.

Ausrüstung für das Rad [→ Reparieren, Seite 90], zusätzlich:

- ❑ Gabel-, Konus-, Inbus-, Speichen- und Tretlagerschlüssel
- ❑ Kettenspanner und -nietendrücker mit Ersatzstift
- ❑ Rohloff Caliber, Kettenverschleißlehre
- ❑ Kranzabnehmer und Kurbelabnehmer
- ❑ Pumpe für Dämpfer und für Reifen
- ❑ Reifenheber

Reparaturmaterial [→ Improvisieren, Seite 90], zusätzlich:

- ❑ Fahrradflickzeug
- ❑ Bremsklötze, Speichen, Schuhplatten
- ❑ Kette und Kettenöl
- ❑ Kettenblatt vorn (Anzahl Zähne? Durchmesser Lochkreis?)
- ❑ Schlauch und Reifen, grobstollig
- ❑ Schaltkabel, lang
- ❑ Schaltung 8-fach Grip-Shift, mit Kabel
- ❑ Spannachse lang
- ❑ Wechselrädchen, XT

:-) www.radreise.de, www.adfc.de, www.dimb.de, www.ibike.org

TIPP **Morgens ist der Körper leistungsfähiger, also sollte die größere Tagesetappe bis Mittag hinter Ihnen liegen.**

Mit Kindern radeln

Kinder planen die Route mit:

- Berücksichtigen Sie bei der Zeitplanung häufige Pausen.
- Wählen Sie ruhige und möglichst autofreie Strecken aus.
- Planen Sie die Route auch mit kürzeren Alternativen.
- Gestalten Sie die Route abwechslungsreich und wählen Sie Rastplätze, an denen sie spielen und toben können.
- Steile Abschnitte, Pisten mit Schotter, kraftraubendem Sandboden oder unebenem Belag sollten nicht vorkommen oder sehr kurz sein.
- Bringen Sie kleine Packtaschen an den Kinderfahrrädern für Kleidung und Spielzeug an. Denken Sie an essen und trinken.

Für **Kindersitz und Anhänger** gilt:

- Fahren Sie nur mit ausgeruhten Kindern los.
- Schutz gegen Sonne, Regen, Wind, Staub, Wärme, Kälte macht die Tour leichter erträglich, besonders wenn das Kind vor Ihnen sitzt.
- Befestigen Sie den Schnuller an der Kleidung des Kindes.
- Im Kindersitz langweilt sich das Kind, es ermüdet.
- Im Kindersitz, dem Fahrtwind ausgesetzt, kühlt das bewegungslose Kind schnell aus.
- In einem Fahrradanhänger sind auch lange Touren möglich, denn die Kinder können schlafen, essen und etwas spielen.
- Räder mit Stützrädern sind für Radtouren ungeeignet.
- Ein Erwachsener sollte immer hinter den Kindern fahren, bei zwei begleitenden Erwachsenen kann einer vorfahren.

Bereiten Sie Ihre Kinder und deren Räder vor:

- Das Kind muss das Rad sicher beherrschen, also üben Sie mit ihm aufsteigen, losfahren, bremsen, ausweichen …
- Prüfen Sie den technischen Zustand des Rades vor der Tour und zwischendurch: Bremsen, Luftdruck, Licht, Lenker, lose Teile …
- Stellen Sie Lenker, Sattel, Bremsen … möglichst bequem ein.
- Signalfähnchen und Wimpel bringen zusätzliche Sicherheit, insbesondere bei kleinen Fahrrädern und Anhängern.
- Verabreden Sie mit den Kindern klare Signale für Halten und Weiterfahren sowie für das Verhalten an Kreuzungen und Gabelungen.

> **TIPP** **Betrachten Sie die Tour mit Kinderaugen und beteiligen Sie sie so intensiv wie möglich. Unterwegs nötig: Schutz gegen Sonne, Regen, Wind, Staub, Wärme, Kälte, Wimpel.**

EXTRA: IN DEN BERGEN

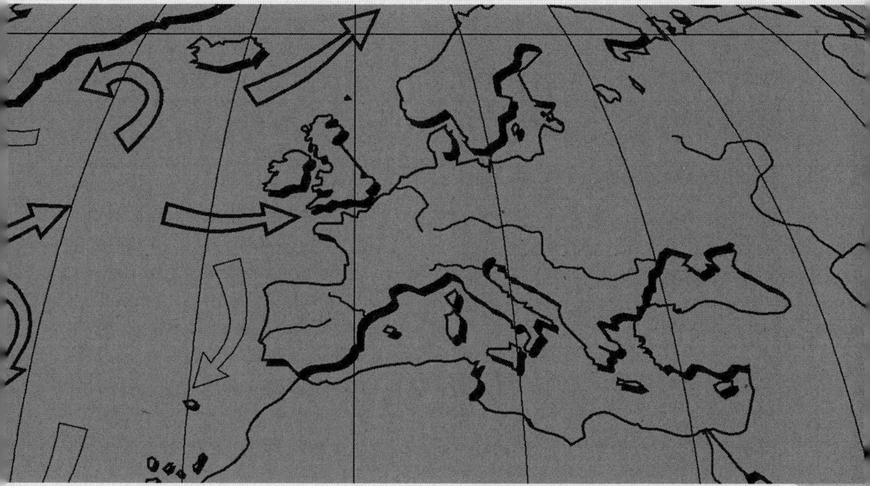

Tourenplanung

Ausdauertraining (Joggen, Schwimmen, Rad fahren) erhöht die Fähigkeit zur Nutzung des Sauerstoffs und stärkt die Kondition. Kurz vor der Tour sollte nicht mehr intensiv trainiert werden. Lassen Sie Ihre Zähne kontrollieren, denn Temperatur- und Luftdruckwechsel können Füllungen lockern oder Entzündungen fördern.

Die Tour vorbereiten, aktuelle und lokale Verhältnisse beurteilen:

- ❑ Wetterbericht abhören, Lawinenbulletin abrufen.
- ❑ Tourenplanung mit Karte 1:25.000 vornehmen.
- ❑ Hüttenwart, Gebietskenner und Einheimische befragen.
- ❑ Im Zweifelsfall einen Bergführer engagieren.
- ❑ Ziel und Route den Fähigkeiten der Teilnehmer anpassen.
- ❑ Ziel und Route hinterlassen oder im Hüttenbuch vermerken.
- ❑ Ausrüstung und Bekleidung anpassen und kontrollieren.

TIPP **Gehen Sie nur gut vorbereitet und mit anderen in die Berge.**

Sicherheitsaspekte bei der Planung berücksichtigen:

- ▶ größte erreichte Höhen sowie Höhenmeter in Auf- und Abstieg.
- ▶ Länge der ebenen Wegstrecken und Berechnen der Gehzeiten.
- ▶ Die schwierigsten Wegstellen, besondere und aktuelle Probleme.
- ▶ Schlechtwettervarianten, Schlüsselstellen für Umkehr, Stützpunkte.
- ▶ Hüttenöffnungszeiten und Bewirtschaftungsart, Schlafplätze anmelden, Verpflegung und Schlafsack mitnehmen.
- ▶ Tageslänge, Temperatur, Schneeverhältnisse, Lift-Betriebszeiten.

Während der Tour

- ▶ Wetterentwicklung beobachten: Wind, Temperatur, Nebel ...
- ▶ Teilnehmer beobachten; viele kleine Pausen sind besser.
- ▶ Mögliche Gefahrenumstände frühzeitig erkennen und umgehen.
- ▶ Zeitplan einhalten, rechtzeitig vor der Schlüsselstelle umkehren.
- ▶ Bei mehrtägigen Touren Ruhetage einlegen.
- ▶ Bei Nebel werden Gefahren übersehen oder falsch eingeschätzt!

Bei Belastung und Anstrengung werden **Essen und Trinken** oft verdrängt. Das Durstgefühl ist nicht sicher genug. [→ Durst, Seite 128]

- ▶ Kohlenhydrate sollten etwa 60 – 80 % der Nahrung ausmachen. Fett benötigt mehr Sauerstoff für die Verbrennung.

- Vor der Tour ein leichtes, gutverdauliches Frühstück einnehmen.
- Etwa alle 2 Stunden kleine Esspausen mit gesüßten Getränken (Kräutertee). Traubenzucker wird zu rasch abgebaut und benötigt viel Wasser.
- Trinken Sie viel und oft in kleinen Portionen, das ist effektiver. Zuckerarme, mineralhaltige Getränke sind gut, ebenso warme Getränke. Kalte entziehen dem Körper Wärme. Essen Sie keinen Schnee!
- Extremes Bergsteigen kann den Körper bis zu 10.000 kcal täglich kosten, doch der Darm kann höchsten 6000 kcal pro Tag umsetzen. Also wird Körpersubstanz abgebaut.
- Bergsteiger können nur bis etwa 5500 m ihre Kalorienbilanz ausgleichen, darüber verliert der Körper unaufhaltsam Gewicht.

Bergtouren sind verbunden mit naturbedingten **Gefahren** wie Steinschlag, Eisschlag, Eislawinen, Wächtenabbrüche, Lawinen, Spaltenstürze, Wetterumstürze, Nebel und Gewitter ... Der Aufenthalt in hochalpinen Regionen ist darüber hinaus extrem belastend:

- In 3500 m Höhe ist nur 65 %, am Mt. Everest etwa 30 % des Sauerstoffs in der Luft verfügbar, verglichen mit Meereshöhe.
- Die Temperatur fällt um 1 Grad pro 150 Höhenmeter.
- Die Windgeschwindigkeit steigt, ebenso die Verdunstung.
- Die Luftfeuchte nimmt bis in Wolkenhöhe zu. Darüber wird sie immer trockener.
- Die UV-Strahlung nimmt um etwa 15 % pro 1000 Höhenmeter zu.

Dennoch sind beim normalen Trekking gesundheitliche Zwischenfälle gering (0,1 %), ebenso die Todesfallrate (15 Fälle bei 100.000 Personen). Bei Expeditionen steigt das Risiko deutlich mit 25 % gesundheitlichen Zwischenfällen und einer Todesrate von 2 – 3 %. Unfälle sind dabei 9mal häufiger als Höhenerkrankungen. [→ Seite 199 – 206]

Schonen Sie die **Umwelt** beim Bergsport:

- Nur markierte Wege benutzen, nicht die Hänge queren. Aus Trampelpfaden werden Erosionsrinnen.
- Pflanzen nicht pflücken, Vogelschutz- und Wildeinstandsgebiete respektieren, Tierspuren nicht folgen, Gatter wieder schließen.
- Übernachten Sie möglichst in oder bei Schutzhütten.
- Paraglider sollten Tiere nicht verfolgen. Schattenwurf und Farben der Gleiter stören, verängstigen und vertreiben die Tiere. In wildsensiblen Perioden wie Winter und Frühjahr nicht starten.

:-) www.alpenverein.de, www.alpenverein.at, www.alpenfuehrer.de, www.vertikalsport.de, www.alpinweb.de, www.alpinesearch.de

Zu Fuß unterwegs

1: Sehr leicht – Kaum Höhenunterschiede, Ebene bis 500 m, einfache Wege bei jeder Wetterlage, Tempo 4 – 6 km/h.

2: Leicht – Höhenunterschiede bis etwa 300 m, Hügelland bis 1000 m, einfache Wege bei jedem Wetter begehbar, Tempo bis 5 km/h.

3: Leicht bis mittel – Höhenunterschiede bis 600 Höhenmeter, Mittelgebirge bis 1800 m, Weg bei nicht extrem schlechten Wetterbedingungen einfach begehbar, Tempo bis 5 km/h.

4: Mittel – Hochgebirge über der Waldgrenze bis 2200 m, Weg bei entsprechender Kondition, Orientierung, Ausrüstung ohne Schwierigkeit begehbar, bei schlechter Witterung gefährlich, Tempo bis 4 km/h.

5: Schwierig – Hochalpines Gelände bis 3000 m, Wege erfordern manchmal Trittsicherheit und Schwindelfreiheit, an exponierten Stellen gesichert, bei schlechter Witterung sehr gefährlich.

6: Sehr schwierig – Hochalpines Gelände über 3000 m, ungesicherte Wege, evtl. vergletschert, vereinzelt Klettern bis Schwierigkeitsgrad II, hochalpine Erfahrung und Ausrüstung erforderlich.

Ausrüstung

- ❑ Schuhe mit Profilgummisohle bis über den Knöchel, übergroß, eingelaufen, wasserdicht, am Abschluss gepolstert.
- ❑ Fußschonend sind nahtlose Wandersocken mit verstärkten Ballen- und Fersenteilen, manche kennzeichnen linke und rechte Socken.
- ❑ geeignete Kleidung auch bei Wetterwechsel und Temperatursturz
- ❑ Sonnenbrille, Sonnenschutz, Hirschtalg oder Ballistolöl
- ❑ Orientierungsmittel: Karte (1:25.000), Kompass, Höhenmesser
- ❑ Taschenmesser, Toilettenpapier, Schreibzeug, Reserveschnürsenkel
- ❑ Proviant, Wasserflasche, Biwaksack, Taschenlampe
- ❑ Erste-Hilfe-Paket [→ Reiseapotheke, Seite 217], Signalpfeife
- ▶ Lederschuhe verspröden, wenn sie am Feuer oder einer zu heißen Heizung getrocknet werden. Besser mit Zeitungspapier ausstopfen und dieses mehrmals wechseln.

Beim **Wandern mit Kindern** sollten die Kinder bergauf vorangehen, bergab gehen die Erwachsene voran und bremsen die Kinder.

- ▶ Oft und genug trinken, bieten Sie häufig kleine Snacks an.
- ▶ Schutz vor Sonne und Kälte, vor Wind und Regen.
- ▶ Feste, knöchelhohe und rutschfeste Schuhe.
- ▶ Teleskopstöcke behindern Kinder eher und fördern die Erosion.
- ▶ Die Kinder sollten einen eigenen leichten Rucksack tragen: Das halbierte Alter in Jahren entspricht dem Rucksackgewicht in Kilogramm.

Sichere Zeitplanung

- Setzen Sie Tages- und Etappenziele hinsichtlich Strecke und Zeit.
- Planen Sie zeitliche und konditionelle Reserven ein.
- Gehen Sie so langsam, dass Sie bis zum Ende des Tages die selbe, gleich bleibende Geschwindigkeit halten können.
- Haben Sie nach einem Viertel der geplanten Tagesgehzeit Ihr Zwischenziel erreicht? Ziehen Sie Konsequenzen für das zweite Viertel.
- Haben Sie nach der Hälfte der geplanten Tagesgehzeit Ihr Zwischenziel erreicht (Point of no return)? Falls nicht, kehren Sie um!

Weg pro Stunde	sehr gut trainiert	Alleingeher	Gruppen
vertikal im Aufstieg	600 Höhenmeter	400 Höhenm.	300 Höhenm.
vertikal im Abstieg	1000 Höhenmeter	800 Höhenm.	600 Höhenm.
horizontale Strecke	6 km	5 km	4 – 5 km
mit Schneeschuhen	7 km	2 – 4 km	
mit Langlaufskier	30 km	6 – 10 km	

Von den für Horizontal- und Vertikalstrecken errechneten Zeiten wird der kleinere Wert halbiert und zum größeren addiert. Beispiel: Allein benötigen Sie für eine Tour mit 2000 m Anstieg (5 Stunden), 2400 m Abstieg (3 Stunden) und einer Gesamtstrecke von 20 km (4 Stunden) eine Gesamtzeit von $(4 \div 2) + (5 + 3) = 10$ Stunden.

Wegverläufe sind immer logisch, doch nicht immer sofort klar, da man weder die Landschaftsstruktur noch den Zweck der Wege kennt. Die einfachste Verbindung zwischen zwei Punkten ist im unebenen Gelände eben nicht die Gerade. Scheinbare Umwege vermeiden vielleicht Bäche, Morast, Felsabbrüche, Geländeeinschnitte ...

- Starke Steigungen oder Gefälle werden in Serpentinen angegangen, nie in direkter Linie. So verteilt sich die Anstrengung auf ein längeres Wegstück.

Außerdem dienen viele Wege eben nicht (ausschließlich) dem Vergnügen der Fußreisenden. Möglicherweise führen sie zu abgelegenen Hütten, Häusern, Mühlen, Almen, Farmen, Aussichtspunkten, Wasserstellen, dienten dem kleinen Handelsverkehr über die grüne Grenze oder haben eine militärische Vergangenheit.
Alte Wege, wie beispielsweise die Walserwege in Italien, sind nicht zu verbessern, sondern verbinden Zweck und Gelände optimal. Es hilft sehr, sich um ein Verständnis der Wegverläufe zu bemühen. Nach und nach entwickelt sich ein Gefühl für »richtige« Wegverläufe.

:-) Naturfreunde www.nfi.at, www.wanderjugend.de

Rhythmus & richtiger Gang

Sprinter sind schlechte Langstreckenläufer. Zunehmende Unsicherheit beim Gehen, Stolpern und Umknicken deuten auf Erschöpfung und Ermüdung [→ Seite 219]. Dann ist es besser, eine Pause einzulegen oder einen Lagerplatz für die Nacht zu suchen – und darüber nachzudenken, ob man richtig geht! Ungeduld und Ehrgeiz überfordern den Körper.

Wer langsam geht, braucht zwar länger, ist aber ausdauernder und kommt weiter. Zum Anfang der Tour gilt es, den eigenen **Rhythmus** zu finden. Er ist gefunden, wenn der Körper »selbstvergessen« läuft. Dann geht »es« gleichmäßig Stunde um Stunde, während die Gedanken sich frei machen. Es hilft, den Rhythmus durch Zählen der Schritte zu begleiten: 1, 2, 3, 4 beim Ausatmen – 1, 2, 3, 4 beim Einatmen.

Auch beim Steigen, in großer Höhe, in Schnee oder Sand soll der Rhythmus gleich bleiben, nur die Schritte werden kleiner. Erst wenn die Anstrengung noch größer wird und sich die Schrittweiten nicht mehr verringern lassen, wird der Rhythmus auf drei Schritte pro Atemzug verringert. Die Leistungsgrenze ist erreicht, wenn jeder Schritt von Ein- oder Ausatmen begleitet wird. Zu Beginn einer Wanderung reicht die Kraft für einen spielerischen Gang. Doch irgendwann wird jeder unnötige Kraftaufwand zur Qual.

Der Körper kennt seinen Rhythmus. Das Problem sind die **Störversuche des Verstandes:** Leistungsdenken und das Vergleichen mit Begleitern, mit Entgegenkommenden, mit Überholenden. Oder er meint, dass hinter der nächsten Kurve oder hinter dem nächsten Hügel schon das Ziel erreicht wäre. Deshalb müsse man nun einen Endspurt einlegen. Dadurch nähert man sich weniger dem Ziel als dem Zustand seelischer und körperlicher Erschöpfung. Dies rechtzeitig zu erkennen, setzt viel Erfahrung im Umgang mit dem eigenen Körper voraus. Störende Empfindungen oder ein Schmerz können ernstzunehmende Anzeichen sein, denn aus dem Reiben kann eine Blase, aus dem Stechen ein sich lösender Zehnagel werden. Vielleicht sind sie auch nur ein Protest des Körpers gegen Ungewohntes und klingen schnell wieder ab. Das gilt es einzuschätzen.

TIPP **Kurze Schritte, krumme Knie, kommst du rauf und weißt nicht wie.**

Wie geht man richtig?

- Die Hände müssen frei sein.
- Packen Sie Schweres möglichst körpernah in den Rucksack.
- Der Rucksack darf den Körper nicht behindern und muss auch plötzliche Sprünge mitmachen, ohne zu verrutschen.
- Vermeiden Sie lose am Rucksack oder Körper hängende Gepäckteile.
- Treten Sie über Hindernisse hinweg und setzen Sie den Fuß auf möglichst ebenem Boden ab.

- Gehen Sie beim Abstieg nicht steifbeinig, sondern leicht angehockt – die Knie nie ganz durchdrücken. Die Füße sollen eher nach vorne schwingen, die Bewegung erfolgt aus der Hüfte heraus. Hilfreich ist die Vorstellung, dass man Räder an Stelle der Beine hat, und dass die Füße den Boden erst nach einer Umdrehung des Rades berühren.
- Bevorzugen Sie weichen Untergrund zum Gehen. Asphalt, Steine oder harter Lehmboden sind strapaziöser als Wiesen- oder Waldboden.
- Teleskop-Wanderstöcke sind eine Gehhilfe für geübte Wanderer und entlasten die Knie. Unsichere Wanderer suchen damit nicht nur zwei feste Tritte, sondern zusätzlich noch einen dritten festen Punkt für den Stock. Sie werden langsam und vertrauen den Füßen noch weniger.
- Wenn die Not Eile gebietet, abwechselnd 30 Schritte gehen und 30 Schritte locker laufen.

Schonen und pflegen Sie Ihre **Füße,** Blasen sind oft vermeidbar:

- Zehennägel immer kurz schneiden. Dabei nicht bis ins Nagelbett an den Seiten einschneiden, sondern einen waagerechten Schnitt kultivieren. Verletzungen am Nagelbett können langwierige Entzündungen hervorrufen.
- Bei Pausen Schuhe ausziehen und trocknen lassen.
- Auf trockene Strümpfe achten.
- Füße waschen, kühlen, trocknen, einreiben mit Hirschtalg oder Ballistolöl und hoch legen. Strümpfe wechseln.
- Druckstellen frühzeitig mit Leukoplast schützen.

Pflaster und Verbände verstärken den Druck auf die **Blasen** und damit den Schmerz. Die Blase zu öffnen, lindert den Schmerz.

- Die Wundstelle großflächig desinfizieren und dachziegelartig mit langen Leukoplast-Streifen überziehen. Das verstärkt und fixiert die Haut. Weißes Leukoplast klebt schlechter, braunes löst eher Allergien aus.
- Die Auflage erst entfernen, wenn die wunde Haut einige Tage unbelastet, trocken und sauber heilen kann. Dann vorsichtig ablösen.
- Eine geöffnete Blase kann sich wieder schließen und erneut füllen. Manche Wanderer ziehen daher einen Faden durch die Blase, um sie offen zu halten. Das erhöht allerdings die Infektionsgefahr.

TIPP **Unterwegs nützlich: dünne, nahtlose Socken, Ersatzschnürsenkel, Lederwachs, Leukoplast, Hirschtalg oder Ballistol.**

Felsklettern

Kletterer benutzen vorgegebene Einstiege, Zu- und Abstiegswege und respektieren Sperrzeiten und -fristen, um brütende Vögel nicht zu stören. Routen werden nicht ausgeputzt, Magnesia nur gering eingesetzt. Felsen werden weder ausgeholzt noch bemalt.

Beim Klettern werden Sie auf unterschiedliche **Techniken** stoßen. Immer nötig sind Trittsicherheit und Schwindelfreiheit auch in ausgesetztem Gelände, also auf Graten oder in Wänden.

- Klettersteige benutzen Wanderpassagen, ungesichertes leichtes Klettergelände und gesicherte Kletterpassagen. Sicherungen bestehen aus Drahtseilen, Eisenleitern, Stahlstiften und -klammern.
- Bouldern: Klettern an Felsblöcken bis in eine Höhe, aus der gefahrlos abgesprungen werden kann.
- Sportklettern betont den sportlichen Aspekt. Die Routen sind meist nicht länger als eine Seillänge, gut gesichert mit Haken und Standplätzen. Bei »Top-rope« wird das Seil von oben eingehängt.
- Freiklettern nutzt ausschließlich natürliche Möglichkeiten im Fels, das Seil sichert lediglich den Notfall. Beim alpinen Freiklettern legen Sie Zwischensicherungen und Standplätze selbst an.
- Big Wall: Schwierigkeit und Länge erfordern Biwaks in der Wand.
- Free Solo: Klettern im Alleingang ohne Sicherung.
- Rotpunkt: Sturzfreier Vorstieg einer Route.

▶ Beachten Sie: Die beiden größten **Gefahren** beim Felsklettern sind: Absturz wegen falscher Sicherung und Wetterumschwung bei alpinen Touren.

Schwierigkeitsgrade beim Felsklettern

1: Gering – Einfachste Form der Felskletterei, kein Gehgelände! Die Hände sind zur Unterstützung des Gleichgewichtes erforderlich. Anfänger werden am Seil gesichert. Schwindelfreiheit erforderlich.

2: Mäßig – Die »Drei-Punkte-Technik« wird erforderlich, nur ein Fuß oder eine Hand lösen sich vom Fels.

3: Mittel – Senkrechte Stellen verlangen Kraftaufwand. Zwischensicherungen an exponierten Stellen empfehlenswert. Geübte Kletterer benötigen noch keine Seilsicherung.

4: Hoch – Erhebliche Klettererfahrung nötig. Längere Kletterstellen bedürfen mehrerer Zwischensicherungen. Auch geübte Kletterer sichern sich meist am Seil.

5: Sehr hoch – Zunehmende Zahl an Zwischensicherungen. Erhöhte Anforderungen an Kondition, Klettertechnik und Erfahrung. Lange, hochalpine

Routen im Schwierigkeitsgrad V zählen zu den ganz großen Unternehmungen.

6: Extrem – Die Kletterei erfordert weit überdurchschnittliches Können und hervorragenden Trainingsstand. Große Ausgesetztheit, oft mit kleinen Standplätzen. Solche Passagen verlangen gute Bedingungen.

7: Außergewöhnlich – Nur durch gesteigertes und an die Gesteinsart angepasstes Training sowie mit verbesserter Ausrüstung machbar. Neben akrobatischem Klettervermögen nahe der Sturzgrenze ist eine ausgefeilte Sicherungstechnik unerlässlich.

Neben dieser Skala gibt es zahlreiche nationale und regionale weitere Skalen. Künstliche Kletterei wird in einer getrennten Skala erfasst. Es ist jedoch ein Unterschied, ob man eine Kletterstelle der Stufe VI an der Hallenkletterwand klettert oder mit Rucksack im Regen an einer 500 m hohen Wand im Gebirge. Es gibt daher den Vorschlag, die **Ernsthaftigkeit einer Route** nach ihrer Absicherung zu bewerten:

E0 – Vollständig eingebohrte Routen, die keine mobilen Sicherungsmittel zur zusätzlichen Absicherung erfordern. Kurze Hakenabstände, nahezu risikoloses Klettern.

E1 – Eingebohrte Routen, die teilweise mobile Sicherungsmittel erfordern. Ein Sturz ist ein kalkulierbares Risiko. Mit einfachen Mitteln relativ leicht zusätzlich abzusichern.

E2 – Die Absicherung erfordert ein sicheres Handhaben von mobilen Sicherungsmitteln für Zwischensicherung und zum Standplatzbau. An neuralgischen Stellen Bohrhaken möglich.

E3 – Mobile Sicherungsmittel und Normalhaken sind sehr schwierig und kraftraubend anzubringen. Sehr gute alpine Erfahrung und Selbsteinschätzung nötig.

E4 – Weite Strecken zwingend schlecht oder ungesichert. Perfekte Kenntnis aller alpinen Sicherungstechniken ist nötig.

Alle **Ausrüstungsgegenstände** sollen das UIAA-Zeichen tragen, ohne sichtbaren Defekt und nicht älter als etwa 5 Jahre sein. Für Klettersteige benötigen Sie zusätzlich zur Wanderausrüstung:

- ❑ Kletter- oder Kombinationsgurt
- ❑ 2 Klettersteigkarabiner
- ❑ Klettersteig-Fallbremse
- ❑ Einfachseil, 4 m
- ❑ Helm und Handschuhe für rauhe Drahtseile
- ❑ evtl. Hilfsseil, 20 – 25 m, für ungesicherte Passagen

Ausrüstung für das Freiklettern:

- ❑ Helm, Brust- und Sitzgurt, Kletterschuhe
- ❑ Einfachseil oder Zwillingsseil, 50 m
- ❑ 2 Schraubkarabiner, 2 HMS-Karabiner, 1 Abseilachter
- ❑ 2 lange, 1 kurze Bandschlinge, 5 Expressschlingen
- ❑ 2 Prusikschnüre
- ❑ Achterschlingen 1,50 m

Sicherungen sind Fixpunkte für den Fall eines Sturzes. Dabei wird das Seil mit Karabinern und Schlingen an der Wand fixiert. Fehlen Felszacken, Felsköpfe, Sanduhren u.ä. kommt die Technik zum Zuge:

- Felshaken aus Hart- oder Weichstahl werden in Felsrisse oder -löcher geschlagen und lassen sich leicht wieder herausschlagen.
- Bohrhaken dienen als belastbare Stand- und Zwischensicherung.
- Klemmkeile vieler Formen und Größen werden beim Vorstieg in Spalten oder Risse geklemmt. Der Nachsteigende entfernt sie.
- Klemmapparate wie der »Friend« passen in wechselnde Rissbreiten.

Die Kletterpartner bilden mit Seil, Fixpunkten, Schlingen und Karabiner eine **Sicherungskette,** die nur so stark ist wie ihr schwächstes Glied. Ein Knoten kann die Bruchfestigkeit eines Seils halbieren. Jeder Kletterer der **Seilschaft** muss beherrschen:

- ❑ Seilkommandos, Vorstieg, Sicherung, Nachstieg
- ❑ die Knoten- und Materialtechnik
- ❑ Eine Zweierseilschaft ist ideal für Fels und Eis. Angeseilt wird mit dem gesteckten Achter, die Führung wechselt überschlägig.
- ❑ Bei der langsamen Dreierseilschaft führt der Seilerste ohne Gepäck.

TIPP **Eine Route ist im Abstieg schwieriger als im Aufstieg!**

:-) Knotentechnik: www.earlham.edu/~peters/knotlink.htm, www.igkt.craft.org

:-) Klettern: http://get.to/climbbetter, www.freiklettern.de, www.rockclimbing.de

Hang, Canyon & Gletscher

Geröllhänge aus losem fein- bis grobkörnigem Material sollten Sie an deren Fuß oder oben direkt unter dem Abbruch umgehen. Queren Sie ihn nur im Notfall, denn es könnte eine Geröllawine ausgelöst werden:

- Queren Sie nur wenn unterhalb von Ihnen und am Fuß des Hangs keine Menschen sind.
- Queren Sie den Hang allein, der Nächste folgt mit großem Abstand.
- Queren Sie zügig ohne stehen zu bleiben, auf gerader Linie oder leicht schräg, jedoch niemals in gerader Linie abwärts. Manche Steine lösen sich erst später und gefährden Sie dann.
- Unkontrolliertes Rutschen lässt sich bremsen: Bringen Sie sich in Bauchlage, die Füße talwärts, dann so in die Stemmbeuge, dass Füße und Hände den Untergrund berühren, der Hintern aber oben ist. Üben Sie das schmerzfrei an verschneiten Hängen.
- In sehr feinkörnigem Geröll kann man wie im Schnee abfahren. Die Füße schulterbreit und parallel ausgerichtet, benutzt man die Stiefel wie Skier, schwingt und springt angehockt hinab.

Die **Schwierigkeitsgrade für Canyoning** gelten für Niedrigwasser. Die Hauptgefahr entsteht nach Gewitter oder Regen durch Flutwellen, die große Wassermengen mit hohem Druck durch schmale Schluchten pressen. Gefährdet sind besonders trockene, vegetationsarme Gebiete, Karstgebiete oder Dolomitregionen mit unterirdischen Zuflüssen.

1: unschwierig – Einfacher Wandercanyon, über Stock-und-Stein auf Kiesbänken, gelegentliche Schwimmstrecken, ohne Klettern, Sprünge oder Abseilstellen. Leichte Strömungen. Von Anfängern begehbar.

2: mäßig schwierig – Canyonwanderung mit leichten Kletterstellen, Sprüngen bis zu 3 m Tiefe. Vereinzelt flotte Strömungen. Von sportlichen Anfängern begehbar.

3: schwierig – Abseilstellen bis 10 m, Sprünge bis 5 m. Strömungen können gefährlich sein. Alpine Erfahrung, Kletterkenntnisse und Kenntnisse der Eigensicherung sind nötig.

4: sehr schwierig – Abseilstellen bis 30, Sprünge bis 8 m. Gefährliche Strömungen. Alpine Erfahrung auch in schwierigen Canyons, gute Kletterkenntnisse und Kenntnisse der Eigensicherung erforderlich.

5: äußerst schwierig – Abseilstellen bis 100 m, Sprünge bis 12 m. Sehr gefährliche Strömungen. Erfahrung auch in sehr schwierigen Canyons, perfektes Kletterkönnen und Kenntnisse der Zwischenstandsicherung sind notwendig.

6: extrem schwierig.

Persönliche Ausrüstung:

- ❑ Neoprenanzug und -socken, evtl. mit Knie und Ellbogenschutz
- ❑ wasserunempfindliche, knöchelhohe Schuhe mit griffiger Sohle
- ❑ Handschuhe, Höhlenoverall, Funktionsunterwäsche, Fleeceanzug
- ❑ wasserdichte Beutel, Schleifsack oder Tonne mit Schraubverschluss

Sicherheitsausrüstung:

- ❑ Helm und Schwimmweste, Reiseapotheke [→ Reiseapotheke, Seite 217]
- ❑ Höhlenseil (2 x 40 m) und Wurfsack
- ❑ Klettergurt, Abseilachter, Normal-, Twistlock-, Schraubkarabiner
- ❑ Bandschlingen, Steigklemme und Prusikschlingen
- ❑ Hammer, Dübel, Dübelsetzer, Laschen, Ovalbügel, Gabelschlüssel

> **TIPP** Touren Sie in unbekanntem Gelände nicht allein.

Alpine Hochtouren queren fast immer auch **Gletscher.** Ausgeaperte, d.h. schneefreie Gletscher sind gut zu überblicken. Schneebedeckte Spalten bilden die größte Gefahr. Eine Seilschaft mit mindestens 4 Personen ist die beste Eigensicherung. Die Seilpartner sollten bei gespanntem Seil 8 m voneinander entfernt gehen. Zweierseilschaften vermeiden, denn der stürzende Seilpartner kann den anderen mitreißen. Seilabstand von mindestens 12 m einhalten und das Seil mit Bremsknoten versehen.

Persönliche Ausrüstung:

- ❑ Griffige Fingerhandschuhe sind den wärmeren Fäustlingen vorzuziehen. Fäustlinge können über dünne Fingerhandschuhe gezogen und beide mit einer Schnur verbunden werden.
- ❑ Mütze, Sturmhaube, Halstuch, Schal, Fleecekleidung
- ❑ Unterhemd und lange Unterhose
- ❑ dünne und dicke Socken

Zusätzliche Ausrüstung für die Felskletterei:

- ❑ 1 Eispickel
- ❑ 1 Hammer fürs Eisklettern mit gekrümmter Spitze, eventuell 1 Hammer für den Standbau oder Geräte mit auswechselbaren Spitzen. Handschlaufe muss richtig sitzen.
- ❑ 2 Eisschrauben, möglichst Hohlrohre
- ❑ steigeisenfeste Leder- oder Kunststoffschuhe
- ❑ Steigeisen, Neoprenriemen mit Ösenschnallen
- ❑ Helm, Sturmhaube, Stirnband

In Höhlen

Karstgebiete sind stark geklüftet und spaltenreich, sie werden meist unterirdisch entwässert. In tiefer liegenden wasserstauenden Schichten steigt bereits Minuten bis Stunden nach oberflächlichem Niederschlag der Wasserspiegel.

Ein großes Höhlensystem hat drei **hydrologische Zonen:**

- Die inaktive Zone über dem Karstwasserspiegel.
- Die aktive vadose Zone im Bereich des Karstwasserspiegels steht kürzere oder längere Zeit unter Wasser.
- Dauernd wassergefüllte Hohlräume und Siphons (phreatisch).

Eine **Hochwasserwelle** kann weit entfernte Ursachen haben, langsam (1 m Anstieg in 30 Minuten) oder flutartig ansteigen, bis zu 180 m Anstieg in alpinen Schachthöhlen. Sie entsteht durch:

- andauernden bzw. starken Regen
- Regen bei bereits vollständig wassergesättigten Böden
- Regen nach langer Dürreperiode
- Schneeschmelze nach starkem Temperaturanstieg

Ein **Wassereinbruch** birgt folgende Gefahren:

- Ertrinken bei der Flucht in die Stauzone des Wassers.
- Ersticken, wenn die rettende Luftblase zu klein ist.
- Erschöpfung und Unterkühlung während der Wartezeit.

Weitere **Risiken in Höhlen:**

- Festgeklemmtes Hängen am Seil im Schacht.
- Die meisten Höhlen haben ein stabiles Druckgewölbe. Einstürze entstehen meist durch Grabungen der Höhlengeher. Erhöhte Einsturzgefahr besteht in Eis-, Gips- sowie tektonischen Höhlen.
- Labyrinthe sind selten, können dann aber gefährlich sein.
- Infektion mit Leptospiroseerregern.
- Sauerstoffmangel tritt in natürlichen Höhlen selten auf, gut bewetterte Höhlen enthalten höchstens 2 % Kohlenstoffdioxid.

Sicherheitsmaßnahmen beim Befahren von Höhlen:

- ▶ Suchen Sie Rat beim lokalen Höhlenverein.
- ▶ Keine Höhlenbefahrung bei ungünstiger Wetterlage.
- ▶ Wie ist das Flutverhalten der jeweiligen Höhle?
- ▶ Gehen Sie nie allein. Drei Personen sind ideal.
- ▶ Verändern Sie nichts, graben Sie nicht und schlagen Sie nichts ab.
- ▶ In trockenen Passagen fehlen oft Führungsleinen, nach Wassereinbruch ist der Rückweg ohne Leine schwierig.

Voraussetzungen für die Befahrung:

- Die Schachttechnik muss beherrscht werden.
- Das Höhlentauchen bedarf gründlicher Ausbildung.
- Licht ist lebenswichtig, ebenso Schutz vor Kälte und Nässe.
- Die Ausrüstung muss eine längere Wartezeit in der Höhle erlauben.
- Hinterlassen Sie Ihren Touren- und Zeitplan.
- Eventuell ist eine behördliche Genehmigung nötig.

Es ist nahezu unmöglich, ohne **Licht** aus einer Höhle zu finden. Jeder sorgt für mehrere unabhängige eigene Lichtquellen, Energievorrat und Ersatzteile. Diese müssen Sie tastend im Gepäck finden, wechseln und reparieren können. Für die Auswahl der Lichtquellen entscheidend: Wie störanfällig ist sie gegen Stöße und Feuchtigkeit? Ist sie im Dunkeln reparabel? Welche Energie- bzw. Lichtausbeute hat sie?

- *Elektrisches Licht* bündelt den Lichtstrahl. Halogenlampen haben eine höhere Lichtausbeute, Hochleistungsleuchtdioden sind nicht einsatzreif. Die Spannung von Batterien und Bleiakkus sinkt langsam, die von NC- und NIMH-Akkus sehr rasch.
- *Karbidlicht* bedarf praktischer Erfahrung, ist aber sehr zuverlässig und hat eine sehr gute Energieausbeute. Wind und Wasser können die offene Flamme löschen. Ein Piezozünder am Brennerteil sorgt für schnelle Zündung. Je nach Karbidfüllung (200 bzw. 300 g) entstehen 14 bzw. 21 Liter Gas pro Stunde mit etwa 4 bis 12 Stunden Brenndauer. Das mit Wasser und Luftfeuchtigkeit reagierende Karbid wird in brandfesten, wasser- und luftdichten Behältern transportiert (Munitionskiste, Weithals-PVC-Flasche, Schlauch eines Autoreifens).
- Als *Notlicht* eignen sich Wachskerzen gut, Leuchtstäbe eingeschränkt. Einmal betätigt, sind sie nicht mehr abschaltbar.
- Lampen mit *Glühstrümpfen* eignen sich als ortsfeste Lichtquelle, doch nicht für die Befahrung.
- *Fackeln und Lagerfeuer* hinterlassen Ruß- und Aschespuren und sind gefährlich wegen der Brandgase.

Persönliche Ausrüstung:

- ☐ Robuster Schleifsack, Tragekomfort ist sekundär. Er darf nicht hängen bleiben, daher werden Außentaschen vermieden. Er hat Schlaufen zum Nachschleifen oder Tragen und Löcher im Boden als Wasserablauf. Kleinere Säcke nehmen Abfälle oder trockene Kleidung auf, große Weithalsplastikflaschen mit Schraubverschluss schützen nässeempfindliche Utensilien. In Höhlen ohne Engstellen eignen sich auch Plastiktonnen mit Tragegestell.

- Kleidung muss robust sein, vor Spritzwasser schützen und wärmen. Die Beweglichkeit muss beim Klettern und in Engstellen gewährleistet sein. Einteiler ohne Außentaschen (Höhlenoveralls) sind sinnvoll.
- Übernachtungen in kalten und nassen Höhlen gut vorbereiten. Isomatten schützen vor Bodenkälte, PVC-Matratzen verspröden. Hängematten vermeiden Bodenfeuchte, kühlen aber stark aus und benötigen einen Befestigungspunkt, den Sie ohne Beschädigung der Höhle finden müssen. Biwaksack oder Zelt schützen gegen Tropfnässe und Luftzug.

In der Schachttechnik ist Freiklettern unüblich. Klemmknoten sollten Sie nur im Notfall einsetzen. **Erforderliche Ausrüstung:**

- Der Sitzgurt hat einen niedrigeren Aufhängungspunkt. Daran hängt ein Schraubglied, das die technischen Geräte aufnimmt.
- Der verstellbare Brustgurt ermöglicht eine aufrechte Hängelage.
- Ein Höhlenseil, kein Doppelseil, vermeidet die Felsberührung.
- Das selbstblockierende Abseilgerät arbeitet krangelfrei, der Abseilachter ist ungeeignet.
- Die Bruststeigklemme wird am Sitzgurt eingebaut, eine zweite Steigklemme wird über die Trittschlinge und die Hände bedient.
- Die verstellbare Trittschlinge bietet Platz für beide Schuhe.
- Eine kurze Sicherungsschlinge (25 – 30 cm) und eine längere (etwa 60 cm) werden aus Bergseil oder Bandmaterial geknotet und am Sitzgurt befestigt. Beide dienen als Zwischensicherung zum Umsteigen, die längere hängt überdies in der oberen Steigklemme.
- ▶ Die **Tiefe eines Schachtes** lässt sich einfach messen: Werfen Sie einen Stein hinunter und messen Sie die Fallzeit bis zum Aufschlag. Multiplizieren Sie die Sekundenzahl mit sich selbst und mit 5. Das ergibt die Fallstrecke in Metern.

Jeder **Höhlentaucher** ist auf sich allein gestellt, setzt seine eigenen Grenzen und Umkehrpunkte. Jeder stellt seine Ausrüstung selbst zusammen und nimmt wichtige Geräte mehrfach mit:

- 2 unabhängige Presslufttauchgeräte (PTG), mit Atemregler und Druckmesser
- doppelte Tarierung
- dreifache Beleuchtung
- 2 Schneidewerkzeuge
- Helm mit mehreren zuverlässigen Lampen
- markierte Führungsleinen
- ▶ Viertelregel beim Luftverbrauch (ein Viertel der PTG-Füllung für den Vorstoß, der Rest für den Rückweg und als Reserve)

Das **Befahren der Siphonzone** in phreatischen Höhlen belastet Nerven, Können und Ausrüstung. Gegenseitige Hilfe ist im engen, schlammigen, trüben und schnell strömenden Wasser kaum möglich.

- Der Rückweg ist besonders gefährlich. Das Wasser ist noch trüber, die Kondition schwindet, die Kälte laugt aus.
- Kleine Zwischenfälle werden durch psychisch bedingte Fehlreaktionen zum Unfallauslöser, doch muss jeder Meter ruhig und beherrscht wieder hinaus geschwommen werden.
- Zu den Gefahren des normalen Tauchens [→ Seite 164] kommt die besondere Höhlensituation.
- Panischer Aufstieg führt zu Kopfverletzungen an der Höhlendecke.
- Dekompressionsanzeichen zeigen sich oft erst viel später.

Der bakterienähnliche Erreger der **Leptospirose** (*Morbus Weil*) wird weltweit vor allem von Ratten, Mäusen und anderen Nagern verbreitet und kann durch deren Urin in die Höhlengewässer gelangen. Spätestens 20 Tage nach der Infektion beginnt die Krankheit mit plötzlichem hohem Fieber, Bindehautentzündung, Waden-, Gelenk-, Nerven- und Kopfschmerzen, Hautausschlägen, Blutdruckabfall. Nach einem fieberfreien Intervall stellt sich eine Leber-, Hirnhaut- und Nierenentzündung ein. Etwa 20 % der Erkrankten sterben.

▶ Sehr frühzeitig wird Penicillin G gegeben, 10 Tage lang hoch dosiert.

Beim **Drainwalking** werden vom Menschen geschaffene Bauten im Untergrund erkundet: Kanäle, Tunnel, Katakomben. Tipps unter:
:-) www.infiltration.org

:-) www.caves.org, www.safecavediving.com, www.cavediving.net, http://cave.lawo.de, www.wanderjugend.de/hoehle.htm

TIPP **Dunkelheit, Schutz gegen Kälte und Nässe, Erfahrung im Klettern und Tauchen machen Höhlentouren sehr anspruchsvoll. Siehe auch unter »Tauchen«, »Kälte & Unterkühlung«.**

Wintersport

Tiere haben im Winter bei geringerem Futterangebot einen erhöhten Energiebedarf. Werden sie z.B. aus ihrer Ruheposition aufgescheucht, müssen sie das Sechsfache der normalen Bewegungsenergie aufbringen und wieder ersetzen. Durch den gestiegenen Freizeitbedarf des Menschen hat die Natur auch in den kurzen Wachstumsperioden außerhalb des Winters oft keine Chance mehr, sich zu regenerieren.

Schonen Sie die **Umwelt** beim Wintersport:

- Wie krass unterscheiden sich Sportort und Natur? Wurden Hänge abgeholzt, Schneekanonen aufgestellt, riesige Flächen zum Parken betoniert, werden Skifahrer mit Helikoptern auf Berge geflogen?
- Positiv sind Abfahrtsrouten mit wenig Liften; Pisten oberhalb der Baumgrenze, ohne Schneekanonen. Bei geringer Schneehöhe wird auf Pistenwalzen verzichtet. Die Skikurse haben Umwelterziehung integriert. Die Architektur ist bergtypisch.
- Touren Sie erst bei geschlossener Schneedecke mit mindestens 30 cm Festschnee, benutzen Sie nur markierte Routen, Pisten, Loipen.
- Verzichten Sie auf Dämmerungs- und Nachtfahrten, um das Wild zu schonen. Füttern Sie es nicht, lassen Sie den Hund zu Hause.
- Der Spruch »jetzt ist ja eh' schon alles betoniert ...« befreit Sie nicht von Ihrer Verantwortung für Ihre Mitwelt.
- Gehen Sie auch dann nicht durch Vogel- und Naturschutzgebiete, wenn andere vor Ihnen schon eine Spur gezogen haben.
- Reisen Sie mit öffentlichen Verkehrsmitteln an.

Persönliche Ausrüstung:

- ☐ Schlitten, Bob, Schlittenschuhe, Ski, Stöcke, Snowboard
- ☐ Skistiefel, Snowboard Boots, Handschuhe, Schal
- ☐ Skihose, -anzug, -jacke, Mütze, Stirnband, Helm
- ☐ Sonnenbrille, Skibrille, Sonnencreme, Lippenschutz
- ☐ Skiwachs, Bügeleisen, Abziehklinge
- ☐ Clips und Foto für Skipass

Für Skitouren:

- ☐ Tourenski von etwa Körperlänge
- ☐ Tourenbindung mit gutem Abrollpunkt (etwa 90 Grad)
- ☐ Fangriemen können bei einer Verschüttung gefährlich sein
- ☐ Tourenschuhe
- ☐ Klebbare Steigfelle für Tagestouren, sonst Spann-Klebefelle
- ☐ fixe Skistöcke, bei Hochtouren Telemarkstöcke
- ☐ Überhose mit durchgehendem Reißverschluss

Ausrüstung für den Wagen:

- ❑ Dachgepäckträger, Skibox, Skisack (erhöht den Spritverbrauch)
- ❑ Winterreifen montieren, Schneeketten mitnehmen
- ❑ Frostschutzmittel für Kühlung, Waschwasser, Türschloss

Sicherheitsausrüstung:

- ❑ Funksignalgeber erleichtern Rettern die Suche nach Verschütteten und erhöhen die Überlebenswahrscheinlichkeit auf etwa 50 %.
- ❑ Ein Lawinen-Airbag bläst sich im Notfall auf. Man treibt auf der Lawine, die Überlebenswahrscheinlichkeit steigt auf fast 100 %.
- ❑ Lawinenwarner
- ❑ Schaufel
- ❑ Verschütteten-Suchgerät
- ❑ Reiseapotheke [→ Reiseapotheke, Seite 217]
- ❑ Biwaksack
- ❑ Reparaturmaterial [→ Improvisieren, Seite 90], zusätzlich Reepschnur

Sicherheitsmaßnahmen während der Tour:

- ▶ Bleiben Sie auf den Pisten.
- ▶ Fahren Sie abseits der Pisten nur mit einem ortskundigen Begleiter und erkundigen Sie sich nach sicheren Tiefschneeabfahrten.
- ▶ Erkundigen Sie sich selbst aktiv durch Radio, Tageszeitungen, Hüttenwarte über die Wetterlage und Lawinengefahr.
- ▶ Halten Sie große Sicherheitsabstände ein. Erstens löst eine Gruppe viel eher ein Schneebrett aus. Zweitens können Sie anderen eher helfen, wenn Sie nicht selbst auch in die Lawine geraten.
- ▶ Fahren Sie nahe der Aufstiegsroute ab und möglichst in der Nähe von kontrollierten Pisten. Peilen Sie möglichst viele sichere Zwischenpunkte an wie Felsblöcke oder Baumgruppen.
- ▶ Nehmen Sie vor der Abfahrt in einem Tiefschneegebiet den Fangriemen (Leash) am Snowboard ab und befestigen Sie ihn unmittelbar nach der Durchfahrt wieder.

Gefahren:

- ❑ Sonnenbrand und Schneeblindheit [→ Seite 157]
- ❑ Lawinen [→ Seite 205]
- ❑ Unterkühlung [→ Seite 201]

:-) www.skiatlas.de, http://skicentral.com, www.wintersport.de, www.skisport.de, www.iglu.de, www.skigebiete.de, www.skiresort.de, www.goski.de

Kälte & Höhe

In großer Höhe besteht die Gefahr eines unaufhaltsamen Wärmeverlustes wegen der abnehmenden Sauerstoffaufnahme über die Atemwege:

Stufe 1: Gänsehaut zeigt an, dass sich die äußeren Blutgefäße verengen. Das abnehmende Gefäßvolumen lässt Blutdruck und Sauerstoffbedarf steigen, das Herz wird stärker belastet.

Stufe 2: Das Frösteln wird von Muskelzittern abgelöst, die gesamte Muskelenergie wird als Wärme frei. Der Stoffwechselumsatz steigt auf das Drei- bis Vierfache, damit der Körperkern nicht abkühlt.

Stufe 3: Ein Muskelzittern ist auf über 8000 m nicht mehr möglich, die Beinmuskulatur ist praktisch gelähmt.

Zu Ihrer **Sicherheit** legen Sie einige Ruhetage vor den Gipfelanstieg

- ▶ Wahl der besten Jahreszeit, optimale Zeit- und Routenplanung.
- ▶ Optimale Höhenanpassung.
- ▶ Bei Rast die Auskühlung durch den Wind mindern.
- ▶ Durch angepasstes Essen und Trinken Erschöpfung verzögern.
- ▶ Optimale Kleidung, Ersatzwäsche, nasse Wäsche schnell wechseln.
- ▶ Biwaksack und Iso-Matte, Alu-Rettungsfolie, 2 x 1 m.
- Bei Baumwollkleidung fällt die Körpertemperatur nach 2 Stunden bei 10 °C auf 25 °C. Kombiniert mit Alufolie werden 27 °C gemessen, kombiniert mit Funktionsbekleidung 32 °C.

Ursachen für die Unterkühlung sind Wärmeverluste durch:

- Ausatemluft und Verdunsten von Feuchtigkeit (50 – 60 %);
- Wärmeabstrahlung des Körpers;
- Durchblutungsstörungen wegen enger oder feuchter Kleidung;
- Spaltensturz und Lawinenverschüttung;
- Wind verdoppelt bereits bei geringen Windgeschwindigkeiten den Wärmeverlust gegenüber Windstille [→ Windchill, Seite 171].

Anzeichen und Grade der Unterkühlung

1: Abwehrphase. Körpertemperatur 37 – 34 °C, gesteigerte Erregung, Kältezittern, Puls und Atmung erhöht, kleine Hautgefäße verengt, Schmerzen.

2: Erschöpfungsphase. Körpertemperatur 34 – 30 °C, Erregungsabnahme durch Energiemangel, verlangsamte Lebensvorgänge, Puls und Atmung unregelmäßig, keine Schmerzen mehr, steife Muskeln.

> **TIPP** **Nützlich unterwegs: elektronisches Thermometer, trockene Kleidung, Decken, Alufolie, Rettungsfolie.**

3: Lähmungsphase. Körpertemperatur 30 – 25 °C, Bewusstlosigkeit mit akuter Lebensgefahr! Puls kaum tastbar, tiefe Atmung mit Pausen, keine Schmerzreaktion, weite, aber auf Licht reagierende Pupillen.

4: Scheintod/Tod. Körpertemperatur unter 25 °C, Puls nicht mehr tastbar, lange Atempausen, weite lichtstarre Pupillen.

Die **Erste Hilfe** behandelt vorrangig das Absinken der Temperatur des Körperkerns unter 36 °C, da dies gefährlicher ist als eine lokale Erfrierung.

> **TIPP** **Richtiges Verhalten und Mut zur Umkehr helfen gegen Unterkühlung.**

- Körperkerntemperatur im Gehörgang messen.
- Gegen Bodenkälte und Wind schützen.
- Wärmezufuhr durch heiße, gezuckerte Getränke – kein Alkohol.
- Im Stadium 1 feuchte Kleidung durch trockene Wäsche ersetzen.
- Ab Stadium 2 schneller, gut wärmeisolierter Abtransport. Ein Aufwärmen im Gelände ist nicht möglich. Kleiderwechsel und Massagen einstellen, da Gefahr durch »Bergungstod« droht.
- Beim Transport bessert die Zufuhr warmer, feuchter Luft sehr.
- Zunächst den Rumpf wärmen. Bei der »Hibler-Wärmepackung« werden mehrfach gefaltete feuchtheiße Tücher auf die Unterwäsche von Brust und Bauch gelegt, nicht auf die nackte Haut. Darüber Kleidung, Alufolie um den Rumpf, Decken und Biwaksack um den ganzen Körper mit Abschluss am Hals. Der restliche Körper mit kaltem Schalenblut wird später langsam vom Zentrum her erwärmt. Alle 1 – 2 Stunden erneuern.

Wärmeverlust hat aber auch **psychische Folgen:**

- ❑ Verlangsamtes Denken und Konzentrationsstörungen
- ❑ Gestörtes Urteilsvermögen, Reizbarkeit, irrationale Entscheidungen
- ❑ Realitätsverlust bis hin zu Halluzinationen, paradoxes Verhalten
- ❑ Ungeschicklichkeit und Koordinationsstörungen
- ❑ Überlebenswille bricht zusammen
- ❑ Bedrohung wird nicht erlebt

Erfrierungen

Manche **Ursachen für Wärmeverluste** begünstigen Erfrierungen:

- Bei aufgebrauchten Energiereserven nimmt die Bewegung und damit die Wärmeproduktion ab.
- Wassermangel bewirkt dickeres Blut und damit langsameren Sauerstoff-Transport und schlechtere Gewebeversorgung.
- Der geringe Luftdruck bewirkt Sauerstoffmangel im Gewebe.

Erfrierungen der Füße sind in nassen Schuhen bereits weit über 0 °C möglich. Besonders gefährdet sind Zehen, Finger, Nase, Ohren. Örtliche Erfrierungen beginnen meist unmerklich und schmerzlos. Anhaltende Gefühllosigkeit ist das einzige Warnsymptom.

Grad 1: Weißes, kaltes, gering geschwollenes Gewebe. Schmerzlos, doch mit Gefühlsstörungen, Taubheit. Die aufgetaute Haut ist gerötet. Meist vollständige Heilung, eventuell bleibende, lokale Kälteempfindlichkeit.

Grad 2: Subjektiv wohliges Wärmegefühl bei blauroter Verfärbung, Blasenbildung mit Infektionsgefahr und zerstörtem Haut- und Unterhautgewebe. Die Schäden sind nach 1 – 3 Tagen beurteilbar.

Grad 3: Arterielle Gefäßverschlüsse, tief zerstörtes Gewebe, Geschwüre, Entzündungen. Harte, gefrorene Gewebeschichten sind nach Auftauen völlig gefühllos und stark geschwollen, dann blauschwarz verfärbt. Sie werden später abgestoßen. Die Schäden sind nach 1 – 2 Wochen beurteilbar, die Heilung dauert Monate.

Erste Hilfe bei Erfrierungen

Die Erste Hilfe zielt darauf, weiteren Wärmeverlust zu vermeiden:

- Erfrierungen im Gesicht und gefühllose Zehen mit Händen wärmen, aber nur an einem windstillen Ort.
- Finger in der Achselhöhle oder zwischen den Beinen auftauen.
- Schwere Erfrierungen keimfrei locker verbinden, druckfrei lagern, passiv an einen geschützten Ort transportieren.
- Falls die Füße Erfrierungen 3. Grades aufweisen und noch einige Stunden weitergelaufen werden muss, sollte dies besser mit gefrorenen als mit aufgetauten Füßen versucht werden.
- Gefährlich ist auch das Wiedereinfrieren bereits aufgetauter Gliedmaßen im Gelände. Es kann im Notfall besser sein, erfrorene Gliedmaßen im Gelände nicht aufzutauen, etwa über Nacht.

TIPP **Unterkühlung ist lebensbedrohlich und vor den Erfrierungen zu behandeln. Siehe auch »Selbstreise-Handbuch, Band 1« für die Reisevorbereitung. Untwegs nützlich: Schmerzmittel.**

- Bewegungsgymnastik und Massage nur dann vorsichtig durchführen, wenn keine allgemeine Unterkühlung vorliegt.
- **Keinesfalls:** Einreiben mit Schnee, Blasen öffnen, erfrorene Stellen in den Mund nehmen oder stark trocken erwärmen, etwa über einem Feuer.

Erste-Hilfe-Maßnahmen in geschützten Unterkünften:

- Frische Erfrierungen im Wasserbad bei etwa 40 °C mit aktiven Bewegungen auftauen. Das schmerzt sehr, also Schmerzmittel geben. Das Bad beenden, wenn sich die Haut rosig färbt, spätestens jedoch nach 30 Minuten. Nach vorsichtigem Abtrocknen keimfrei und warm verbinden.
- Die schlechtere Alternative ist ein langsames Aufwärmen innerhalb von 30 Minuten durch ein zunehmend wärmeres Wasserbad von etwa 10 bis auf 40 °C. Von den noch gut durchbluteten Stellen hin zu den erfrorenen Stellen können allmählich feuchte, warme Umschläge aufgelegt werden.
- Dunkle und blutgefüllte Blasen deuten auf Dauerschäden, helle Blasen sind ein besseres Zeichen.
- Frühamputationen werden heute nicht mehr durchgeführt. Das zerstörte Gewebe wird nach Monaten spontan abgestoßen.

Höhenkrankheit

Die Höhenkrankheit entsteht durch dauerhaften Sauerstoffmangel und zeitverzögerte Anpassung des Körpers oberhalb von 2500 m. Der Anpassungsprozess funktioniert bis etwa 5500 m in Stufen von etwa 500 Höhenmetern. Nach 40 bis 50 Tagen ist der Körper akklimatisiert.

Zwischen 5500 m und 7500 m hält die Anpassung nicht mehr Schritt mit den Folgen des Sauerstoffmangels. Training garantiert nicht für die Leistungsfähigkeit oberhalb von 5500 m. Die körperliche Leistung reduziert sich um 10 % pro 1500 Höhenmeter. Oberhalb von 7500 m beginnt die »Todeszone«, der Überlebenszeitraum beträgt maximal einige Tage. Ein Basislager für den Daueraufenthalt liegt daher unter 5500 m. Die Höhenanpassung baut sich nach dem Abstieg in etwa drei Wochen ab. Wiederholter Aufenthalt in großen Höhen verbessert die Anpassung. Verstärktes Wasserlassen weist auf eine gute Höhenanpassung hin.

Sowohl erfahrene Höhenbergsteiger als auch Menschen, die große Höhen lebenslang gewohnt sind, können höhenkrank werden. Etwa 50 % aller Bergsteiger zeigen Symptome der Höhenkrankheit. **Vorbeugung:**

- ▶ Schlafmangel begünstigt Höhenkrankheit.
- ▶ Langsamer Anstieg ohne Spitzenbelastungen.
- ▶ Schlafhöhe tiefer als die höchste erreichte Tageshöhe.
- ▶ Viel Flüssigkeit, kein Alkohol, keine kohlensäurehaltigen Getränke zusichnehmen. Kein Nikotin.
- ▶ Kohlenhydratreiche Mahlzeiten, keine blähenden Nahrungsmittel.
- ▶ Kälte und Unterkühlung verstärken die Höhenkrankheit.
- ▶ Die Bergvölker des Himalaya empfehlen Knoblauch und Zwiebeln.
- ▶ Unter Bergsteigern wird vereinzelt Aspirin empfohlen. Beides soll den Sauerstofftransport im Blut erleichtern.
- ▶ Umstritten ist die prophylaktische Einnahme von Diamox (Acetazolamide): 250 mg, 2 Mal pro Tag an den 2 Tagen vor der Ankunft und an den 3 Tagen nach der Ankunft in großer Höhe. Es wird in Deutschland für andere Indikationen verschrieben.
- Medikamente können den wahren Zustand überdecken und damit zu einer gefährlichen Selbstüberschätzung führen.

Rechnen Sie mit einer **Anpassungszeit** von einer Woche bis 4500 m und einer weiteren Woche bis 6000 m. **Tipps zur Zeitplanung:**

- ▶ Kein Nachtlager über 3000 m an den ersten zwei, drei Tagen.
- ▶ Oberhalb von 3000 m maximal 500 Höhenmeter pro Tag steigen.
- ▶ Nach 1000 Höhenmetern im Aufstieg einen Ruhetag einlegen.
- ▶ Nicht mehr als 2000 Höhenmeter im Auf- und Abstieg pro Tag.

- Die Gipfelbesteigung als Höhepunkt der Tour liegt optimal zwischen der dritten und sechsten Woche.
- Die Gipfeletappe sollte 6 bis 8 Aufstiegsstunden, 4 Abstiegsstunden und 1000 Höhenmeter nicht übersteigen.

Der morgendliche Ruhepuls ist ein guter Maßstab zur **Kontrolle** der Dauerbelastung. Messen Sie ihn wiederholt bereits zu Hause, vor der Tour, vor dem Aufstehen. Kontrollieren und notieren Sie ihn täglich:

- Etwa 60 Schläge pro Minute sind in gewohnter Umgebung normal.
- Ein Anstieg um 20 – 30 %, also 18 Schläge, ist in der Höhe normal.
- Ein Anstieg um mehr als 25 Schläge deutet auf Überlastung.
- Nach Ruhe und erfolgreicher Anpassung pendelt sich der Wert wieder ein, kann aber um etwa 10 % erhöht bleiben.

Beim ersten **Anzeichen einer Höhenkrankheit** legen Sie sofort Ruhetage ein. Es gibt kein Medikament dagegen und kein Medikament kann den Abstieg ersetzen. Trotz sich bessernder Symptome durch Medikamente kann sich die Krankheit verschlimmern.

- **Akute Höhenkrankheit** (Acute Mountain Sickness, AMS) kündigt sich an durch Störungen der Sinneswahrnehmungen, das Gesichtsfeld wird enger, Farben sind nicht deutlich unterscheidbar. Schlafstörungen, Kopfweh, Appetitlosigkeit, Übelkeit, Schwäche, Schwellungen im Gesicht, an Händen und Beinen. Stimmungsschwankungen wie beim Alkoholrausch.

Gegenmaßnahmen: Rasten, Ruhen, viel trinken, Abstieg.

- **Lungenödeme** (Wassereinlagerungen in der Lunge) zeigen sich meist oberhalb von 4000 m durch Atemnot, Mattigkeit, Schwäche, blaue Lippen, trockenen Husten, Herzklopfen, Lunge brodelt besonders beim Ausatmen, schaumiger Auswurf. Der Zustand verschlechtert sich rasant in wenigen Stunden, insbesondere in der zweiten Nacht nach dem Aufstieg.

Gegenmaßnahme: sofort mindestens 500 m absteigen, Sauerstoffgabe, eventuell Nifedipin. 25 % aller Fälle enden tödlich.

- **Hirnödeme** (Wassereinlagerungen im Gehirn) zeigen sich durch starke Kopfschmerzen, Übelkeit, Erbrechen, Gangunsicherheit, Lähmung, große Schwäche, Bewusstseinsstörung, Halluzinationen. Sie treten meist oberhalb von 5000 m auf und enden in 40 % aller Fälle tödlich.

Gegenmaßnahmen: sofortiger Abstieg, Sauerstoffgabe, eventuell Cortison (3 x 8 mg Dexamethason).

TIPP **Höhenkrankheit ist lebensgefährlich. Bleiben Sie aufmerksam, gönnen Sie sich Ruhe, suchen Sie ärztlichen Rat, steigen Sie ab. Unterwegs nützlich: Sauerstoffflaschen, Dexamethason, Aspirin, Nifedipin.**

Lawinengefahr

Jedes Jahr sterben in den Alpen etwa 150 Wintersportler durch Lawinen. Das **Lawinenrisiko** ist besonders hoch:

- in den ersten 24 Stunden nach dem Schneefall.
- wenn es beim Schneefall und in den Tagen danach sehr kalt ist, denn der Schnee kann sich dann nicht verfestigen.
- an Nordhängen und an windabgewandten Hängen (in den Alpen meist Osthänge), denn dort liegt der Schnee besonders locker.
- an Südhängen, wenn diese sich nachmittags erwärmen (Nass-Schnee).
- an steilen Hängen über 30°. Es sinkt jedoch wieder an Hängen über 45°, da dort nicht genug Schnee liegenbleibt.
- in mäßig steilem Gelände bei Lawinengefahr der Stufe 4/5.
- an Hängen, an denen bereits Lawinen abgegangen sind und auf den benachbarten Schneebrettern.
- in Waldschneisen (Wald schützt kaum vor Lawinen).
- bei Gewitter, Blitz und Sturm.

Auf der **Europäischen Lawinengefahrenskala** verdoppelt sich das Gefahrenpotential von Stufe zu Stufe:

1: gering – Allgemein sichere Tourenverhältnisse (rund 5 % der tödlichen Unfälle). Eine Lawine kann nur an sehr wenigen, extremen Steilhängen ausgelöst werden, etwa bei großer Zusatzbelastung durch eine Skifahrergruppe, ein Pistenfahrzeug oder Lawinensprengung.

2: mäßig – Günstige Tourenverhältnisse bei Meidung lokaler Gefahrenstellen (rund 30 % der tödlichen Unfälle). Lawinen werden wahrscheinlich bei größerer Zusatzbelastung an den lokal als gefährdet bekannten Steilhängen (mehr als 30°) ausgelöst.

3: erheblich – Eingeschränkte Tourenmöglichkeiten (rund 60 % der tödlichen Unfälle), lawinenkundliches Beurteilungsvermögen erforderlich. Lawinen werden wahrscheinlich bereits bei geringer Zusatzbelastung durch einzelne Personen an den lokal als gefährdet bekannten Steilhängen ausgelöst. Vereinzelt sind mittlere, seltener auch große Lawinen möglich, die ohne erkennbaren äußeren Einfluss abgehen.

4: groß – Stark eingeschränkte Tourenmöglichkeiten (rund 5 % aller tödlichen Unfälle), großes lawinenkundliches Beurteilungsvermögen erforderlich. Lawinen werden wahrscheinlich bereits bei geringer Zusatzbelastung durch einzelne Personen an den meisten Steilhängen ausgelöst. Viele mittlere, mehrfach auch große Lawinen gehen ohne erkennbaren äußeren Einfluss ab.

5: sehr groß – Skitouren sind im allgemeinen nicht möglich. Zahlreiche spontane Lawinen gehen auch in mäßig steilem Gelände ab.

Verhalten bei ausgelöster Lawine:

- Nur selten kann man einer Lawine davonfahren. Ein Lawinen-Airbag oder Schwimmbewegungen helfen, oben zu bleiben.
- Lösen Sie sich vom Snowboard, denn es wirkt wie ein Anker.
- Wenn die Lawine zur Ruhe kommt, mit den Händen einen Hohlraum vor Mund und Nase sichern.
- Machen Sie sich möglichst klein, das hält die Wärme.
- Suchhunde erriechen Urin schneller.

Verschüttete retten:

- Wenn Sie selbst unverschüttet sind, markieren Sie den Bereich, indem Sie die Verschütteten vermuten.
- Die Bergung muss sofort beginnen, da sonst Erstickung droht. Nur bei großen Gruppen kann jemand entbehrt werden, um die Bergwacht zu alarmieren – möglichst ein Ortskundiger.
- Die Suche mit einem Verschütteten-Suchgerät dauert bei Geübten 3 – 5 Minuten – bei Ungeübten kann es 1 Stunde dauern. Also muss der Umgang damit geübt werden.
- Den Verschütteten von der Seite her frei schaufeln.
- Legen Sie zuerst einen Luftkanal zum Gesicht an. Kontrollieren Sie Puls und Atmung, bis der Arzt da ist.
- Wärmen Sie den Verschütteten in der stabilen Seitenlage auf einer isolierenden Unterlage mit Mütze, Schal, Handschuhen, Mantel.
- Verletzte kühlen nach der Bergung mit etwa 6 Grad pro Stunde ab und sind schleunigst abzutransportieren.
- Bei funktionsgerechter Kleidung sinkt die Körpertemperatur von Verschütteten nur um 3 Grad pro Stunde [→ Seite 199].

:-) www.slf.ch, www.cenat.ch, www.lawinenwarndienst.bayern.de, www.avalanche.med.tu-muenchen.de, www.lawine.at

TIPP **Fragen Sie vor einer Tour bei den regionalen Lawinenwarndiensten nach dem Lawinenrisiko und den gefährdeten Stellen.**
Nützlich: Lawinen-Airbag, Funksignalgeber, Lawinenwarner, Schaufel, Verschütteten-Suchgerät, Erste-Hilfe-Set [→ Reiseapotheke, Seite 217].

HYGIENE & GESUNDHEIT

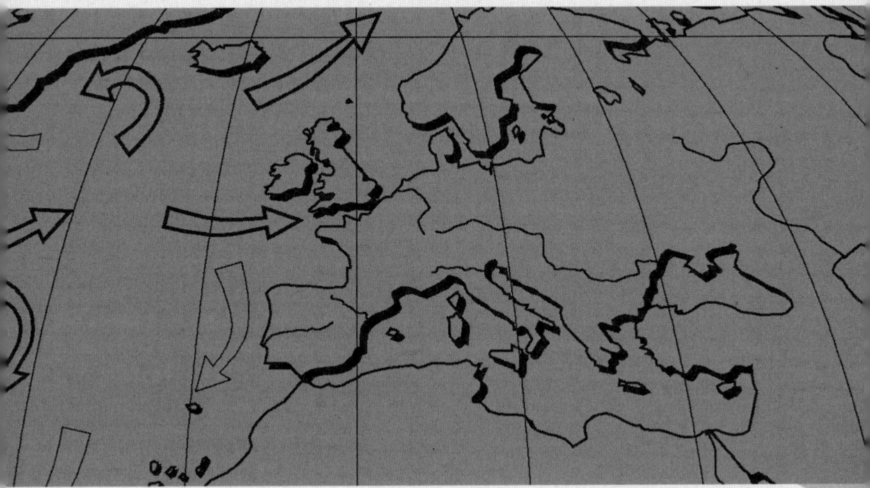

Impfungen

An den Grenzen verlangte Impfungen sind oft medizinisch nicht begründet und gehen über die »International Health Regulations« der WHO hinaus. Aus Afrika oder Südamerika kommende Reisende werden in asiatischen Staaten besonders streng behandelt. Ihr Impfausweis wirkt eindrucksvoller, wenn möglichst viele Impfungen dort bescheinigt sind. Einzige Alternative ist die mehrtägige Quarantäne.

Eine Impfung gegen **Gelbfieber** wird verlangt, wenn Sie aus einem Gelbfieber-Infektionsgebiet einreisen. Sie ist 10 Jahre gültig und muss von einer der autorisierten Gelbfieber-Impfstellen verabreicht worden sein – meist sind das die Gesundheitsämter. Sie bescheinigen die Impfung im offiziellen Dokument der Weltgesundheitsorganisation WHO, der *Internationalen Bescheinigung über Impfungen und Impfbuch.*

Als Gelbfieber-Infektionsgebiet gelten derzeit

... in Afrika: Angola, Benin, Burkina Faso, Burundi, Kamerun, Zentralafrikanische Republik, Tschad, Kongo, Côte d'Ivoire, Äquatorial-Guinea, Äthiopien, Gabun, Gambia, Ghana, Guinea, Guinea Bissau, Kenia, Liberia, Malawi, Mali, Mauretanien, Niger, Nigeria, Rwanda, Sao Tomé und Principe, Senegal, Sierra Leone, Somalia, Sudan, Togo, Uganda, Tansania, Zaire, Zambia.

... in Amerika: Belize, Bolivien, Brasilien, Kolumbien, Costa Rica, Ecuador, Französisch Guayana, Guatemala, Guyana, Honduras, Nicaragua, Panama, Peru, Surinam, Trinidad und Tobago, Venezuela.

Weitere Impfungen

- Impfungen gegen *Polio, Tuberkulose, Diphtherie, Wundstarrkrampf* und manche Kinderkrankheiten sollten aufgefrischt werden, da in vielen außereuropäischen Ländern die Infektionsgefahr sehr hoch ist.
- Die *Pocken-Impfung* sollte nicht mehr verlangt werden, seit die WHO diese Krankheit vor 20 Jahren für ausgerottet erklärt hat.
- Kein Land der Welt verlangt zur Zeit eine *Cholera-Impfung.*
- *Typhus-* und *Choleraimpfungen* sind meist nicht sinnvoll.
- Eine *Gammaglobulin-Injektion* zur »Stärkung der Widerstandskraft« ist keine Impfung gegen Hepatitis und fragwürdig in der Wirkung.
- Die Einnahme von *Malariamedikamenten* ist eine medikamentöse Prophylaxe und keine Impfung.

:-) www.impf.at, www.who.int/ith

TIPP **Bitten Sie einen tropenmedizinisch erfahrenen Arzt um Ihr persönliches Impfprogramm. Impfungen bergen auch Gefahren.**

Gesund bleiben

Häufigste Krankheits- und Todesursache unterwegs sind Unfälle.

- Die beste Prophylaxe ist Vorsicht im Straßenverkehr [→ Seite 58].

Die **häufigsten Reiseerkrankungen** sind Sonnenbrand [→ Seite 157], Erschöpfung und Kreislaufschwäche [→ Seite 219] sowie Insektenstiche.

- Die beste Prophylaxe: richtige Kleidung und vernünftiges Verhalten.

Die **häufigsten Infektionskrankheiten** sind Durchfall [→ Seite 221], Erkältung und Malaria [→ Seite 223].

- Die beste Prophylaxe ist Hygiene, langsame Anpassung an fremde Bakteriengemische sowie Aufmerksamkeit für ungewohnte Risiken.
- Anpassen an die klimatischen Verhältnisse [→ Seite 155].
- Genügendes und vorsichtiges Trinken und Essen [→ Seite 118].
- Geeignete Kleidung und geeignete Unterkunft [→ Seite 102].

Wer Körper, Kleidung und Schlafsack vernachlässigt, bietet Flöhen, Krätzmilben, Läusen etc. ein prächtiges Leben. Durch Schmutz, Parasiten, Salz, Schweiß werden besonders Achsel, Hosenbund, Schritt, Kniekehlen und Füße zunächst rot, dann wund (»Roter Hund«), dann setzen sich schwer heilbare Pilze fest. Feuchte und rissige Haut erhöht das Infektionsrisiko. Die bekannten **Reinigungsvorgänge** steigern das Wohlbefinden und mindern das Risiko erheblich, von Parasiten befallen zu werden:

- Schuhe schützen gegen Wurm-, Pilz- und Flohbefall.
- Bei Wanderpausen Schuhe ausziehen, Haut und Schuhe trocknen.
- Fußbad in Salzwasser gegen Fußschweiß.
- Weite Kleidung tragen, die Haut mit Luft und Sonne trocken halten.
- Häufiges Händewaschen, besonders nach dem Toilettenbesuch.
- Bart- und Haarpflege, Kamm und Bürste regelmäßig säubern.
- Kurze und saubere Finger- und Zehennägel.
- Mit Kamille, Ballistol, Melkfett die erkrankte Haut pflegen.

Manchmal ist eine **improvisierte Hygiene** besser als gar keine:

- Mit 1 – 2 Litern Wasser ist eine Ganzkörperwäsche möglich.
- Als Zahnbürstenersatz finden Sie auf den Märkten vieler Ländern kleine Äste, die am Ende faserig gekaut werden.
- Luft- und Sonnenbäder haben reinigende Wirkung, ebenso das trockene Abrubbeln der Haut mit Handtuch oder Bürste.

Reinlichkeit äußert sich je nach Klimaregion anders: Wüste, Dschungel, Hochgebirge, Eis verlangen **angepasste Prozeduren.** Fragen Sie nach den lokalen **Toilettenbezeichnungen,** z.B. in den USA: *Rest-Room, Powder Room, Bathroom, Ladies-* bzw. *Men's Room*.

- Sie können über der Schüssel eines Sitzklos schweben.
- Sie können auf dem Rand der Schüssel stehen, dann hocken.
- Toilettenpapier kann durch Blätter, Papier oder Wasser ersetzt werden.
- Ein Wasseranschluss, eine leere Konservendose oder ein anderes Behältnis auf Hockklos dient zum Reinigen der linken Hand.
- Benutzen Sie die linke Hand für alle schmutzigen Geschäfte. Säubern Sie sie mit Sand oder Urin, der ist bei Gesunden steril.
- Waschen Sie Unterwäsche und Socken regelmäßig abends.
- Handtücher (auch die eigenen) sind Brutstätten für Bakterien. Packen Sie Handtücher niemals feucht ein.
- Auch mit der Seife können Sie neue Krankheitserreger einfangen.
- Infektiös sind auch Spülhebel, Türklinke und Wasserhahn. Mit einem Stück Papier anfassen.

Desinfektionsmittel erhöhen das Infektionsrisiko bei dauerhafter Anwendung. Sie sollten nur selten eingesetzt werden.

- UV-Licht (Sonne) desinfiziert Körper und Kleidung.
- 15-minütiges Kochen desinfiziert Gegenstände.
- Essig oder Alkohol (Spiritus, über 60 %) können zur einfachen Raumdesinfektion verwendet werden.
- Hochwirksam desinfizieren innerhalb von 10 Minuten: Chlorlösung (0,5 %, Hypochlorit), Formaldehydlösung (1 %), Phenollösung (2 %).

Beim **Waschen von Textilien** ergänzen sich vier Faktoren. Wird ein Faktor verstärkt, kann ein anderer gesenkt werden. Die Waschtemperatur kann sinken, wenn die Waschdauer länger wird.

- Temperatur der Waschlauge
- Tenside (z.B. Seife) und andere waschaktive Stoffe
- Bewegung im Waschwasser
- Quell- und Waschdauer

- In einer verdrillten Leine Wäsche einklemmen und aufhängen.
- Daunen (z.B. Schlafsackfüllung) sind empfindlich wie Haare und sollen elastisch bleiben, damit sie gut isolieren. Daher kalt mit Shampoo waschen und beim Trocknen immer wieder aufbauschen.

:-) www.lshtm.ac.uk, www.besttoilets.com

TIPP **Vorbeugung (Prophylaxe) verhindert viele Krankheiten. Nützlich unterwegs: Seife, Zahnbürste, Waschlappen, -schüssel, Toilettenpapier, -eimer mit Deckel, Kalk, Injektionsnadeln, Kondome, Einmalhandschuhe.**

Erste Hilfe

Neben der »Großen« ist auch die »Kleine« Erste Hilfe wichtig:

- Vermeiden Sie kleine Wunden, nicht an Insektenstichen kratzen.
- Wunde kurz bluten lassen, Blutung stillen, desinfizieren, fixieren.
- Trocken heilen lassen, Schmutz fernhalten.
- Vermeiden Sie Kontakt zum Blut des Verletzten. Tragen Sie Plastikhandschuhe oder kleben Sie Verletzungen an Ihrer Hand ab.
- Bei Vergiftungen Aktivkohlegranulat (1 g/kg Körpergewicht) mit Wasser einnehmen. Keine schäumenden Getränke, keine Milch!

Gibt der Patient Antwort?

- Symptome: nicht ansprechbar, nicht weckbar (in den Arm kneifen, aber nie schütteln), reagiert nicht
- Zustand: bewusstlos, Erstickungsgefahr
- Lebensrettende Sofortmaßnahmen:
- Kopf nach hinten, Mund nach unten;
- bei ausreichender Atmung: Seitenlagerung.
- Vor Luft- und Bodenkälte, Nässe und Hitze schützen.
- Ständig überwachen.
- Äußerste Sorgfalt bei Wirbelsäulen- und Schädelverletzten.

Atmet er?

- Symptome: Atmung rasch, oberflächlich, unregelmäßig, röchelnd oder schnappend; Gesicht, Lippen, Fingernägel blau; keine sicht- und fühlbare Atembewegung; Ein- und Ausströmen der Atemluft weder hör- noch spürbar (mit Ohr an Nase und Mund prüfen)
- Zustand: Atemstillstand; akute Erstickungsgefahr
- Lebensrettende Sofortmaßnahmen:
- sofort beatmen (Mund zu Nase, notfalls Mund zu Mund);
- Kopf schonend nach hinten strecken, Unterkiefer gegen Oberkiefer, Unterlippe gegen Oberlippe pressen;
- vorsichtig Luft in die Nase einblasen, Ausatmen beaobachten (sehen/hören), dann 12 – 15 Beatmungsstöße pro Minute;
- bei starkem Widerstand und/oder fehlendem Ausatmen Kopfhaltung verbessern, Fremdkörper entfernen.

Blutet er?

- Symptome: Venenblutung (flächenhaft sickernd bis stark fließend), Schlagaderblutung (mit dem Pulsschlag spritzend oder strömend); Mischblutungen aus Venen und Schlagadern; an innere Blutungen denken; nach verstecktem Blut in den Kleidern suchen.

- Zustand: Blutversorgung lebenswichtiger Organe gefährdet, Kreislaufversagen, Schockgefahr
- Lebensrettende Sofortmaßnahmen:
  - ▶ Patient flach lagern.
  - ▶ Blutenden Körperteil (wenn möglich senkrecht) hoch halten.
  - ▶ Bei ungenügender Blutstillung Fingerdruck herzwärts.
  - ▶ Druckverband mit weichem Druckpolster (Stoff möglichst hoch und schmal) und Binde anlegen, notfalls doppelt. Genügt das nicht: Finger- oder Faustdruck direkt in die Wunde (evtl. mit Druckpolster).
  - ▶ Verletzte Gliedmaßen hoch lagern und ruhig stellen.

Ist Puls fühlbar?

- Symptome: rascher, nur schwach fühlbarer Puls; blasse, nasse (feuchtklebrige) und kühle Haut; Teilnahmslosigkeit oder auch auffallende Unruhe, Erregung; flache, beschleunigte Atmung
- Zustand: Schock, Kreislaufversagen
- Lebensrettende Sofortmaßnahmen:
  - ▶ In der Regel und bei unbekannter Ursache horizontal lagern. Ist die Schockursache eine starke Blutung oder ein großer Flüssigkeitsverlust (z.B. bei Verbrennungen) Beine etwa 30 cm anheben. Nichtbewusstlose Schockpatienten mit Atemnot, Brustverletzung (ohne Blutung in den Luftwegen), Schädelverletzung, Herzinfarkt: Oberkörper hoch lagern.
  - ▶ Schutz vor Kälte, Nässe, Hitze; Zuspruch
  - ▶ Überwachung

Verbandsmaterial

Basispaket	Zusatzpaket
elastische Binde, 8 cm breit	Augenklappe
Leukoplast, Hansaplast	Desinfektionsmittel, z.B. Sagrotan
Mullbinden, 10 cm breit	Einmal-Handschuhe
Schmetterlingspflaster, Steri-Strips	Fieberthermometer mit frischer Batterie
Sicherheitsnadeln	Prothesenklebstoff
Splitterpinzette und Schere	provisorische Zahnfüllpaste (Cavit W)
Kondome, Rettungsfolie	Nahtmaterial mit eingeschweißtem Faden (Größe 18 & 25)

:-) www.med3.de/firstaid.html, Lehrgang Erste Hilfe: www.rotkreuz.de

TIPP **Die GABI-Regel dient als Erinnerungshilfe: Gibt er Antwort? Atmet er? Blutet er? Ist Puls spürbar? Sie brauchen: Druckverband, Binde.**

Mit Krankheit umgehen

Selbsttherapie ist gefährlich, weil einem Erkrankten die Distanz fehlt. Zu sehr spielen Ängste und Hoffnungen eine Rolle. Suchen Sie Rat. Die Adressen deutschsprachiger Ärzte erhalten Sie über Botschaft, Konsulat, von deutschen »Gastarbeitern«, von Firmenvertretungen ... Wenn Sie unsicher sind, fragen Sie mehrere Ärzte.

Erstellen Sie Ihre eigene **Krankengeschichte** (*Anamnese*):

- ❑ Welche Krankheiten hatten Sie? Welche sind chronisch?
- ❑ Wurden Sie operiert? Wann? Folgen?
- ❑ Nehmen Sie regelmäßig Medikamente, Drogen, Nikotin, Alkohol?
- ❑ Gibt es in Ihrer Familie chronische oder erbliche Krankheiten?
- ❑ Haben Sie Allergien, Asthma, Medikamentenunverträglichkeiten?

Protokollieren Sie ehrlich und gründlich alle aktuellen **Symptome,** auch Nebensächliches. Beobachten und beschreiben Sie gründlich die einzelnen Veränderungen: Intensität, Dauer, Zeitpunkt des Auftretens ...

- ❑ Was spüren Sie? Schmerz, Juckreiz, Brennen, Druck, Fieber ...
- ❑ Haben sich Augen, Zunge, Haare, Haut, Urin, Stuhl ... verändert?
- ❑ Veränderte Sinneseindrücke? Riechen, Sehen, Schmecken, Fühlen.
- ❑ Hat sich Ihre Psyche verändert: Unruhe, Angst, Schlaf ...?

Diagnose: Symptommuster und Krankheitsgeschichte deuten auf Krankheiten hin. Kommen mehrere Krankheitsursachen in Frage, sind Untersuchungen nötig (*Differentialdiagnose*). Einheimische Ärzte kennen die regionalen Krankheitsbilder sehr gut.

- ▶ Schildern Sie dem Arzt zunächst die Symptome, dann Ihre Krankengeschichte. Zuletzt teilen Sie ihm Ihre Befürchtungen mit.
- ▶ Geben Sie ihm Name und Telefonnummer Ihres behandelnden Arztes zu Hause.
- ▶ Fragen Sie den Arzt, wie sicher die Diagnose ist und was man tun kann, um die Diagnose zu sichern.

Erst mit Diagnose ist eine ursächliche **Therapie** möglich. Fragen Sie nach Vor- und Nachteilen von Alternativen: Heilungserfolg, Kosten, Dauer, Nebenwirkungen ... und nach den Folgen, wenn Sie nichts tun. Fragen Sie nach den Zielen der Therapie:

- ❑ Heilungslenkung, z.B. durch das Schienen eines Knochenbruchs.
- ❑ Symptombehandlung, z.B. die Luftnot bei Asthma.
- ❑ Ursachenbehandlung, z.B. Medikation einer Entzündung.
- ❑ Stärken der Selbstheilungskräfte, z.B. bei einer Viruserkrankung.

❑ Verbessern der Allgemeinverfassung des Kranken: Schmerz-, Beruhigungs-, Schlafmittel, intravenöse Ernährung ...

Viele **Krankheitsverläufe** zeigen 3 Phasen:

- In der *Inkubationszeit* zwischen Ansteckung und Ausbruch fühlt sich der Kranke müde und abgeschlagen. Es ist anstrengend, aktiv zu werden, Kopf- und Gliederschmerzen wirken dämpfend.
- Im *akuten Stadium* zeigen sich neben den krankheitstypischen Symptomen oft Fieber und Appetitlosigkeit.
- In der *Gesundungsphase* bessern sich die Symptome, Schlafbedürfnis und Appetit nehmen zu.

- **Krankenpflege** heißt, selber gesund zu bleiben und sich schonen:

▶ Ansteckung vermeiden und sich nicht überanstrengen;
▶ dem Kranken jede unnötige Belastung ersparen;
▶ eigene Grenzen erkennen und rechtzeitig ärztliche Hilfe suchen.

- Denken Sie spätestens bei Ihrer Gesundung über die **Ursache** hinter dem Krankheitsanlass nach. Achten Sie Ihren Körper, horchen Sie auf seine Signale. Vielleicht haben Sie den Körper überfordert? Ziehen Sie Konsequenzen für die weitere Reise.

▶ Erbitten Sie von Arzt, Krankenhaus, Apotheke eine Rechnung mit:

❑ Name und Geburtsdatum des Patienten
❑ Diagnose und erbrachte Leistungen im Einzelnen
❑ Dauer der Behandlung in Tagen
❑ die Nummer der behandelten Zähne beim Zahnarzt

:-) www.dr-antonius.de, www.crm.de (für Profis), www.reisemed.at, www.osir.ch, www.medizinindex.de, http://diagnosticdoc.com, www.fit-for-travel.de, www.who.int, www.dtg.mwn.de, www.pflegenet.com, www.die-reisemedizin.de, www.istm.org; www.surfmed.de bzw. www.surfmed.at Hilfe für die Selbsteinschätzung, www.hepatitis-c.de, www.healthfinder.gov; www.diabetes-info.com

:-) Allergie/Asthma www.daab.de, www.mdnet.de, www.leukaemie.de

:-) Gefäße www.vascular.de, www.herzstiftung.de, www.medizin-2000.de, http://neuro-www.mgh.harvard.edu/hospitalweb.shtml

TIPP **Beurteilen Sie die Situation objektiv und leidenschaftslos. Nützlich unterwegs: Notfallausweis (gibt's bei pmv), Medizinische Vorgeschichte, Datum der Impfungen, Liste regelmäßig eingenommener Medikamente.**

Ohne Arzt & Medikamente

Sie finden für viele Situationen und für die häufigsten Reiseerkankungen in diesem Buch erste Hinweise. Ärztliche Hilfe ersetzt das nicht. Dennoch können Sie auch ohne Arzt und Medikamente etwas tun:

- ▶ Beseitigen Sie die erkennbaren äußeren Ursachen der Krankheit.
- ▶ Vermeiden Sie alles, was die Krankheit verschlimmert.
- ▶ Bekämpfen Sie Panik durch Zuspruch, Gespräche, Körperkontakt.
- ▶ Fördern Sie das subjektive Befinden des Kranken und seine Selbstheilungskräfte durch Trinken, Essen, Wärme, Ruhe, Trost, Sauberkeit, Körperpflege, Schmerzlinderung ...
- ▶ Vielleicht bietet die Umgebung geeignete Heilkräuter oder Zubereitungen: Kamille, Pfefferminze, Knoblauch, Tigerbalsam ...
- ▶ Vielleicht sind sachkundig möglich: Massagen, Akupunktur, Sauna oder Schwitzhütte, Urintherapie, kalte und warme Bäder, Güsse, Wickel.
- ▶ Nutzen Sie das medizinische Wissen der Einheimischen.
- ▶ Eine herausgefallene Füllung kann oft bis zum nächsten Zahnarzt warten. Mit Watte und Nelkenöl wird der Zahn beruhigt. Notfalls wird auf eine kleine, nelkenölgetränkte Wattekugel sorgsam eine Füllung von Cavit W gespachelt. Die schleift der nächste Zahnarzt wieder weg.
- ▶ Zweikomponentenkleber klebt die gebrochene Zahnprothese.

Akute **Schmerzen** warnen den Körper vor Gefahr oder fördern eine heilsame Ruhigstellung, Kälte oder Alkohol dämpfen sie etwas.

- Akute Schmerzen werden in erster Linie ursächlich therapiert, etwa durch Massage, Ziehen des Zahns, Entfernen eines Splitters ... oder
- symptomatisch unterdrückt, um Schlaf und Erholung zu fördern.

Chronische Schmerzen sind sinnlos und werden behandelt durch:

- Entspannung mit Autogenem Training oder Hypnose ...
- Massage, Akupunktur, Wärme, Gymnastik ...
- einfache Schmerzmittel wie Acetylsalicylsäure oder Paracetamol
- schwache Opioide wie Tilidin oder Codein, plus die obigen Mittel
- starke Opioide wie Fentanyl-TTS (z.B. als Pflaster), Morphin plus einfache Schmerzmittel

:-) www.dr-walser.ch, www.dgam.de, www.gesund.ch, www.dgaehat.de, www.schmerzakademie.de, www.akupunkturwelt.de, www.deam.de, http://heilkraeuter.de, www.naturheilkunde-aktuell.de, www.ish.com/notfallmedizin

:-) www.netdoktor.de, www.gelbe-liste.de, http://pharminfo.com

Apotheke & Medikamente

Medikamente und Körperpflegeartikel gibt es beim *chemist's* oder in der *pharmacy*, in den USA im *drugstore*.

- Medikamente kühl und dunkel lagern, Verfallsdatum beachten.
- Der Nutzen von Wirkstoffkombinationen ist nur selten erwiesen.
- Verwenden Sie Medikamente nur nach guter Überlegung, dann aber entsprechend der Beipackzettel bzw. den Anordnungen des Arztes.
- Besondere Zurückhaltung ist geboten bei Medikamentenallergie, Nieren- und Leberfunktionsstörungen, bei Schwangeren und Kindern.
- Zäpfchen sind nicht tropentauglich, sie schmelzen in der Hitze.
- Antibiotika helfen gegen bakterielle Infektionen, nicht gegen Viruserkrankung wie Erkältung. Sie töten auch nützliche Bakterien im Körper (Darmflora). Sie werden über das Verschwinden der Symptome hinaus eingenommen, um die Erreger restlos zu töten. Zu frühes Absetzen führt zu resistenten Erregern und erneuter Erkrankung.
- Viele Medikamente beeinflussen Wahrnehmung, Reaktionen, Antrieb und Risikobereitschaft besonders im Straßenverkehr.
- Versicherungen verlangen ein unterschriebenes Arztrezept mit Patientenname, Medikament, Preis, Apothekenstempel.

Medikamentengruppe	Wirkstoff (Beispiele)	Markenname® (Beispiele)
gegen Bluthochdruck, Herz- u. Kreislauferkrank.	Clonidin, Reserpin	Catapresan, Barotonal
starke Beruhigungsmittel	Oxazepam, Alprazolam, Lorazepam, Diazepam	Adumbran, Tafil, Tavor, Valium
starke Schlaf-/Beruhigungsmittel	Diphenhydramin, Triazolam, Flurazepam	Promethazin, Halbmond, Atosil, Dalmadorm, Halcion
Ophtalmika	Atropin	Atropin, Borotropin
Antidepressiva	Amitripylin, Clomipramin	Novoprotect, Anafranil
Neuroleptika (dämpfende Psychopharmaka)	Thioridazin, Haloperidol, Promazin	Melleril, Haldol, Protactyl
Antiepileptika	Clonazepam, Phenobarbital, Primidon	Antelepsin, Luminal, Liskantin
Antidiabetika	Glibenclamid, Tolbutamid	Euglucon N, Artosin
Schmerz- u. Hustenmittel	Dextrometorphan, Codein	Wick Formel 44 plus, Codipront
Schmerzmittel	Indometacin, Phenybutazon	Indocontin, Ambene
Stimulantien, Appetitzügler	Coffein, Ephedrin, Norpseudoephedrin	Antiadipositum X-112, Mirapront N
Beta-Blocker	Atenolol, Bupranolol	Tonoprotect, Betadrenolol

Reiseapotheke (je nach Art der Reise)

Diagnose	Medikament, Handelsname (Wirkstoff)
Lungenentzündung, schwere Durchfälle, Eiterungen	Doxycyclin 100 (Doxycyclin)
Mandelentzündung	Baycillin Mega (Propicillin-Kalium)
Fieber, Grippe, Kopfschmerz	Ass-ratiopharm, Aspirin (Acetylsalicylsäure)
Koliken	Buscopan (N-Butylscopolaminbromid)
Kreislaufmittel	Effortil (Etilefrin), Korodin (Campher)
Migräne	Cafergot (Ergotamintartrat)
Prellung, Quetschung, Zerrung	Heparin-ratiopharm Sport-Gel 180.000 (Heparin)
Durchfälle bei Amöbenbefall	Clont, Flagyl (Metronidazol), Simplotan (Tinidazol)
Durchfälle, allgemein	Imodium (Loperamid-HCl)
Erbrechen, Übelkeit	Paspertin (Metoclopramid), Torecan (Triethylperazindimaleat)
Magengeschwür, Gastritis	Maaloxan (Aluminium-, Magnesiumhydroxid) oder Solugastril
Salzverlust bei Durchfall	Elotrans (ORS-Salzmischung)
Verstopfung ohne Fieber	Pursennid (Senna), Klistier
Entzündungen von Auge, Ohren, Haut	Aureomycin (Chlorotetracylin) oder Nebacetin (Neomycinsulfat)
Husten bei Erwachsenen	Mixt. Solvens compr., Paracodin (Dihydrocodeinhydrogentartrat)
Husten bei Kindern	Atosil (Promethazin-HCl)
Nasenschleimhautschwellung	Otriven (Xylometazolin-HCl)
Allergie, Jucken, Heuschnupfen	Fenistil retard (Dimetinden), Antihistamin, Cortison (Dexamethason)
gegen Insektenbisse	Autan (N, N-Diethyl-m-Toluamid oder N, N-Diethyl-3-methylbenzamid, Dimethylphthalat)
Malaria	Rücksprache mit dem Gesundheitsamt oder Tropenmedizin. Institut
gegen Juckreiz	Soventol (Bamipin)
entzündete Ekzeme	Decoderm Trivalent (Fluprednyliden, Gentamycin, Chlorohydroxychinolin)
gegen Läuse und Krätze	Jacutin (Lindan)
Ekzeme, Verbrennung	Avil (Pheniraminhydrogenmaleat)
örtliche Wundentzündung	Nebacetin Puder (Neomycin, Macitracin)
Pilzbefall	Canesten (Clotrimazol)
Wunddesinfektion	Merfen-Orange (Phenylmercuriborat), Betaisodona (Polyvidon-Iod)
Beruhigung, Entspannung	Diazepam Ratiopharm (Diazepam)
Schlaftabletten	Rücksprache mit dem Arzt
bestehende Dauermedikation	Rücksprache mit dem Arzt
Notfallmedikamente	Allergiker, Asthmatiker, Diabetiker … Rücksprache mit dem Arzt

Reise- & Seekrankheit

Bereits mehrstündige Seereisen in kleinen Booten erfordern Maßnahmen gegen Seekrankheit, Sonne [→ Seite 157], Wind, Nässe, Kälte.

Seekrankheit entsteht durch den Verlust an Orientierung. Vorteilhaft ist der Aufenthalt in der Mitte des Schiffes. Die Schwankungen des Schiffs werden stärker mit der Entfernung vom Schiffsmittelpunkt. Fixieren Sie daher einen festen Punkt am Horizont. Bei höherem Seegang ist der Horizont durch die Wellen vielleicht verdeckt. Dann schauen Sie auf den Kamm der heranrollenden Welle. Wenn das nicht hilft: Legen Sie sich hin und ändern Sie häufig die Kopfposition.

Die **Reisekrankheit** tritt auf, wenn das gewohnte Gleichmaß der Sinne gestört wird, wenn optische Wahrnehmungen nicht mit denen des Gleichgewichtsorgans übereinstimmen. Was man dagegen machen kann?

- Vermeiden Sie am Vortag schwere, fette Speisen, Alkohol ...
- Fahren Sie nicht mit leerem Magen, essen Sie Obst, Gemüse, Kekse, Salate ...
- Setzen Sie sich möglichst in Fahrtrichtung.
- Richten Sie Ihren Blick auf den Horizont, nicht auf ein Buch oder auf das Fahrzeuginnere.
- Wenn möglich, legen Sie regelmäßige Pausen ein.
- Sorgen Sie für Frischluft, bewegen Sie sich an der frischen Luft oder laufen Sie auf dem Gang hin und her.
- Lenken Sie sich mit Musik oder Gesprächen ab.

Medikamente sind die letzte Wahl, denn sie dämpfen die Wahrnehmung, ermüden und senken die Konzentrationsfähigkeit. Das »Depotpflaster Scopolamin TTS« wird hinter die Ohren geklebt und gibt dort langsam seinen Wirkstoff durch die Haut an den Körper ab.

TIPP **Beginnen Sie die Schifffahrt nicht mit vollem Magen und suchen Sie sich mittschiffs einen Platz. Unterwegs nützlich: Unterlegmatte, wind- und wasserfeste Jacke, warme Kleidung, wasserdichte Beutel, Haut- und Sonnenschutz, Medikament gegen Reisekrankheit, Segelschuhe.**

Erschöpfung

Geistige und muskuläre Ermüdung ist ein Warnsignal anhaltender Belastung. Wird die Ermüdung ignoriert, folgt die Erschöpfung, also körperliches oder geistiges Versagen. Bei physischer Ermüdung sind unter anderem die Glykogenspeicher leer. Ruhen, Rasten, Essen und Trinken führt zur Erholung. Eine dauerhafte Schädigung tritt nicht ein. Psychische Ermüdung kann durch eine geänderte Situation schlagartig behoben sein.

Ursachen für Erschöpfung

- schlechte Kondition, zu hohes Tempo
- Dehydratation (Austrocknen)
- Hunger, Durst, Kälte, Nässe, Hitze
- fehlende Motivation, Angst, ungelöste Konflikte, Depressionen
- Medikamente, Alkohol-, Nikotinmissbrauch
- Unfall, Verletzung, Schock, Gesundheitsstörungen

Vorbeugende Maßnahmen gegen Erschöpfung

- ▶ Sind Kondition, Technik, Ausrüstung und psychische Verfassung stark genug für die geplante Tour?
- ▶ Trainieren Sie angemessen und frühzeitig vor der Tour.
- ▶ Akklimatisieren Sie sich lange genug.
- ▶ Pflegen Sie das Gruppenklima. Vermeiden Sie Wettbewerb unter den Gruppenmitgliedern, überfordern Sie die Schwächsten nicht.
- ▶ Planen Sie Zeit- und Sicherheitsreserven ein.
- ▶ Rechnen Sie jederzeit mit Routenänderungen oder Umkehr.
- ▶ Planen Sie viele kurze Pausen ein, das ist besser als eine lange.
- ▶ Selbst beim langsamen Gehen ist eine Erholung möglich, wenn der Puls 120 Schläge pro Minute nicht überschreitet.

Anzeichen für zunehmende Ermüdung bzw. Erschöpfung sind:

- ❑ Leistungsschwäche, müde Beine
- ❑ verlangsamter und unregelmäßiger Gang
- ❑ häufiges Bedürfnis nach Rast
- ❑ Puls und Atmung dauernd erhöht, Herzklopfen, Atemnot
- ❑ Seitenstechen, Übelkeit, Brechreiz
- ❑ Unruhe, Reizbarkeit, Unsicherheit, Angst
- ❑ antriebsschwach, depressiv, launenhaft
- ❑ Wahrnehmen, Denken und Entscheiden sind verlangsamt
- ❑ Gleichgültigkeit, Apathie
- ❑ Konzentrationsschwächen, Fehlreaktionen
- ❑ Koordinationsstörungen wie Stolpern oder Stürzen

TIPP Wenn Ruhen, Rasten, Essen, Trinken oder eine geänderte Situation nicht zur weitgehenden Erholung führt, liegt eine ernsthafte Erschöpfung vor. Nützlich unterwegs: Kälteschutz, heiße Getränke, Süßigkeiten, Kreislauf anregende Medikamente, Kortison, Aufputschmittel.

Erste-Hilfe-Maßnahmen

- Rasten in Ruhe, im Sitzen oder Liegen, kälte- und windgeschützt
- heiße Getränke
- schnelle Energiezufuhr durch Zucker, Schokolade, Müsliriegel
- gut zureden, trösten, beruhigen und nicht alleine lassen
- Kreislauf anregende Medikamente bei niedrigem Blutdruck
- möglichst lange Erholen, dann die nächste Unterkunft oder Schutzhütte aufsuchen oder absteigen
- in schweren Fällen liegender Abtransport, u.U. mit Hubschrauber
- durch Arzt evtl. Glukoseinfusionen und hohe Kortisongaben

Aufputschmittel aktivieren die letzten körperlichen Kräfte, danach erfolgt der Zusammenbruch. Sie sind deshalb nur als allerletztes Mittel zum Rückzug aus lebensgefährlichen Lagen zu verantworten und sollten nur in Ausnahmefällen von einem Arzt verabreicht werden.

Viel wichtiger ist die **psychische Betreuung** eines stark Erschöpften. Nach der Bergung entfällt die Stresssituation. Dann können die lebenserhaltenden Anpassungsvorgänge zusammenbrechen und zum sog. Bergungstod führen. Vermitteln Sie dem Geborgenen daher zunehmend Hoffnung, aber nicht völlige Sicherheit. Er muss im Rahmen seiner Möglichkeiten gefordert werden, mitarbeiten, wach bleiben bis ins Krankenhaus. Spornen Sie seinen Willen mit allen Mitteln an.

Energieverbrauch in Kilokalorien (kcal) pro Minute (1 kcal = 4,147 kJ)

Bettruhe	sitzen	stehen	gehen	harte Arbeit	Leistungssport	Bergsteigen
0,9 – 1	1,1 – 1,4	1,4 – 1,8	3 – 4	5 – 7	über 7	11

Durchfall & Verstopfung

Montezumas Rache, Fluch des Pharao, Delhi Belli, Diarrhö ... Durchfälle sind die häufigste und störendste Erkrankung. Sie sind eine Funktionsstörung des Darmes durch Dinge, die ihm nicht bekommen. Die Nahrung gelangt nicht mehr ungehindert durch Speiseröhre, Magen und Darm, die Aufnahme von Wasser, Nähr- und Mineralstoffen ist gestört. Die Schleimschicht, die normalerweise verhindert, dass Krankheitskeime in direkten Kontakt mit den Zellen der Magen- oder Darmwand kommen, funktioniert nicht einwandfrei: Viren, Bakterien und deren Gifte greifen die Zellen der Magen- und Darmwand an.

Als Durchfall gilt, wenn ungeformter oder flüssiger Stuhl öfter als etwa 4 mal pro Tag abgesetzt wird. Weitere **Anzeichen** sind:

- ❑ schmerzhafte Darmkrämpfe und Stuhldrang
- ❑ Reizmagen und Sodbrennen, Übelkeit und Erbrechen
- ❑ übermäßig viel flüssiger Stuhl und Gase im Darm

Ursachen für Reisediarrhöen sind infektiöse Erreger:

- Nahrungsmittel werden unhygienisch zubereitet, konserviert oder serviert [→ Seite 114].
- Swimmingpools werden unzureichend gechlort.
- Die Trinkwasserqualität ist unzulänglich.

Weitere Durchfallursachen sind Klimaänderung, aber auch:

- Störungen in Nervensystem oder Hormonstoffwechsel
- seelische Spannungen, starke Emotionen
- plötzlich geänderte Ernährung (z.B.ungewohntes Speiseöl, scharf gewürzt etc.)
- einseitige oder übermäßige Ernährung
- Reizstoffe wie Koffein oder Nikotin

Eine **Magen-Darm-Entzündung** (*Gastroenteritis*) mit Durchfall kann durch drei Ursachen bedingt sein:

- sich im Darm vermehrende, Gift produzierende Mikroorganismen;
- in der Nahrung vorhandene oder zugesetzte Giftstoffe;
- giftig wirkende Substanzen von Pflanzen und Tieren.

Therapiert werden zunächst Salzmangel und Austrocknung des Körpers, bedingt durch Stuhlgang und Erbrechen [→ Seite 128]:

- ❑ Ersatz der Salze durch Trinken von Elektrolytlösungen, z.B. Saltadol, Elotrans, Oralpädon (ORS-Lösung, siehe nächste Seite)
- ❑ Kohle- oder Perenterol-Tabletten schaden nicht und helfen oft.
- ❑ Imodium stoppt den Durchfall sofort. Es kann aber gleichzeitig die Erkrankung verlängern und komplizieren und sollte deshalb nur während der Fahrt, fern von jeder Toilette, eingenommen werden.

Bei anhaltendem Durchfall wird der Darm durch **Diät** geschont:

1. Tag: leicht gesüßter, dünner, schwarzer Tee oder ORS (siehe Tabelle); frühestens nach 8 Stunden gesalzene, dünne Fleischbrühe,
2. Tag: zusätzlich Yoghurt, Salzstangen, Zwieback ...
3. Tag: zusätzlich wenig Reis oder Kartoffeln bzw. Bananen.

Danach zusätzlich leichte Normalkost. Meiden Sie möglichst lange: Milchprodukte, Fett, Eier und alles, was Ihren Widerwillen hervorruft.

Bessert sich das Befinden nach 48 Stunden nicht, muss ein **Arzt** aufgesucht werden, der die Ursachen erkundet und gezielt therapiert:

- ❑ Kommt der Stuhl in Abständen 10 – 15 Minuten?
- ❑ Fieber (38,9 °C und darüber), Blut im Stuhl, heftige Schmerzen?
- ❑ Färben sich Haut oder Augen gelb?
- ❑ 3 x 2 warme Stuhlproben untersuchen auf Parasiten und Bakterien

Die **Farbe des Stuhls** gibt erste Hinweise:

- frisches rotes Blut deutet auf Hämorrhoiden am Darmausgang hin;
- Blut aus entfernteren Darmregionen schwärzt den Stuhl;
- weißlicher Stuhl deutet auf eine Lebererkrankung hin;
- grünlicher Stuhl kann auf Typhus hinweisen.

Mehr als 3 Tage ohne Stuhlgang gelten als **Verstopfung.**

- ▶ Dagegen hilft schlackenreiche Kost (Weizenkleie), Bewegung (Spaziergänge, Sport), viel Trinken oder ein Klistier. Besonders vor dem Frühstück helfen: Sauerkrautsaft, Trockenpflaumen, Apfel mit Eiswasser.
- Verstopfung und Durchfall im Wechsel kann auf **Amöben** deuten!

:-) www.who.int/health-topics/diarrhoeal.htm

Herstellen der ORS

	Wie viel?	Was?
Lösen Sie in	1 l (1 kg) = eine Milchflasche voll	abgekochtem Wasser
etwa	20 g = 5 gestrichene Teelöffel	Zucker, möglichst Traubenzucker (Glucose)
etwa	3,5 g = ein gestrichener Teelöffel	Kochsalz
etwa	2,5 g = 3/4 gestrichener Teelöffel	Natriumhydrogencarbonat (Natron, in Backpulver)
sowie	den Saft einer Orange oder Zitrone.	

Die »Oral Rehydration Solution« oder »suero para la rehidratation oral« hält sich gekühlt einen Tag.

Fieber & Malaria

Fieber ist keine Krankheit, sondern ein Symptom und eine sinnvolle Reaktion des Körpers, meist auf Krankheitserreger. Hören Sie auf die Signale Ihres Körpers: Ruhen, Schwitzen, Schlafen … Das Fieber zu senken ist erst bei lebensbedrohlichen Körpertemperaturen nötig. 37 °C sind normal, 42 °C Körpertemperatur sind lebensgefährlich – vorher müssen Sie eingreifen.

Als normal gelten folgende Körpertemperaturen, gemessen		
im Mund (oral)	37 °C	98,6 °F
im Darm (rectal)	37,5 °C	99,5 °F
unter den Achseln (axilla)	36,5 °C	97,7 °F

Malariaprophylaxe bedeutet in erster Linie das Vermeiden von Stichen der malariaübertragenden Anophelesmücke durch:

- ❑ helle, weite Kleidung, die Knöchel und Arme bedeckt;
- ❑ mechanische mückenabweisende Mittel wie Moskitonetze über dem Bett und vor dem Fenster;
- ❑ chemische mückenabweisende Mittel, die auf die Haut aufgetragen werden wie Autan, Zedan, Lavendelöl u.a.;
- ❑ in die Raumluft freigesetzte chemische mückenabweisende Mittel, also durch Verbrennen von Rauchspiralen und -kerzen (*coils*) oder durch elektrisch betriebene Verdampfer;
- ❑ richtiges Verhalten: gestochen wird vorwiegend abends und nachts.

- Laut Stiftung Warentest schützt **Autan** mit dem Wirkstoff *Diethyltoluamid* (DEET) 3 bis 4 Stunden sicher vor Mücken – alle anderen Mittel sind deutlich schlechter. Lavendelöl schützt 1 Stunde. Wirkungslos waren Duftöle, Mückenpiepser und ein UV-Lichtgerät, Apfelessig, Knoblauch. Alle auf die Haut aufgetragenen Mittel dringen durch die Haut in den Körper ein und alle in der Raumluft verteilten Mittel werden eingeatmet. Gesund ist beides nicht. DEET ist für Kinder und bei anhaltendem Gebrauch besonders schädlich. **Neu:** Katzenminzöl soll besser als DEET wirken.

An zweiter Stelle kommt die **medikamentöse Prophylaxe.** Einen völligen Schutz gegen Malaria tropica gibt es nicht. Je nach Zielregion, der Höhe des Ortes, der Jahreszeit, Vorerkrankungen, Unverträglichkeiten etc. wählt ein erfahrener Tropenarzt die optimale Malariaprophylaxe aus. Besonderen Einfluss hat die regionale Resistenz des Erregers der Malaria tropica, *Plasmodium falciparum,* gegen Chloroquinpräparate.

Zusätzlich kann ein **Notfallmittel** mitgeführt werden, das bei malariaverdächtigen Symptomen verabreicht wird, wenn ärztliche Hilfe nicht erreichbar ist. Selten kann auf die Prophylaxe verzichtet und auf das Notfallmittel vertraut werden, nämlich bei:

- nur kurzfristiger Malariaexposition;
- Reisen in Gebiete mit sehr niedriger Malariainzidenz;
- bekannter Unverträglichkeit einer Malariaprophylaxe.

TIPP **Rechtzeitig diagnostiziert und therapiert ist jede Malaria heilbar.**

Jedes unklare Fieber in den Tropen bis 6 Monate nach der Rückkehr ist malariaverdächtig. Den Arzt auf frühere Tropenaufenthalte hinweisen:

- Die Inkubationszeit beträgt 7 Tage.
- Bei grippeähnlichen Symptomen (schweres Krankheitsgefühl, Kopf-, Nieren-, Gliederschmerzen, Schüttelfrost) mehrfach Fieber messen.
- Erst die Blutuntersuchung mit »dickem Tropfem« und Ausstrich erlaubt den sicheren mikroskopischen Nachweis der Plasmodien. Antigen-Schnelltests sind nicht sicher genug.

Jede Malaria ist bei frühzeitiger (!) Diagnose und Therapie folgenlos heilbar, also sofort beim ersten Verdacht einen Arzt aufsuchen. Nur falls kein Arzt erreichbar ist, eine Selbstbehandlung mit einem Notfallmedikanment durchführen. Jeder Zeitgewinn ist wertvoll.

Wirkstoff	Handelsname	Einsatz
Chloroquin	Resochin, Chlorochin	prophylaktisch außerhalb von Resistenzgebieten
Proguanil	Paludrine	prophylaktisch als zusätzliche Gabe bei Chloroquinresistenz
Mefloquin	Lariam	bei hohem Malariarisiko und Chloroquinresistenz oder als Notfallmedikament
Atovaquon, Proguanil	Malarone	als Notfallmedikament
Halofantrin	Halfan	zur Therapie unter klinischer Überwachung
Chinin		zur Therapie und in Ausnahmefällen als Notfallmedikament
Sulfadoxin-Pyrimethamin	Fansidar	in Ausnahmefällen als Notfallmedikament (in Deutschland nicht mehr zugelassen)
Artemisinin	Artesunat, Artemether	zur Therapie (in Deutschland noch nicht zugelassen)

:-) www.who.int/health-topics/malaria.htm, www.malarianetwork.org, www.travelclinic.co.za, www.autan.de, www.dtg.mwn.de/malaria/malproph.htm

Geschlechtskrankheiten

Beim Geschlechtsverkehr können *Hepatitis B, AIDS, Gonorrhö* (Tripper), *Syphilis, Herpes genitalis, Chlamydien, Pilze, Filzläuse* und *Krätze* übertragen werden (Sexually Transmitted Diseases, STD). Die infektiösen Personen können gesund wirken und nicht akut erkrankt sein. Nicht jeder Sexualkontakt mit einem infizierten Partner führt zur Infektion, doch ist das Risiko hoch. In Ostafrika und Südostasien liegt die STD-Infektionsrate von Prostituierten teils über 85 %.

- ▶ Ein Kondom kann die Gefahr der Ansteckung mit HIV (AIDS) vermindern und das Risiko einer Gonorrhöe bzw. einer Syphilis auf ein Zehntel senken – wenn ein unbeschädigtes, neues Kondom mit Reservoir sachgerecht benutzt und nach dem Samenerguss noch vor dem Erschlaffen das Glied samt Kondom aus der Scheide gezogen wurde.
- Sicher sind nur Abstinenz oder eine beidseitig treue Beziehung.

Andere Übertragungswege sind **Injektionsnadeln** und Transfusionen verunreinigter **Blutprodukte.** Bis zu 10 % der professionellen Spender sollen HIV-Antikörper im Blut haben. Bei der Spende wird in der Regel nicht getestet, nur wenige Tests sind zuverlässig. Blutkonserven werden weltweit vor der Infusion selten auf AIDS- und Hepatitis B-Antikörper getestet. Und jede HIV-positive Blutkonserve infiziert den Empfänger.

- ▶ Schutz bietet nur die Kenntnis der eigenen Blutgruppe sowie ein vertrauenswürdiger Blutspender. Vielleicht finden Sie über Ihre Botschaft eine »walking blood bank«. Diese besteht aus einer Gruppe von Menschen, die ihre individuellen Angaben über Blutgruppen und Risikofaktoren in einer Liste zusammenstellen und einander unterstützen.
- ▶ Vielleicht genügt auch die Transfusion eines Blutersatzstoffes.
- ▶ Bei Unfällen vermeiden Einmalhandschuhe Infektionen über Blut.

Bei Verdacht auf Ansteckung ist medizinische Hilfe nötig. Doppelinfektionen sind häufig und können nur über Bluttests festgestellt werden. Oft lassen die Anfangssymptome einer STD mit oder ohne Behandlung nach einigen Wochen nach – das ist keine Heilung. Der Betroffene ist in dieser Zeit weiter gefährdet und auch ansteckend.

- ▶ In Paarbeziehungen steckt man einander immer wieder neu an.
- In manchen Ländern ist eine Bescheinigung nötig, dass Sie kein AIDS haben. Die könnte so formuliert werden: »This is to certify that Mr./Mrs. [Name] born [Geburtsdatum] has been tested for HIV-antibodies on [Datum der Untersuchung]. No clinical or laboratory signs for AIDS were discovered. [Datum, Name des Arztes, Stempel].

:-) aids-info.net, www.bzga.de, www.aidshilfe.at, www.thebody.com

Rückflug im Krankheitsfall

Im Krankenhaus eines anderen Landes fühlen sich ausländische Patienten manchmal ausgeliefert, isoliert oder nicht gut aufgehoben:

- die Verständigung mit dem Personal fällt schwer;
- mit Patienten wird anders umgegangen als zu Hause;
- der Kontakt zu Familie und Freunden fehlt;
- man misstraut der Qualität von Arzt, Personal, Medikamenten ...

Bei einer Erkrankung mit einem sich abzeichnenden Aufenthalt im Krankenhaus informieren Sie sich über die Behandlungsmöglichkeiten:

- ▶ bei der Botschaft oder der Niederlassung einer europäischen Firma;
- ▶ bei einem einheimischen Arzt, der in Europa studiert hat;
- ▶ bei einem europäischen Arzt, der dort arbeitet oder unterwegs ist.

Möglicherweise können Sie selbst den **Rückflug** organisieren:

- ❑ Die Fluggesellschaft kann eine ärztliche Bestätigung verlangen, dass Sie transportfähig sind bzw. dass Sie selbstständig reisen können.
- ❑ Bei der Rückkehr muss Ihre normale Krankenversicherung gelten bzw. bei Anwartschaft unverzüglich und ohne Gesundheitsprüfung wiederaufleben. Ist das nicht der Fall, suchen Sie sich ein Ziel im Geltungsbereich der Reisekrankenversicherung mit hohem medizinischem Standard bzw. nahe der Heimat.

Vielleicht haben Sie Anspruch auf einen **Rettungsflug** nach Hause?

- ❑ Verständigen Sie die zuständige *Alarmzentrale* und geben Sie an: Personendaten, Krankengeschichte, Diagnose, Adresse und Telefon der behandelnden Ärzte und des Hospitals.
- ❑ Begründen Sie die Bitte um Rücktransport mit Vorerkrankungen und Risikofaktoren, verweisen Sie auf Ihren Haus- oder Facharzt.
- ❑ Ein *Vertrauensarzt* der Rettungsflugorganisation informiert sich zusätzlich beim behandelnden Arzt und entscheidet dann, ob der Rücktransport medizinisch gerechtfertigt ist.
- ❑ Der behandelnde Arzt muss Ihre *Transportfähigkeit* positiv beurteilen und Ihrer Entlassung zustimmen.
- ❑ Dann wird die *Rettungskette* organisiert: Transport zum Flughafen, evtl. begleiteter Mitflug im Linienflug oder Abholung mit Ambulanzjet und Notarzt, Transport zur Klinik.

:-) Deutsches Rotes Kreuz www.drk.de, Deutsche Rettungsflugwacht www.rettungsflugwacht.de, Malteser Hilfsdienst www.malteser.de, Johanniter www.johanniter.de, Arbeiter Samariterbund www.asb-online.de, Internationale Flug-Ambulanz www.ifa-flugambulanz.de

Ein Testament abfassen

Ein Testament muss weder handschriftlich verfasst noch notariell beglaubigt sein. Es muss jedoch:

- ❑ schriftlich verfasst
- ❑ eigenhändig unterschrieben und
- ❑ datiert sein.

- ▶ Sie können völlig frei über Ihren Nachlass verfügen, auch von der gesetzlichen Erbfolge abweichen, wohltätige Organisationen zu Erben einsetzen, jemanden enterben (außer Pflichtteil), Ersatzerben bestimmen.
- ▶ Formulieren Sie möglichst kurz und eindeutig. Vermeiden Sie Bedingungen bzw. kennzeichnen Sie diese als solche.
- ▶ Vernichten Sie alte Testamentfassungen.

- **Beispiel** für das *Testament eines unverheirateten Erblassers:*

Zu meinen Erben setze ich hiermit zu gleichen Anteilen meine Geschwister … und … ein. Ersatzerben sind die jeweiligen Abkömmlinge der Miterben und zwar untereinander zu gleichen Teilen.
Ich widerrufe alle früheren Verfügungen von Todes wegen.
[Ort, Datum, vollständige Unterschrift]

- **Beispiel** für das *Testament auf Gegenseitigkeit:*

Wir, die Eheleute … und … , setzen uns gegenseitig zu unseren alleinigen und unbeschränkten Erben ein. Erben des Letztversterbenden sind unsere drei Kinder … , geboren am …, …, geboren am und …, geboren am, zu je ein Drittel.
Wir widerrufen alle früheren Verfügungen von Todes wegen.
[Ort, Datum, vollständige Unterschrift beider Eheleute]

- ▶ Das Testament wird ergänzt durch eine *Liste der Erbmasse*: Immobilien, Bankkonten, Schließfächer, Schmuck, Antiquitäten, Sammlungen, Versicherungen … mit Informationen über Schätzwerte, Adressen, Kontaktpersonen, Nummern …

:-) www.bestattungsinstitut.de/ausland/ausland.htm, www.tss-datenbank.de, www.outoftime.de

Todesfall

Ein **Patientenschutzbrief** umfasst juristisch und medizinisch abgesichert:

- eine *Patientenanwaltschaft,* also Vollmacht für eine Vertrauensperson,
- und eine *Patientenverfügung,* also konkrete Anweisungen zur ärztlichen Behandlung und Ausführung der Vollmacht.

Sie werden angewandt, wenn mehrere Ärzte übereinstimmen:

- dass ein unaufhaltsamer Sterbeprozess eingesetzt hat;
- dass die Chance gering ist, das Bewusstsein wiederzuerlangen;
- dass sehr wahrscheinlich das Gehirn so schwer geschädigt ist, dass ein bewusstes, persönliches Dasein nicht mehr möglich ist;
- dass eine Operation weniger als 20 % Erfolgschancen hat.

Für diese Fälle wird verfügt:

- Schmerzen stets zu lindern bzw. zu nehmen, auch wenn dies den Tod beschleunigt;
- lebenserhaltende Therapien einzustellen, die das Sterben verzögern.

Im **Todesfall** sind unverzüglich zu benachrichtigen:

- ❑ Ein Arzt, der im Totenschein die Todesursache bescheinigt.
- ❑ Verwandte & Freunde
- ❑ Deutsche (Österreichische, Schweizer) Botschaft [→ Seite 38] und Standesamt
- ❑ Bestattungsunternehmen wegen der Überführung
- ❑ Arbeitgeber und Berufsgenossenschaft
- ❑ Unfall-, Lebens-, Renten-, Krankenversicherungen
- ❑ Banken und Sparkassen

▶ In allen Rechtsverhältnissen sind die Todesfallregelungen zu beachten. Vieles lässt sich kurz vor dem Tod schneller und einfacher regeln als nach dem Todeszeitpunkt, beispielsweise sind die Konten dann gesperrt.

▶ Nach deutschem Recht gehört der Leichnam dem Staat. Daher können Sie nicht frei über ihn verfügen.

:-) Deutsche Gesellschaft für Humanes Sterben (DGHS) www.dghs.de

GEFAHREN & NOTFÄLLE

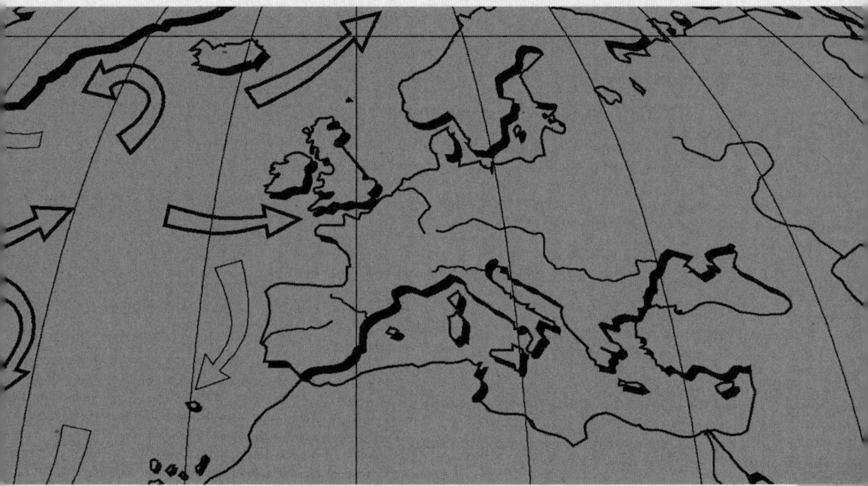

Unfall

Als **Ersthelfer** oder Beteiligter am Unfallort sollten Sie

- ▶ Ruhe bewahren und sich selber sichern;
- ▶ mit Warnblinkanlage, -dreieck, Blinklicht, Handzeichen Gefahren abwenden, den Verkehr sichern, Folgeunfälle vermeiden;
- ▶ notfalls bei getretener Kupplung mit dem Anlasser das Fahrzeug aus unübersichtlichen Bereichen entfernen;
- ▶ einen Verletzten ansprechen, ihn behutsam berühren, beruhigen und erklären, wie Sie helfen werden [→ Erste Hilfe, Seite 211].

Die Nummer 112 ist auch mit abgemeldetem Handy ohne PIN-Nummer erreichbar; im Ausland wird automatisch zum gültigen Notruf weitergeleitet. Polizei, Feuerwehr, Notarzt ... informieren über:

- ❑ **Wer?** Name, Standort, Kommunikationsmittel
- ❑ **Was?** Art, Umfang, Schwere des Unfalls
- ❑ **Wo?** Ort, evtl. Koordinaten, Höhe
- ❑ **Wann?** genaue Zeit des Unfalls
- ❑ **Wie viele?** Verletzte, Verletzungsart, -grad
- ❑ **Welche** Maßnahmen wurden bereits eingeleitet/sind geplant?
- ▶ Beschreiben Sie das Wetter (Sicht, Wind, Schnee, Regen ...) und Hindernisse für Hubschrauber (Geländeform, Bauten, Masten ...)
- ▶ Bleiben Sie am Telefon, legen Sie nicht auf. Ein Rückruf kann misslingen, ein weiterer Anruf zu einer anderen Notrufzentrale führen.

Sichern Sie **Beweise und Zeugen**:

- ▶ Unfallspuren liegen lassen, Positionen mit Kreide kennzeichnen, fotografieren, Unfallskizze zeichnen, Adressen und Kfz-Kennzeichen von Zeugen festhalten, Dienststelle der Polizei.
- ▶ Personalien, Fahrzeug- und Versicherungsdaten austauschen.
- ▶ Erstellen Sie sofort ein schriftliches Unfallprotokoll. Vor Gericht sind Sie mit Ihren Notizen glaubhafter als mit vagen Erinnerungen.
- ▶ Ein Polizeiprotokoll hat meist Beweiswert vor Gericht. Lassen Sie es genau, gewissenhaft und vollständig erstellen.
- ▶ In manchen Ländern kommt die Polizei nur bei Personenschäden. Weisen Sie auf nicht sichtbare Verletzungen hin. Notfalls holen Sie einen Beamten aus der nächsten Gemeinde als Zeugen.
- ▶ Erst nach langem Warten vom Unfallort entfernen, Namen und Adresse zurücklassen, sofort bei Polizei oder Geschädigten melden.
- ▶ In manchen Ländern kann es ratsam sein, umgehend die nächste Polizeistation aufzusuchen und so möglichen Racheakten von Nachbarn oder Verwandten des Opfers auszuweichen.

Handeln Sie rasch hinsichtlich der **Unfallfolgen:**

- Bei einem Verkehrsunfall mit Verletzten oder Toten inhaftieren manche Staaten die Beteiligten bis zur gerichtlichen Klärung.
- Sammeln Sie Belege, Werkstatt- und Arztrechnungen, Tickets, Bescheinigungen – alles was mit dem Unfall und seinen Folgen in direktem oder indirektem Zusammenhang steht.
- Lassen Sie den Unfallschaden mehrfach schätzen: außer von einem unabhängigen auch von einem Gutachter der landeseigenen oder gegnerischen Versicherung.
- Besorgen Sie sich eine Kopie des polizeilichen Unfallprotokolls, die Anschrift des zuständigen Gerichts und das Aktenzeichen.
- Bitten Sie einen Konsularbeamten um Rat. Übertragen Sie Ihre Rechte gegebenenfalls einem einheimischen Rechtsanwalt.
- Bei einem Totalschaden schenken Sie das Wrack dem Staat. Übergeben Sie es dem Zoll, um hohe Zölle oder Strafen zu vermeiden.
- Nummernschilder abschrauben, [→ Zoll, Seite 34].
- Informieren Sie Ihre Vollkaskoversicherung.

Recht haben und es durchsetzen sind zweierlei:

- Der Schadensgegner ist eventuell nicht oder schlecht versichert.
- Es ist oft schwer, Schadensersatz in Devisen zu transferieren.
- In manchen Ländern sind Deckungssummen begrenzt, z.B. in der Türkei auf 7700 Euro für Personenschäden.
- Kosten für Mietwagen, Gutachter, Wertverlust oder Nutzungsausfall werden in vielen Ländern nicht anerkannt.
- Das polizeiliche Unfallprotokoll auszustellen, Strafanzeige zu erstatten, das Gerichtsverfahren abzuwarten ... die Schadensregulierung kann Jahre dauern.
- Bilanzieren Sie, was Sie maximal zu erwarten haben und was realistisch ist. Setzen Sie sich ein Zeitlimit.

:-) www.adac.de, www.avd.de, www.euac.at, www.rettungsdienst.de

TIPP **Nützlich unterwegs: Warnblinkanlage, -dreieck, Fotoapparat, Kreide, Handy, Versicherung (Tel, Fax, eMail, Internet).**

Gefahr & Risiko

Wir sind im Alltag ständig Gefahren ausgesetzt, ohne uns deswegen besondere Sorgen zu machen. Der Straßenverkehr in Deutschland fordert jährlich mehrere tausend Tote. Wer raucht, geht eines der höchsten Risiken ein. Viele Freizeitsportarten können sehr gefährlich sein.

Diesen Gefahren setzen wir uns freiwillig aus. Wir glauben, sie einschätzen zu können und gehen ein kalkuliertes Risiko ein. Risiko ist die Wahrscheinlichkeit, dass diese Gefahr eintritt. Für alltägliche Risiken haben wir ein Gefühl entwickelt, nicht aber für die Risiken in einer anderen Umgebung. Diese Risiken sind unkalkulierbar. Aus dieser Ungewissheit entsteht Angst. Angst dient der Selbsterhaltung.

- ▶ Wie hoch ist die Gefahr und ihre Eintrittswahrscheinlichkeit?
- ▶ Was bewegt Sie, sich dem Risiko auszusetzen?
- ▶ Entscheiden Sie, ob es das wert ist.

Notlagen entstehen aus Überforderung, Leichtsinn, Zeitdruck, Stress und Routine bei nachlassender Aufmerksamkeit. Die Ursachen lassen sich durch Achtsamkeit rechtzeitig erkennen und vermeiden:

- körperliche, seelische, zeitliche Grenzüberschreitungen;
- Fehleinschätzungen durch mangelnde Vorbereitung, mangelnde Ausbildung, ungeeignete körperliche oder seelische Verfassung;
- mangelhafte Ausrüstung für Wasser-, Kälteschutz, Orientierung …;
- Gruppendynamik: Mutproben, Leistungsdruck, Wut, Ehrgeiz;
- unterschätzte Natur: UV-Strahlung, Kälte, Hitze, Höhe, Nebel …;
- Unwetter: Sturm, Gewitter, Wetterwechsel, Schneefall …

Nach dem »**Gesetz der größtmöglichen Gemeinheit**« kommt ein Unglück selten allein. Panische, hektische, unbedachte, übersteuerte Reaktionen verstärken das Unglück. **Ordnen** Sie sich:

- ▶ Was ist geschehen? Was sind die schlimmsten Folgen?
- ▶ Bleiben Sie ruhig, setzen Sie sich, trinken Sie Tee, schlafen Sie eine Nacht drüber – aber zügeln Sie Ihre Fantasien und Spekulationen!
- ▶ Was kann ich hier und jetzt tun? Welche Alternativen gibt es?
- ▶ Welche Dinge will ich in welcher Reihenfolge tun?
- ▶ Alles ist getan? Dann ist entspannen, pflegen, regenerieren wichtig.

:-) http://life.csu.edu.au/hazards/topics.html, http://coe-dmha.org

TIPP **Suchen Sie Distanz, planen Sie in Ruhe die nächsten Schritte. Gönnen Sie sich Erholung, wenn alles erledigt ist.**

Katastrophen

> **TIPP** **Seien Sie gut vorbereitet und denken Sie voraus.**

Grundsätzliches Verhalten bei Notfällen

- Schauen: ruhig die Sachlage erfassen und sich selbst sichern
- Denken: mögliche Folgen erkennen
- Handeln: Gefahren abwenden, alarmieren, helfen
- Verletzte vor weiteren Schäden schützen, Erste Hilfe leisten [→ Erste Hilfe, Seite 211]
- Unfall melden, Helfer alarmieren: Funkgeräte, Telefon, Notsignale

Als **Folgen flächendeckender Katastrophen** sind zu erwarten:

- Strom, Telefon, Heizung, Aufzug … fallen aus.
- Wasserversorgung fällt aus, Lebensmittel werden knapp.
- Gasexplosionen, Wasserrohrbrüche, Brände …
- giftige Gase und Flüssigkeiten
- Diebe und Plünderer [→ Unruhen, Seite 251].
- Seuchengefahr durch verwesende Leichen.
- Man kann, darf oder will nicht auf die Straße.
- Notstand oder Kriegsrecht wird ausgerufen. [→ Staatl. Gewalt Seite 248]

Ihre **Vorsorgemaßnahmen** sollten diesen Situationen entsprechen:

- ❑ Vorrat an Batterien und Akkus, Solarladegerät, Notstromaggregat
- ❑ Taschenlampe, Kerzen, Feuerzeuge
- ❑ Warme, wind- und regendichte Kleidung, feste Schuhe
- ❑ Handy und batteriebetriebenes Radio. Nach der Katatstrophe ist es vielleicht leichter ein Ferngespräch zu führen als ein Ortsgespräch.
- ❑ Wasservorräte und Lebensmittel für mehrere Tage
- ❑ Leiter, Strickleiter, Seil zum Verlassen höherer Stockwerke
- ❑ Bergegerät: Brechstange, Spaten, Säge, Vorschlaghammer …
- ❑ Feuerlöschmittel: Feuerlöscher, Sand, Wasser, Decken, Schaufel
- ❑ Reparaturmaterial [→ Improvisieren, Seite 90]
- ❑ Erste-Hilfe-Set [→ Reiseapotheke, Seite 217]
- ❑ Reiseutensilien: Rucksack, Unterlegmatte, Schlafsack, Zelt
- ❑ Landkarten, Geld, Ausweise, Adressen, Telefonnummern
- ❑ Fluchtwege und -strategien zu Fuß, mit Fahrrad, Boot oder Auto

:-) www.rettungsdienst.de, www.hilfsorganisationen.de, www.ifrc.org, http://survival.imweb.com, www.netside.com/~lcoble/index.html, www.disasterrelief.org

Erdbeben

Vor Erdbeben wird meist nicht gewarnt. Zum einen, weil sie unerwartet kommen, zum anderen, weil panische Reaktionen der Bevölkerung vermieden werden sollen. Rund 100.000 Erdbeben fordern jährlich etwa 10.000 Tote.

Gefahren und Verhalten bei einem Erdbeben:

- Besonders gefährdet ist man im Freien durch umstürzende Bäume, fallende Mauerteile, berstendes Glas...
- Bevorzugen Sie freie Flächen oder niedrige Häuser. Gebäude aus Stahlbeton oder Holz gelten als die sichersten, solche aus Ziegeln oder Bruchsteinen als die schwächsten.
- Suchen Sie den höchsten Stock auf.
- Innerhalb des Hauses bilden Türstürze die stabilsten Elemente.

Die »Richterskala« ist sehr theoretisch, anschaulicher ist eine Skala, die die **Folgen des Bebens** beschreibt:

1 – messbare, doch nicht wahrnehmbare Erschütterungen
2 – unter besonders ruhigen Umständen wahrnehmbar
3 – Vereinzelt wahrnehmbar
4 – als leichtes Zittern wahrnehmbar wie starker Straßenverkehr
5 – Gebälk kracht, Glas und Möbel zittern
6 – Mauerputz reißt
7 – Wände reißen
8 – Hausteile (Giebel, Schornstein) zerfallen
9 – Wände und Decken stürzen ein
10 – Vereinzelte Spalten im Erdreich
11 – Hänge rutschen ab
12 – die Erdoberfläche verformt sich

:-) www.fema.gov, www.geo.ed.ac.uk/quakexe/quakes, www.amerrescue.org/quakprep.htm, www.earthquake.com

TIPP **Halten Sie bereit: Wasser, Proviant, Taschenlampe, Kerze, Seil, Staubmasken, Feuerzeug, Messer, Geld, Papiere.**

Vulkane

Gefahren beim Begehen eines Vulkans:

- Boden und Hänge sind im Gegensatz zu alten Bergen instabil: Aschehänge rutschen ab, Hohlräume können einstürzen;
- die Glut liegt oft nur unter einer dünnen Felsschicht;
- Regen löst Schlammströme aus;
- Steine und Felsen sind scharfkantig;
- heiße Giftgase können jederzeit austreten.

Vulkanausbrüche bringen folgende Gefahren mit sich:

- Lavaströme sind bis zu 50 km/h schnell und suchen sich wie das Wasser immer den einfachsten Weg nach unten.
- Aschenregen sind lockere Massen zerstäubten Gesteins, die bis zu 8 km hoch geschleudert werden.
- Glutwolken enthalten heiße Gase und Magmapartikel und bewegen sich mit einer Geschwindigkeit bis zu mehreren hundert Stundenkilometern in Bodennähe hangabwärts.
- Schlammlawinen (*Lahare*) entstehen, wenn Seen überlaufen und sich mit der vulkanischen Asche mischen. Sie sind unberechenbar, schneller als ein Läufer und kraftvoller als Wasser.
- Schmelzwasser tritt bei vergletscherten Vulkanen auf, der gesamte Gletscher kann sich talwärts bewegen.

Verhalten bei einem Vulkanausbruch:

- ▶ Flüchten Sie quer zur Windrichtung, schauen Sie hangaufwärts.
- ▶ Rechnen Sie damit, dass Brücken fortgerissen sind. Meiden Sie Bäche und Flüsse, schauen Sie vor Brücken bergaufwärts.
- ▶ Suchen Sie einen hoch gelegenen Unterschlupf auf, denn Gase, Wasser und Lava fließen zu den tief gelegenen Stellen.
- ▶ Verschließen Sie Fenster, Türen und alle Öffnungen nach außen.
- ▶ Augen, Mund und Nase vor heißer Luft und Asche schützen.
- ▶ Bringen Sie den Wagen in die Garage, damit der Kraftstoff nicht entzündet wird.
- ▶ Bereiten Sie Feuerlöschmaßnahmen vor.

:-) http://volcano.und.nodak.edu

TIPP **Halten Sie bereit: Hut oder Helm, körperbedeckende Kleidung, Brille, Staubmaske, Decke oder Umhang, Wasser.**

Brände

Häufigste Todesursache bei **Gebäudebränden** sind Vergiftungen durch Rauchgase.

- Geben Sie Feueralarm über Feuermelder oder über das Telefon.
- Schließen Sie Türen und Fenster, das verhindert die Luftzufuhr zum Brand und gibt Ihnen Zeit für die Flucht.
- Schalten Sie das Licht zur Orientierung im Rauch ein.
- Rauch ist am Boden weniger dicht.
- Atmen Sie durch ein feuchtes Tuch.
- Verlassen Sie das Gebäude über die Treppen, nicht im Aufzug.
- Achten Sie auf die Beschriftung von Feuerlöschern. Sie eignen sich für Brandklasse C (brennende Gase), Brandklasse B (brennende Flüssigkeiten), A (brennende Feststoffe, Glut) oder für alle drei (ABC).
- Öffnen Sie keine Tür, durch deren Ritzen Rauch dringt oder deren Klinke heiß ist. Wenn beim Öffnen der Tür Luft eindringt, kann Ihnen eine Stichflamme entgegenschlagen (*backdraft*).

Wenn Sie im Freien von einem **Buschbrand** überrascht werden:

- Geben Sie Feueralarm über Handy.
- Flüchten Sie auf kürzestem Weg in einen Bach, einen Fluss oder See, auf felsigen Untergrund oder bedecken Sie sich mit feuchten Decken.
- Das Feuer bewegt sich mit dem Wind. Flüchten Sie quer dazu.
- Entfernen Sie um Ihren Aufenthaltsort alle brennbaren Materialien.
- Lagern Sie Gas, Benzin, Diesel unter der Erde oder in Wasser.
- Steinmauern und massive Wände schützen vorübergehend.
- Swimmingpools und Innenhöfe bieten eine Zeit lang Sicherheit.
- Liegen Sie flach am Boden. Atmen Sie durch ein feuchtes Tuch oder graben Sie ein Loch: der Boden kühlt die Luft ab.
- Auf einer abgebrannten Fläche kann das Feuer wieder aufflackern.

Brennende Menschen rennen meist in Panik davon.

- Löschen Sie Personenbrände mit Decken, Wasser, Feuerlöscher.
- Kühlen Sie die Haut mit Wasser.
- Decken Sie Verbrennungen steril ab – das genügt.

:-) www.feuerwehr.net, www.brandschutz-ist-lebensschutz.de
:-) Waldbrände: www.ngdc.noaa.gov/dmsp/fires/globalfires.html

TIPP **Handeln Sie in der Reihenfolge: Alarmieren, Retten, Löschen. Entfernen Sie brennbare Stoffe und vermindern Sie die Luftzufuhr. Sie brauchen: Feuerlöschdecke, Sand, Wasser, Brille, Handschuhe, Staubmaske.**

Notsignale

- **Internationales Notrufzeichen:** 6 Zeichen pro Minute geben, eine Minute warten, wieder 6 Zeichen usw. Antwort: 3 Zeichen pro Minute geben, eine Minute warten, wieder 3 Zeichen.
- **Seenotsignale** »Mayday«: Dauerton von Schiffssirene oder Nebelhorn, Flaggensignal N über C, eine viereckige Flagge über oder unter einem Signalball, rote Flammen- oder orangene Rauchsignale.
- **Flugrettung:** beide Arme in V-Form nach oben (= YES): Hilfe ist nötig, ein Arm oben und ein Arm unten (= NO) Hilfe nicht nötig
- **Morsesystem:** 3 kurz, 3 lang, 3 kurz (= SOS, save our souls). [→ Morsetabelle, Seite 98] Satzzeichen haben 6 Punkte und Striche. Sie bestehen aus 2 oder 3 Buchstaben. Dienstzeichen signalisieren Anruf (Zeichen geben, bis Empfänger ebenso reagiert); Wortende (i, i in rascher Folge); verstanden (e); nicht verstanden (t); Ende der Depesche (ar = all right); Irrtum 8 Punkte.

Als Signalgeber können dienen:

- Die **Trillerpfeife** ist leicht und in stiller Natur bis zu 10 km weit zu hören. Ihre Töne sind schwer, bei Echo unmöglich zu orten. In belebten Gebieten und bei Verkehr werden Pfeifsignale eventuell missdeutet.
- **Leuchtsignale** mit Taschenlampe, Blinkspiegel oder Blitzlicht der Kamera sind bei Nebel und Regen kaum zu sehen, bei gutem Wetter und im Dunkeln leicht zu orten – falls jemand in die Richtung schaut.
- Ein planer **Signalspiegel** ist zweiseitig verspiegelt, mit einem Loch in der Mitte. Man schaut durch das Peilloch und sieht in der verspiegelten Rückseite den Lichtpunkt auf dem eigenen Gesicht. Wenn Lichtpunkt und Peilloch sich decken, fällt der Lichtreflex genau in Blickrichtung. Bei tief stehender Sonne ist der Blinkwinkel stark eingeschränkt.
- **Rot-weiß-rote Signalraketen** sind bei jeder Tageszeit, bei fast jedem Wetter und über große Entfernungen wahrnehmbar. Die Richtung ist leicht, die Entfernung schwer zu orten. Die Pistole ist schwer (je nach Schusshöhe), die Anzahl der Raketen begrenzt. Die letzten Raketen werden erst eingesetzt, wenn die Retter bereits nahen.
- Der **Rauch** einer Rauchpatrone oder eines stark rauchenden Feuers bleibt lange sichtbar, ist windanfällig und steigt nicht hoch. Aus der Luft besser zu sehen sind 3 Feuer an den Ecken eines 15-Meter-Dreiecks (oder notfalls 3 Feuer in einer Linie entfachen).
- Mit zum Untergrund farblich stark kontrastierenden **Steinen, Stämmen oder Textilien** lässt sich für Suchflugzeuge ein SOS oder ein Kreuz legen.

:-) www.qsl.at

Gefahren durch Großtiere

Für die Raubtiere dieser Welt gehört der Mensch nicht zur bevorzugten Jagdbeute. Warum sollte sich ein Raubtier anstrengen und Verletzungen riskieren, wenn Sie keine Beute sind? Alte und kranke Raubtiere jedoch suchen in der Nähe von Ortschaften nach leichter Beute: Ziegen, Schafe, Esel, aber auch Menschen. Sie werden dann sensationsheischend »man-eater« genannt.

- Flucht gehört ins Beuteschema. Machen Sie durch Farbe, Größe, Geruch, Verhalten deutlich, dass Sie ein Mensch sind und kein Beutetier.
- Ein Tier greift an, wenn es sich bedroht fühlt, also wenn Sie dessen Fluchtdistanz unterschreiten. Sich anzuschleichen, ist gefährlich. Als gefährlichste Großtiere Afrikas gelten die Wasserbüffel.
- Ein Muttertier mit seinen Jungen ist natürlich erheblich gefährlicher. Nehmen Sie Reißaus, wenn Sie irgendwo auf Jungtiere stoßen.
- Ein Einzelgänger oder Rudelführer betrachtet Sie als Konkurrent. Dann kann es Ihnen helfen, wenn Sie sich unterwerfen: klein machen und langsam zurückziehen. Es kann aber auch helfen, dass Sie sich groß machen und stärker wirken als Sie sind. Alles eine Frage der Entfernung.

Berücksichtigen Sie die **Stärken und Schwächen der Tierart.** Ein Nashorn (Rhino) ist kurzsichtig, also sind Sie hinter einem Baum sicher. Andere Tiere sind wasserscheu und stoppen am Ufer.

- Seien Sie achtsam, wenn Sie eine Viehweide überqueren, einen Wildwechsel kreuzen oder auf frische Losung stoßen.
- Halten Sie Distanz.
- Kommen Sie niemals zwischen ein Muttertier und deren Junges.
- Bleiben Sie regungslos stehen, meiden Sie Augenkontakt, machen Sie sich klein – vielleicht werden Sie bedeutungslos.
- Flüchten Sie nur, wenn Sie das Fluchtziel erreichen können.
- Wenn Sie zu mehreren sind, läuft jeder in eine andere Richtung.
- Werfen Sie ein Kleidungsstück nach dem anderen ab. Ihr Verfolger untersucht (hoffentlich) jedes näher und verliert dabei Zeit.
- Und wenn alles nicht hilft, werfen Sie sich auf den Boden und spielen »Toter Mann«. Das kostet erhebliche Nervenstärke.

Bären sind scheu und vorsichtig und greifen nur an, wenn sie sich bedroht fühlen. Oft löst erst das eigene Verhalten den Angriff des Bären aus. Möglicherweise hat er aber auch Rucksäcke als Nahrungsquelle schätzen gelernt. So vermeiden Sie Begegnungen mit Bären:

- Viel Lärm, also laute Gespräche, Singen oder »bear-bells«, die an Rucksack, Kleidung oder die Schuhe gehängt werden. Improvisierte Krachmacher basteln Sie aus Blechdosen mit Steinen.

- Geraten Sie niemals zwischen eine Bärin und ihre Jungen.
- Campieren Sie nicht bei Wildwechseln oder Beerensträuchern.
- Bewahren Sie am eigentlichen Zeltplatz weder Lebensmittel noch Wasser noch Essgeschirr und Kocher auf.
- Halten Sie den Koch- und Essplatz peinlich sauber und mindestens 30 m entfernt vom Zeltplatz.
- Lagern Sie Lebensmittel und alles für die Zubereitung an einem dritten Ort wiederum 30 Meter von den beiden anderen entfernt und unerreichbar für den Bären in mindestens 4 m Höhe.
- Hunde laufen vor Bären weg und führen ihn so zum »Herrchen«.

Bären sehen schlecht, wittern sehr gut und sind schnelle Läufer.

> **TIPP** **Nützlich unterwegs: Pfefferspray, bear-bells.**

- Flieht der Bär? Dann merken Sie sich die Richtung, um seinen Weg nicht wieder zu kreuzen.
- Er bleibt unbeeindruckt und ist noch weit entfernt? Dann schlagen Sie einen großen Bogen.
- Bei einer plötzlichen Begegnung mit einem Bär auf geringe Distanz nie weglaufen, denn der Bär würde Sie sofort verfolgen. Zu Fuß haben Sie keine Chance zu entkommen. Selbst Fahrradfahrer müssen eine Weile schneller als 40 km/h sein, um zu entkommen.
- Der Bär darf Sie keinesfalls für ein jagdbares Tier halten. Reden Sie in normaler Tonlage mit ihm, aber meiden Sie den Blickkontakt.
- Bleiben Sie stehen und machen Sie sich groß: Heben Sie den Rucksack über den Kopf und stellen Sie sich nebeneinander.
- Ein Bär stellt sich auf die Hinterbeine, um alles zu überblicken. Das ist keine Drohung. Weichen Sie langsam zurück.
- Er greift oft nur zum Schein an. Bleiben Sie stehen.
- Wenn er so nah rankommt, hilft höchstens noch Pfefferspray.
- Sonst hilft es nur »Toter Mann« zu spielen.
- Schwarzbären können gut klettern. Sie weichen aber zurück, wenn man sie anschreit oder mit einem Knüppel schlägt.
- Der Braunbär oder Grizzly kann auch blond oder schwarz sein und ist viel gefährlicher als der Schwarzbär. Da er nicht gut klettern kann, ist man auf einem Baum in etwa 4 m Höhe sicher.

:-) www.zoos.de/Tierlexikon, www.abwehr.de, www.sport-mit-hund.de

Gefahren durch Kleintiere

Tollwut wird durch Speichel und Blut übertragen. Meiden Sie in gefährdeten Gebieten Hunde, Katzen, Fledermäuse, Schakale, Füchse, Waschbären, Skunks, Mungos, Affen. Tollwutfrei sind Australien, Bahrein, Bermudas, Taiwan, Dänemark, Finnland, viele Karibikinseln (aber nicht Grenada, Haiti, Kuba, Puerto Rico und Trinidad), Gibraltar, Griechenland, Teile von Indonesien (Bali), Irland, Island, Japan, Kuwait, Malta, Neuseeland, Norwegen mit Ausnahme von Spitzbergen, Papua-Neuguinea, Portugal, die Pazifik-Inseln, Spanien, Schweden, Vereinigtes Königreich/England, Zypern, einige Inseln im Indischen Ozean (Mauritius, Réunion, Seychellen).

Jede **Bissverletzung** muss behandelt werden:

- ❑ Wunde mit einem Antiseptikum oder Seife reinigen.
- ❑ Arzt über das Tollwutrisiko in der betreffenden Gegend befragen.
- ❑ Eventuell eine nachträgliche Schutzimpfung vornehmen.

Zecken gibt es überall, doch nicht alle übertragen die gefährliche *Frühsommer-Meningoenzephalitis* (FSME) oder die *Lyme-Borreliose*. Sie sind bei feuchtem und nicht zu kaltem Wetter aktiv, bei uns also zwischen März und September. Sie lassen sich nicht auf den Menschen herabfallen, sondern werden von Gräsern und Büschen bis in 1,5 m Höhe abgestreift und suchen sich dann eine »Zapfstelle« – das kann Stunden dauern. Von der Größe eines Stecknadelkopfes schwellen sie auf Erbsengröße an.

- ▶ Tragen Sie Kleidung, die den Körper völlig bedeckt.
- ▶ Vermeiden Sie Wege durch dichtes Unterholz.
- ▶ Insektenabwehrende Mittel helfen für etwa 2 Stunden.
- ▶ Nach der Wanderung den Körper auf Zecken absuchen, besonders zarte Hautstellen wie Kopfhaut, Ohren, Bauch, Hände, Füße, Hals-, Arm- und Kniebeugen.
- ▶ Eine Zecke sofort entfernen: So nahe wie möglich an der Haut fassen und gerade herausziehen: mit den Fingern oder einer Zeckenpinzette. Dann die Bissstelle desinfizieren.
- ▶ Vermeiden Sie drehen, quetschen, ersticken, beträufeln mit Öl ..., denn die Zecke »kotzt« in die Wunde, das Infektionsrisiko steigt.
- ▶ Suchen Sie den Arzt auf, wenn die Bissstelle sich in den nächsten Wochen entzündlich rötet.

Gegen *FSME* gibt es eine **Impfung**, eine ursächliche Behandlung ist nicht möglich. Beim Biss durch eine infizierte Zecke wird das Virus sofort übertragen, die Krankheit führt zu Entzündungen der Hirnhäute, des Gehirns und des Rückenmarks. Gegen *Borreliose* gibt es keine Impfung, doch wird das Infektionsrisiko gesenkt, wenn die Zecke möglichst schnell entfernt wird. Die Behandlung erfolgt mit Antibiotika.

Ungeziefer setzt sich oft in Nähten und Taschen der Kleidung fest, in Polstern oder Teppichen, Strohstühlen, im Bettzeug oder in Wand- und Bodenritzen.

- Kakerlaken sind Überträger von Lebensmittelinfektionen (z.B. Salmonellose). Offenes Liegenlassen von Lebensmitteln vermeiden.
- Läuse übertragen Fleck- und Rückfallfieber, sie nisten in verfilzten Haaren. Dagegen hilft: kämmen, rasieren, waschen, Kleidung wechseln, Tabaksaft, Limonensaft, Kokosöl, lindanhaltige Mittel.
- Flöhe und Milben übertragen Pest, Tungiasis, Fleckfieber. Sie hinterlassen rote Punktreihen auf der Haut. Hunde- und Katzenflöhe verlassen den Menschen bald. Oft hilft Wechseln der Kleidung, säubern von Bett und Schlafsack, Staubsaugen. Bei Milbenbefall nicht kratzen, alle Wäsche täglich wechseln, kochend waschen oder bügeln.
- Sandflöhe bohren sich in die Fußhaut; mit einer Nadel entfernen.
- Raubwanzen übertragen Trypanosomiasis (Chagas-Krankheit).
- Gegen Wespen Zitronenscheiben mit Gewürznelken auslegen. Essig erwärmen oder Zwiebeln in Fett erhitzen und auslegen. Wespenstiche werden mit Zitrone oder Essig gelindert.
- Mäuse und Ratten können unter anderem die Pest übertragen. Infektionsgebiete sind Madagaskar, Mosambik, Simbabwe, Tansania, Uganda, Kongo, Bolivien, Brasilien, Peru, Vietnam.
- Zahlreiche Mückenarten übertragen Krankheiten [→ Malaria, Seite 223]: *Simulium-Mücken* (blackflies): Onchozerkose, *Phlebotomus-Mücken* (sandflies): Leishmaniasi*; Tsetsefliegen:* Schlafkrankheit.

▶ Aus der Haut können Tierchen oft mit einem der folgenden Mittel entfernt werden: Salz, Benzin, Öl, Zitrone, Essig, Zigarettenglut …

▶ Kratzen erhöht das Entzündungsrisiko. Jucken wird oft gelindert durch: Spucke, Kälte, Alkohol, Papayasaft, Antihistaminika …

Abwehr lästiger und gefährlicher Insekten und Kleintiere:

▶ Mückengitter am Fenster, Moskitonetz über dem Bett, Moskitocoils.

▶ Bettwäsche und Kleidung in der Sonne lüften.

▶ Räume reinigen und trocknen, tagsüber mehrfach querlüften.

▶ Risse, Löcher, dunkle Ecken und Ritzen verstopfen.

▶ Lebensmittel kühl, dunkel und dicht verschlossen lagern.

▶ keine Abfälle im Zimmer, keine Lebensmittel im Schlafzimmer.

▶ Als Wespenfalle dient eine Flasche mit etwas Zuckerwasser darin.

▶ Zucker (Honig) mit Backpulver (Hefe) tötet Ameisen und Kakerlaken.

▶ Pfefferminzöl vertreibt Mäuse, Essig vertreibt Fliegen.

▶ Katzenminzöl auf der Haut vertreibt Mücken.

:-) www.ungeziefer.de, www.hausmittelchen.de

TIPP **Körper- und Raumhygiene schützen gegen Insekten und Infekte.**

Gefahren durch Gifttiere

Landbewohnende Gifttiere sind Schlangen, Skorpione, Spinnen, Tausendfüßler... Sie beißen oder stechen meist nur, wenn sie sich bedroht fühlen und nicht mehr flüchten können, also überrascht werden. Da sie das Gift zum Töten der Beute benötigen, wird bei einem Warnbiss eher wenig Gift freigesetzt. Über die Schwere der Giftwirkung entscheiden die Giftmenge, die Stelle des Bisses und der Allgemeinzustand des Patienten.

Vorbeugende Schutzmaßnahmen

- Im Gelände fest auftreten, mit einem langen Stock vor sich auf den Boden schlagen.
- Tragen Sie in der Natur immer feste, knöchelhohe Schuhe, denn 90 % der Schlangenbisse finden sich am Knöchel oder darunter.
- Meiden Sie Bäume und Büsche, Baumschlangen sind fast alle giftig.
- Nicht in Löchern stochern, nicht unter Steine fassen!
- Fassen Sie nur an, was Sie sehen.
- Benutzen Sie im Dunkeln eine Taschenlampe, denn viele Gifttiere sind Nachttiere! Vorsicht beim Holz sammeln.
- Bleiben Sie ruhig stehen, wenn Sie ein mögliches Gifttier sehen, nähern Sie sich nicht weiter.
- Schlafen Sie nicht auf ebener Erde.
- Kleidungsstücke und Schuhe über Nacht aufhängen, nicht ablegen.
- Schütteln Sie Ihre Kleidung und Schuhe vor dem Anziehen aus!
- Dunkle, enge Stellen überall im Haus sind attraktiv für Kleintiere, insbesondere hinter Sanitärinstallationen.
- Abfall zieht Kleintiere an und Tiere, die sich von diesen ernähren.
- Informieren Sie sich über das Verhalten und die Lebensräume von Schlangen, Spinnen und Skorpionen in Ihrer Reiseregion.

Verhalten nach einem Biss oder Stich: Nur 2,5 % aller Schlangenbisse sind tödlich. Angst und Panik können schädlicher sein.

- Bekämpfen Sie die Panik. Den Betroffenen ruhig stellen. Bewegung und Aufregung verschlimmern die Situation.
- Bissstelle spülen – Nicht: Einschneiden, Ausbrennen, Aussaugen!
- Schmerzmittel verabreichen
- Transport zum nächsten Hospital mit Schlangenserumdepot

> **TIPP** **Wohin immer Sie greifen, wohin Sie treten – immer erst nach Sichtkontrolle, nie blind! Bekämpfen Sie Ihre Panik!**

- Bissstelle an Arm oder Bein nur abbinden, wenn der Transport länger als 30 Minuten dauern wird. Uhrzeit beim Abbinden auf die Haut schreiben. Alle 30 Minuten die Binde 15 Sekunden lockern.
- Antiserum wird nur im Krankenhaus und vom Arzt verordnet. Skeptische Stimmen behaupten, dass durch Antiseren schon mehr Menschen gestorben seien als durch Schlangenbisse.
- Das Gifttier fangen und mitbringen, wenn es gefahrlos möglich ist. Die genaue Tierbestimmung ermöglicht eine genauere Therapie.
- Jeder Gifttierpatient muss zum Arzt!

Spätestens im **Krankenhaus** wird kontrolliert:
- Puls- und Atemfrequenz stündlich
- Durchmesser der Schwellung bzw. der Extremität
- spontane Blutung ohne aktuelle Verletzung?
- Hautveränderungen an der Bissstelle protokollieren
- Menge und Uhrzeit der Urinausscheidung notieren
- Nervenschäden wie Augenlidschwäche, Sprach-, Schluck- und Atemschwierigkeiten sowie Erbrechen deuten auf einen Vipernbiss (Sandrasselotter, Hornviper, Puffotter …)
- Blutwerte wie Gerinnungszeit, Hämoglobin, Leukozytenzahl, Harnstoff im Serum, Leberwerte, Kreatininkinase
- Elektrokardiogramm (EKG)

:-) www.meb.uni-bonn.de/giftzentrale, www.toxinfo.org/tier,
Reptil-Datenbank: www.embl-heidelberg.de/~uetz/LivingReptiles.html

Diebstahl

Jeder Dieb oder Betrüger sucht nach Anzeichen für gute **Beute.** Brustbeutel, außenliegende Hüft- und Gürteltaschen, Kameras verlocken zum Diebstahl oder Überfall. Jacken- und Gesäßtaschen sind leicht erreichbar.

- Gelegenheit macht Diebe, also bieten Sie keine Gelegenheiten.
- Sehen Sie nicht wie ein Tourist aus, denn Touristen bieten gute Beute.
- Tragen Sie Ihre Kamera in einer unscheinbaren Tasche.
- Lassen Sie Schmuck und Uhren zu Hause.
- Zeigen Sie auch beim Einkauf nie mehr Geld als unbedingt nötig.
- Trickbetrüger erkennen Sie nur, wenn Sie deren Tricks kennen: beim Geldwechsel oder der falsche Polizist auf der Suche nach Falschgeld ...

So begrenzen Sie den Schaden

- Tragen Sie Ausweise und Geld immer am Körper.
- Kopien der Ausweise, Schecknummern, Kartennummern etc. immer getrennt von den Originalen und vom Geld aufbewahren.
- Mischen Sie Schecks und Bargeld, streuen Sie das Risiko.
- Abschließbare Koffer und kleine Schlösser an den Reißverschlüssen des Rucksacks schrecken vielleicht Gelegenheitsdiebe ab.
- Schlüssel für Auto, Hotelzimmer, Apartment sollten weder mit Kennzeichen noch Adresse oder Zimmernummer versehen sein. Sie sollten dem Dieb nicht zeigen, wo es was zu holen gibt.
- [→ Sicherheit im Hotel, Seite 108].

Profis schaffen sich **Gelegenheiten:** Der Erste lenkt ab, der Zweite macht lange Finger und gibt das Gestohlene dem Dritten. Den ersten beiden können Sie nichts mehr nachweisen. Viele Menschen und äußere Ablenkungen ermöglichen den unauffälligen Körperkontakt: Anrempeln, Abklopfen von Zigarettenglut, Eis auf der Kleidung, Fragen nach Uhrzeit oder Richtung, die Landkarte, die Ihnen die Sicht verdeckt ...

- Bleiben Sie achtsam, gehen Sie bei Körperkontakt sofort auf Distanz und sichern Sie unauffällig Ihre Wertsachen.
- Tragen Sie Geld für laufende Ausgaben lose oder mit einer großen Büroklammer in der Hemden- oder vorderen Hosentasche. Größere Beträge verstauen Sie unsichtbar unter der Kleidung, beispielsweise in einem breiten Geldgürtel oder einer Innentasche der Hose.
- Tragen Sie unscheinbare Umhängetaschen mit kurzem Gurt zur Hauswand hin oder zwischen Personen.

TIPP **Fallen Sie nicht als Tourist auf, verbergen Sie Ihre Wertsachen. Nützlich: Notrufnummern der Banken, Schecknummern, Plastikschlange.**

Tatort Auto

- Das Handschuhfach im Auto öffnen und zeigen, dass es leer ist. Fenster oder Schiebedächer völlig schließen, nicht lüften.
- Lassen Sie keinen zweiten Zündschlüssel im Auto.
- Legen Sie eine Plastikschlange oder -spinne deutlich sichtbar ins Handschuhfach.
- Legen Sie eine einheimische Zeitung auf den Beifahrersitz.

Besonders anfällig für kriminelle Aktionen ist man unterwegs in **Bus und Bahn.** Wenn das Opfer einen Diebstahl bemerkt, ist der Täter längst ausgestiegen, die Polizei ist erst beim nächsten Halt zu informieren.

- Kleidungsstücke nicht neben Abteil- und Kabinentüren hängen.
- Komplizen werfen Gepäckstücke an vereinbarten Stellen aus dem Zug. Binden Sie Ihr Gepäck mit Gurt oder Kette im Abteil unauffällig an.
- Besonders Schlafwagenabteile sind aus der Sicht der Täter ergiebig. Ein Glöckchen an der Abteil- oder Kabinentür kündigt nachts fremde Besucher an. Griffe an Rahmen und Tür lassen sich zusammenbinden.
- Juck- oder Niespulver lenken das Opfer ab.
- Im angebotenen Drink können K.O.-Tropfen sein, die stunden- bis tagelange Bewusstlosigkeit bewirken.
- Beim »Schließfachtrick« hilft Ihnen jemand, das Gepäck ins Schließfach zu stellen. Er schließt für Sie ab und vertauscht dabei den Schlüssel. Geben Sie den Schlüssel nicht aus der Hand.
- Die Diebstahlgefahr ist in der Bahn bzw. im Bus kurz vor Ankunft am größten. Auch das Gerangel vor den Türen ist ideal für Taschendiebe.

Nach dem Diebstahl

- Protokollieren Sie die genauen Umstände sowie Zeugen.
- Melden Sie den Diebstahl der Polizei. Lassen Sie sich die Anzeige schriftlich bestätigen, auch von Hotel und Verkehrsunternehmen. Das hilft Ihnen bei Bank, Versicherung und Zoll, falls die gestohlenen Gegenstände offiziell importiert wurden.
- Benachrichtigen Sie das Geldinstitut sofort vom Verlust der Schecks oder Ausweiskarten [→ Geld, Seite 44]. Geben Sie Ort, Zeit und Datum des Verlustes an sowie Scheck- und Scheckkartennummern.
- Steht auf irgendeiner gestohlenen Sache Ihre Heimatadresse, sofort zu Hause anrufen und warnen. Es gibt international operierende Banden.
- Notieren Sie Uhrzeit und Datum der Verlustmeldung, danach haftet die Bank. Beantragen Sie Ersatz bei den örtlichen Filialen der Banken.

:-) www.bka.de

Gewalt und Überfall

Benutzen Sie den Verstand, um Leib und Leben zu sichern.

So **mindern Sie das Risiko** eines Überfalls:

- Informieren Sie sich vorher über den Weg.
- Wenn Sie sich verirren, warten oder halten Sie nur an hellen, belebten Orten. Vertrauen Sie nicht jedem Helfer.
- Hinterlassen Sie Ziel und geschätzte Dauer des Spaziergangs.
- Fragen Sie nach gefährlichen Straßen und Vierteln. Meiden Sie einsame Gebiete, Vergnügungs-, Industrie-, Altstadtviertel, Spaziergänge im Dunkeln, in Bezirken ohne Straßenbeleuchtung. Meiden Sie Häuser, Türeingänge, Toreinfahrten, U-Bahn-Stationen und Unterführungen.
- Fragen Sie, wie man im Lande *Hilfe* oder *Feuer* ruft.

Die meisten Angreifer taxieren ihr Opfer **vor dem Angriff.** Ein leichtes Opfer wird bevorzugt. Gefahr droht vor allem bei Angst. Eine beeindruckende Körpersprache kann polizeiliche Hilfe ersetzen.

- Zeigen Sie, dass Sie nicht leise, wehrlos, ängstlich sind! Bewegen Sie sich zielstrebig, aufrecht, selbstbewusst, nicht ängstlich und hilflos.
- Bewahren Sie Ruhe, bleiben Sie äußerlich unerschrocken und zeigen Sie, dass Sie über den Dingen stehen.

Passen Sie Ihre **Reaktion** der Phase des Überfalls an:

- Achten Sie auf schnelle Schritte von hinten.
- Flüchten Sie, wenn die Chance gut ist.
- Sorgen Sie durch lautes Reden für Aufmerksamkeit und Zeugen. Rufen Sie *Feuer*, damit sich alle Unbeteiligten betroffen fühlen, nicht *Hilfe*! Oder schalten Sie einen Lachsack ein.
- Eine kritische Situation lässt sich vielleicht scherzhaft entspannen. Machen Sie keine Scherze auf Kosten Ihrer Angreifer.
- Sprechen Sie ruhig und verhandlungsbereit den Anführer an. Suchen Sie ein persönliches Thema, verwickeln Sie ihn in ein Gespräch, erzählen Sie von sich, weisen Sie auf Gemeinsamkeiten hin.
- Leisten Sie keinen Widerstand, geben Sie sich unterwürfig.
- Entschlossene Gewalt im richtigen Augenblick. Wer zögert, verliert.
- Treten ist wirkungsvoller als schlagen, seitlich in die Knie oder in die Genitalien. Stechen Sie mit Zeige- und Mittelfinger in die Augen, mit der Handspitze in die Kehle – mit dem festen Willen zu verletzen.
- Waffen steigern die Gewaltanwendung auf beiden Seiten. Der Räuber ist auf jeden Fall gewaltbereiter und geübter mit Waffen.

Übermütige, Beleidigte, Betrunkene oder Streitsüchtige suchen nach einem Grund zur Auseinandersetzung, einem Anlass zur aggressiven Annäherung. Viele Opfer von Raubüberfällen sind selbst angetrunken.

- Vermeiden Sie von sich aus jeden Kontakt durch räumliche Nähe, Blicke, Verhalten, Worte, gemeinsames Trinken. Lassen Sie sich nicht provozieren, reagieren Sie nicht auf Pfiffe und Rufe.

Manche Angreifer sind nicht zurechnungsfähig. **Süchtige** brauchen die Droge – und damit Geld – mehr als alles andere. Ein Überfall ist schlimm, doch schlimmer ist ein Täter, der kein Geld bei Ihnen findet.

- Geben Sie bereitwillig einen größeren Schein heraus.

Bei **Vergewaltigungen** kennen sich Opfer und Täter oft schon vor der Tat. Tatorte sind meist Wohnungen, selten das Auto. Oft wählen die Täter behinderte, ältere oder schlafende Frauen sowie einzelne Frauen ohne Begleitung. Viele Täter testen erst, wie hilfsbereit oder einschüchterbar ihr Opfer ist. Klares, abgrenzendes, zurückweisendes, schroffes Verhalten kann die Tat verhindern. Gegenwehr animiert manche Vergewaltiger. Dann wird die Drohung gesteigert, eine Waffe eingesetzt. Es kann daher auch falsch sein, sich zu wehren. Wenn sich die Opfer entschlossen wehrten, waren sie gegenüber einem Einzeltäter meist erfolgreich. Häufig wird das Opfer gewürgt.

Ein **bewaffneter Überfall** erfolgt meist kalkuliert, doch kann jedes unvorhergesehene und unerwünschte Ereignis zum Einsatz der Waffe führen. Die Angreifer wollen unerkannt bleiben und schnell entkommen.

- Wehren Sie sich nicht. Unterstützen Sie die Angreifer.

Ein **Auto** muss angehalten werden, bevor es ausgeraubt werden kann. Aus einem entgegenkommenden oder überholenden Fahrzeug wird ein Schaden an Ihrem Fahrzeug signalisiert. Vom Straßenrand aus winkt jemand um Hilfe. Eine gelbe oder rote Blinklaterne kann dazu dienen, einen offiziellen Anschein zu erwecken. Ein Auffahrunfall wird arrangiert oder ein Hindernis blockiert die Straße.

- Fahren Sie im Zweifelsfall weiter und beobachten Sie das Verhalten aus der Ferne, rufen Sie die Polizei an.
- Wenn Sie angehalten werden, halten Sie in Fluchtrichtung und schließen Sie Türen und Fenster. Bei Gefahr losfahren und Hindernisse mit dem Wagen wegschieben.
- Lassen Sie den Motor laufen, den Gang eingelegt. Bleiben Sie im Wagen, sprechen Sie durch die leicht geöffnete Scheibe.
- In Gefahrensituationen das Handy sofort auf eine Rufnummer schalten, die das Ereignis mitbekommt. Nennen Sie den Standort.
- Eventuell die Autoalarmanlage von Hand auslösen.
- Parken Sie an hellen und belebten Stellen, in Sichtweite von Hotel oder Restaurant. Beim Ein- und Aussteigen ist man abgelenkt. Leicht sitzt dann jemand neben Ihnen, den Sie nicht kennen.
- Wertsachen gehören ins Gepäck, das Gepäck in den Kofferraum.

Staatliche Gewalt

Beurteilen Sie die Liberalität eines Landes: Kann die Freiheit der Rede, Meinungsäußerung und Versammlung repressionsfrei ausgeübt werden? Werden Andersdenkende zum Schweigen gebracht, mit Gefängis oder Exil bedroht? Als Ausländer fallen Sie besonders auf, Ihre Rechte sind beschränkt, Ihre Pflichten rigide, Einmischung gilt oft als aggressiver Akt.

Staaten übertragen ihr innerstaatliches Gewaltmonopol der Polizei. In besonderen Fällen kann der Notstand ausgerufen werden. Dann dürfen auch die Rechte Unbeteiligter verletzt werden, um eine Gefahr für die öffentliche Sicherheit und Ordnung abzuwehren. Dann wird vielleicht das Militär gegen die Zivilbevölkerung eingesetzt.

Bleiben Sie unauffällig und meiden Sie Kontrollen, indem Sie

- belebte und berüchtigte Straßen und Plätze meiden;
- nachts nicht unterwegs sind;
- sich möglichst nur zu zweit sehen lassen;
- saubere und »ordentliche« Kleidung tragen, nicht Schwarzfahren, nicht bei Rot über die Straße gehen ...

Unterstützung finden Sie vielleicht bei Hilfsorganisationen, Landsleuten, Geschäftsfreunden, Glaubensbrüdern, an der Uni, in der Kirche, Interessengemeinschaften (Pfadfinder, Anonyme Alkoholiker, Freimaurer ...) – überall, wo Sie eine gewisse Solidarität erwarten können.

Bereiten Sie sich für den Fall einer **Hausdurchsuchung** vor:

- Entfernen Sie möglichst jede politische Literatur, Flugblätter, Zeitungen, Papiere, Korrespondenz ... die irgendwie mit der politischen Situation in Verbindung gebracht werden könnte.
- Säubern Sie Ihre Adresssammlung und löschen Sie Kontakte, die Sie mit der politischen Situation in Verbindung bringen könnten.
- Entfernen Sie alles, was nach Drogen oder Waffen aussieht.
- Bringen Sie alles in Sicherheit, was Begehrlichkeiten wecken könnte bzw. legen Sie kleine Köder aus, auf die Sie verzichten können.
- Informieren Sie den Anwalt, die Botschaft oder Freunde, bevor Sie die Tür öffnen – falls Sie einen Verdacht haben.
- Lassen Sie sich den richterlichen Untersuchungsbefehl zeigen. Falls die Durchsuchung mit »Gefahr in Verzug« begründet wird, fragen Sie nach einer Begründung. Erfragen Sie Namen und Dienstnummern der Beamten und legen Sie Beschwerde ein.
- Verlangen Sie, dass in Ihrer Gegenwart immer nur ein Raum nach dem anderen durchsucht wird. Achten Sie darauf, dass keine Beweisstücke »deponiert« werden.
- Verlangen Sie ein Verzeichnis der beschlagnahmten Gegenstände.
- Unterschreiben Sie selber nichts.

Bereiten Sie sich auf **Isolation, Hausarrest oder Flucht** vor.

- Aufenthaltsort und Kommunikationsmöglichkeiten (Tel/Fax/eMail) an Bekannte und Botschaft melden.
- Die deutsche konsularische Vertretung gibt Verhaltenstipps. Oft helfen auch andere Botschaften, besonders der EU-Länder.
- Besorgen Sie sich ein Radio mit Kurzwellenempfänger, um Sender aus anderen Ländern empfangen zu können.
- Wichtige Dokumente sowie Wertsachen möglichst am Körper tragen oder bereit halten, z.B. Reisepass, Visum, Permit.
- Halten Sie genügend Bargeld bereit, auch Devisen.
- Reisegepäck griffbereit halten.
- Sorgen Sie für Wasser, z.B. in der Badewanne, und für Lebensmittel, Taschenlampe, Batterien, Kerzen, Notfallapotheke ...
- Erstellen Sie eine Liste nützlicher Adressen und Kontakte. Die wichtigste schreiben Sie sich in die Hand.
- Planen Sie Fluchtwege zu Fuß, mit dem Auto, mit öffentlichen Verkehrsmitteln sowie Fluchtziele: Freunde, Hotels, Botschaften ...
- Alleine sind Sie schwach, aber schnell. Besonders harmlos erscheinen Pärchen (Mann und Frau). Als Teil einer Gruppe sind Sie stärker, doch auffälliger. Man kann Ihnen Verschwörung oder Zusammenrottung vorwerfen.

Bei einer Festnahme:

- Verhalten Sie sich kooperativ. Widerspruch kann als »Widerstand gegen die Staatsgewalt« ausgelegt werden und gilt als Delikt, auch wenn Sie in der eigentlichen Sache im Recht waren!
- Bitten Sie bei einer Festnahme einen Unbeteiligten, die Botschaft zu informieren, notfalls rufen Sie Ihren Namen laut in die Gegend.
- Fertigen Sie möglichst bald ein Gedächtnisprotokoll an: Ort und Zeit der Festnahme, Anzahl und Namen der Polizisten, Namen der Zeugen und Festgenommenen, Gewalteinsatz ...
- Bei Gefangenentransporten können Spitzel eingeschleust sein. Also sagen Sie möglichst wenig.
- Meist werden drei Arten von Handfesseln bevorzugt: die Schließacht (Handschellen), die Knebelkette und die Plastikfesseln (eine Art Kabelbinder). Damit werden die Handgelenke entweder vor dem Bauch oder hinter dem Rücken zusammengeschnürt.
- Plastikfesseln verengen sich beim Bewegen der Hände. Es folgen Schmerzen, Schwellungen, Kribbeln, Taubheit, Schürfwunden.

Nach der Festnahme

- ▶ Zeigen Sie Ihren Ausweis, denn dann entfällt die »Feststellung der Identität« als Haftgrund.
- ▶ Sie dürfen als »Zeuge zur Vernehmung« inhaftiert werden. Bestehen Sie auf einer sofortigen Aussage. In vielen Ländern haben Sie auch das Recht, die Aussage zu verweigern. Danach entfällt auch dieser Haftgrund.
- ▶ Tatverdächtigen muss der Haftgrund mitgeteilt werden. Sie haben das Recht, innerhalb bestimmter Fristen dem Haftrichter vorgeführt zu werden. Der kann Sie freilassen oder Haftbefehl erlassen.
- ▶ Bestehen Sie auf einem Kontakt zur (Deutschen) Botschaft und einem durch diese vermittelten Anwalt. Innerhalb von 72 Stunden nach der Verhaftung muss Ihnen nach der »Wiener Konvention« diese Möglichkeit gegeben werden. [→ Botschaften & Konsulate, Seite 38]
- ▶ Bestehen Sie auf einer ärztlichen Untersuchung, um Verletzungen zu protokollieren.
- ▶ Sie sind verpflichtet, Angaben zur Person zu machen: Name, Adresse, Geburtsdatum und ungefähre Berufsangabe.
- ▶ Unterschreiben Sie nichts ohne Anwalt.
- ▶ Protestieren Sie gegen eine erkennungsdienstliche Behandlung und lassen Sie den Widerspruch protokollieren.
- ▶ Gestalten Sie den Dialog mit Polizei oder Militär möglichst einfach. Sagen Sie nur das Allernötigste, aber das muss wahr sein: Ja, ja, nein, nein. Und ihre Antworten müssen bei plötzlichem Wecken, nach Schlafentzug oder unter Drogen immer gleich lauten. Jede variierende Antwort verlängert Ihre Situation unverhältnismäßig.
- ▶ Sie sind in der Hand von Profis, die alle Tricks kennen, die eine gute Menschenkenntnis haben und die mit Ihnen Katz und Maus spielen. Glauben Sie nichts, trauen Sie keinem. Drohungen, Gewalt, Verständnis, kleine Vergünstigungen, Versprechungen sind alles Teile einer Strategie.
- ▶ Selbst ein Geständnis ist vor dem Richter besser als beim Verhör.

- Nur zwei legale Wege führen Sie unbeschadet aus dieser Situation:

❑ Ihr Anwalt sieht einen Weg – besprechen Sie mit ihm die Details.
❑ Man verliert das Interesse an Ihnen, Verhören bringen nichts mehr.

:-) Anwälte: www.zurecht.de, www.germanlawyers.de, www.anwalt-suchservice.de, www.uni-kiel.de/internat-recht/links.htm, www.ecel.uwa.edu.au/law/links/fauburn

:-) http://bka.de, www.bundesnachrichtendienst.de, www.bundeswehr.de, www.un.org

Unruhen & Terrorismus

Die ersten drei Tage der Unruhen sind besonders kritisch. Danach bauen sich meist Ordnungsstrukturen auf – alte oder neue.

Das Völkerrecht regelt Beziehungen zwischen Staaten, ein Individuum kann daraus keine Rechte ableiten. Bei inneren Konflikten wie Bürgerkrieg greift es gar nicht. Dem reisenden Ausländer bleiben:

- Menschenrechte sowie Individualrechte, die durch Einreise, Flüchtlings-, Asyl- und Niederlassungsrechte geregelt sind.
- Einen Mindeststandard im Staatenrecht, der Ausländern die Rechtsfähigkeit einräumt, ein Recht auf Leben, körperliche Unversehrtheit, persönliche Sicherheit, Rechtsschutz in einem geordneten Verfahren, Enteignungen nur zu öffentlichen Zwecken gegen Entschädigung, Gleichbehandlung vor dem Gesetz.
- Wenn Staaten diese Rechte für eigene Staatsangehörige nicht sichern, haben Fremde nur ein Recht auf Gleichbehandlung.

Machen Sie sich unsichtbar, **bleiben Sie unauffällig:**

- ▶ Beim Ausbruch von Unruhen bleiben Sie am Arbeitsplatz, in der Botschaft, im Hotel oder nehmen Sie den sichersten Weg dorthin.
- ▶ Warten Sie ab, bis sich die Lage beruhigt hat.
- ▶ Informieren Sie sich über Fernsehen, Radio, Internet. [→ Seite 25]
- ▶ Vermeiden Sie Panik, bleiben Sie skeptisch gegenüber Gerüchten.
- ▶ Tun Sie nach außen möglichst wenig. Bleiben Sie unauffällig. Ausgangssperren beachten, Gruppen und Versammlungen meiden.
- ▶ Meiden Sie wichtige Orte, Straßen und Verkehrsknotenpunkte.
- ▶ Gehorchen Sie diskussionslos den Weisungen der Ordnungskräfte.
- ▶ Autofahrten unterlassen; möglichst unauffällige Fahrzeuge benutzen; Wagenfenster und Türen verschließen.
- ▶ Vermeiden Sie jeden Kommentar der Ereignisse gegenüber Fremden und Einheimischen. Stellen Sie nicht zu viele Fragen.
- ▶ Wer sich Ihnen kritisch gegenüber äußert, hat entweder Kontakt zur Opposition oder ist ein Provokateur.

Werden Sie wegen Ihrer Rasse, Hautfarbe, Ihres Glaubens oder als Tourist gefährdet, gilt es **Gefahren zu erkennen** und Risiken zu mindern:

- ▶ Wechseln Sie die Verkehrsmittel und Gewohnheiten, vermeiden Sie beobachtbare Regelmäßigkeiten und gleich bleibende Tagesabläufe.
- ▶ Weihen Sie niemand in Ihre Absichten ein, behalten Sie die geplanten Verkehrsmittel, Abfahrts- und Ankunftszeiten sowie Routen für sich. Geben Sie bewusst widersprüchlich und ungenau Auskunft.
- ▶ Lassen Sie sich nicht vom Hotel wecken. Jeder Beobachter kann anhand der Wecklisten schon am Vortag feststellen, wann Sie zum Frühstück kommen und das Hotel verlassen werden.

- Verwenden Sie an Ihrem Gepäck nur verdeckte Adressanhänger. Sie sind sonst sofort zu identifizieren.
- Bevorzugen Sie öffentliche Telefone. Telefonieren Sie so, dass niemand in der Nähe mithören kann.
- Flughäfen und Bahnhöfe sind bevorzugte Arbeitsfelder von Dieben, Terroristen und allen, die Leute zu observieren haben. Halten Sie sich dort möglichst kurz auf, bleiben Sie unauffällig.

Vorbereiteten Angriffen gehen immer Erkundungen durch die Täter voraus. Den Tätern ist Eigensicherung und Erfolg wichtig, daher wird die Lebens- und Verhaltensweise des Opfers genau beobachtet:

- Anrufe im Hotelzimmer, bei denen sich niemand meldet, können der Kontrolle dienen, ob die Zielperson im Zimmer ist.
- Fahrzeuge, in denen sich Personen befinden, und die im Umfeld des Hotels wiederholt wartend stehen und
- die starten, wenn man selbst abfährt oder abgeholt wird.
- Personen, die in wechselnden Abständen folgen und die zufällig immer wieder auftauchen.
- Weder Gesichter noch Fahrzeuge sind beliebig oft austauschbar und tauchen im Wechsel immer wieder auf.

Bei akuter Gefahr durch **Anschläge:**

- Anschläge gegen Personen werden häufig mittels präparierter Pkw durchgeführt. Sprengsätze werden meist nur notdürftig mit Draht oder Klebestreifen befestigt und sind schnell zu finden.
- Ein staubiges Auto zeigt Spuren an Kofferraum, Motorhaube und Radkappen. Das kann auf Manipulationen hinweisen.
- Betreten Sie nie ein Haus, das nicht kurz zuvor jemand anders betreten hat. Die Klinke kann eine Handgranate zünden.
- Leerstehende Häuser können vermint sein: Treppen, Sitzmöbel, Aktenordner, Telefon, Toilette, Mausefallen – dienen als Auslöser und bieten Platz für eine Sprengladung.
- Bei Explosionen sind berstende Fensterscheiben durch die Glassplitter in weitem Umkreis besonders gefährlich.

:-) www.siline.com, www.securityfinder.com, www.spytec.com, www.spion.net, www.odci.gov

:-) www.proasyl.de, www.virtual-institute.de, www.amnesty.de, Suchmaschine www.hri.ca, www.hrw.org, www.osce.org, www.unhcr.ch, www.unv.org, www.humanrights.de

IMPRESSUM

IMPRESSUM

Unsere Inhalte werden ständig gepflegt, aktualisiert und erweitert, dieses Connexions seit 2001

http://www.PeterMeyerVerlag.de

Druck & Bindung: Kösel, Kempten; www.KoeselBuch.de
Umschlaggestaltung: Agentur 42, Mainz
Lektorat: Peter Meyer, Annette Sievers
Bezug über GeoCenter, Stuttgart, oder direkt beim Verlag
ISBN 3-89859-505-6

PETER MEYER REISEFÜHRER
... besser als jeder Geheimtipp und schonungslos gut: Landeskunde + Reisepraxis kompakt, anspruchsvoll, ehrlich.

ANDALUSIEN
Die schönsten Städte und Dörfer im Süden Spaniens.
ISBN 3-89859-101-8; 448 Seiten; 46 Karten und Grundrisse; 18,95€

ARGENTINIEN & URUGUAY
Länderkunde und Reisehandbuch für Kultur- und Naturreisen.
ISBN 3-922057-69-1; 512 Seiten; 65 Karten; 19,95€

ARIZONA
Natur und Kultur im Südwesten der USA aktiv erleben.
ISBN 3-922057-62-4; 416 Seiten; 45 Karten und Grundrisse; 19,95€

ARUBA – BONAIRE – CURAÇAO
Natur und Kultur in der niederländischen Karibik entdecken.
ISBN 3-922057-28-4; 312 Seiten; 26 Karten und Grundrisse; 19,95€

BREMEN
Entdeckerhandbuch für Stadt und Umland.
ISBN 3-922057-04-7; 320 Seiten; 23 Pläne; 14,95€

EL HIERRO
Natur und Ruhe pur auf der kleinsten Kanaren-Insel.
ISBN 3-922057-78-0; 320 Seiten; 29 Karten und Schaubilder; 16,95€

FINNLAND
Praktischer Natur- und Kulturführer durch das Land der 1000 Seen.
ISBN 3-89859-104-2; 320 Seiten; 55 Karten und Grundrisse; 18,95€

FUERTEVENTURA
Praktischer Reiseführer zu den schönsten Stränden der Kanarischen Inseln.
ISBN 3-922057-76-4; 320 Seiten; 36 Karten; 16,95€

GALICIEN
und der Jakobsweg durch den Norden Spaniens.
ISBN 3-922057-48-9; 400 Seiten; 28 Karten; 16,95€

GHANA
Praktisches Reisehandbuch für die »Goldküste« Westafrikas.
ISBN 3-89859-110-7; 512 Seiten; 33 Karten; 22,00€

GRAN CANARIA
Auf neuen Wegen über die beliebteste Kanaren-Insel.
ISBN 3-922057-64-0; 336 Seiten; 52 Karten; 16,95€

ISLAND
Praktisches Reisehandbuch für den erlebnisreichen Urlaub.
ISBN 3-922057-74-8; 480 Seiten; 51 Karten; 19,95€

KANADA: DER WESTEN
Routen und Aktivitäten zwischen Vancouver Island, Rockies und Yukon.
ISBN 3-922057-70-5; 432 Seiten; 43 Karten; 19,95€

KORSIKA
Reisehandbuch für Bade- und Aktivurlaub.
ISBN 3-89859-100-X; 544 S.; 49 Karten; 19,95€

LA GOMERA
Baden und Wandern auf der wildesten Kanaren-Insel.
ISBN 3-922057-46-2; 320 Seiten; 34 Karten; 16,95€

LA PALMA
Aktivurlaub auf der grünsten der Kanarischen Inseln.
ISBN 3-922057-32-2; 352 Seiten; 38 Karten; 16,95€

LANZAROTE
Praktischer Reisebegleiter für Bade- & Aktivurlaub auf der Kanaren-Insel.
ISBN 3-922057-33-0; 384 S.; 41 Karten; 16,95€

LITAUEN
Praktischer Reisebegleiter für Natur- & Kulturfreunde.
ISBN 3-922057-81-0; 360 Seiten; 20 Karten und Grundrisse; 18,95€

MADEIRA
Erholen und Wandern auf der Blumeninsel im Atlantik.
ISBN 3-922057-79-9; 368 Seiten; 40 Karten; 18,95€

MALLORCA
Baden, Wandern und Erholen auf der beliebtesten Ferieninsel im Mittelmeer.
ISBN 3-89859-105-0; 400 Seiten; 77 Karten, Pläne und Grundrisse; 18,95€

MALTA
Geschichte und Kultur aktiv erleben – Urlaub genießen.
ISBN 3-89859-109-3; 400 Seiten; 34 Karten, Pläne und Grundrisse; 18,95€

MEXIKO
Tourenplaner zu den Highlights zwischen Yucatán und Baja California.
ISBN 3-89859-111-5; 448 Seiten; 63 Karten; 19,95€

MEXIKOS NORDEN
Von Baja California bis Mexiko-Stadt
ISBN 3-922057-60-8; 416 Seiten; 51 Karten; 19,95€

MITTEL-ENGLAND
Ein Kultur- und Landschaftsführer.
ISBN 3-922057-80-2; 352 Seiten; 40 Karten; 18,95€

OMAN
Praktischer Reiseführer an die Ostküste Arabiens.
ISBN 3-922057-12-8; 320 Seiten; 36 Karten und Grundrisse; 22,00€

PARIS
Praktischer Kulturreiseführer für Schwärmer und Kurzentschlossene.
ISBN 3-922057-54-3; 320 Seiten; 40 Karten und Grundrisse; 14,95€

PRAG
Praktischer Kulturreiseführer.
ISBN 3-89859-113-1; 352 Seiten; 22 Karten, Pläne und Grundrisse; 14,95€

SENEGAL • GAMBIA
Praktischer Reiseführer an die Westspitze Afrikas.
ISBN 3-89859-103-4; 416 Seiten; 40 Karten und Schaubilder; 22,00€

TENERIFFA
Aktivurlaub auf der Frühlingsinsel der Kanaren.
ISBN 3-922057-77-2; 384 Seiten; 50 Karten und Schaubilder; 16,95€

USA: NORDWESTEN
Kultur und Natur zwischen Pazifik und Rocky Mountains.
ISBN 3-89859-102-6; 496 Seiten; 48 Karten, Pläne und Grundrisse; 19,95€

VENEZUELA MIT ISLA MARGARITA
Das praktische Reisehandbuch für Erlebnisurlaub.
ISBN 3-922057-59-4; 400 Seiten; 53 Karten, Pläne und Grundrisse; 19,95€

WEST-KYKLADEN
Griechische Kultur und Lebensart genießen und erwandern.
ISBN 3-922057-27-6; 288 Seiten; 30 Stadtpläne und Wanderkarten; 18,95€

GRATIS
… Wenn Sie sich nicht alle pmv-Bücher leisten können, bestellen Sie sich doch ein Gratis-Abo »via«: Das Reisemagazin aus dem Peter Meyer Verlag verrät mit Checklisten und Tipps, wie Sie beim Reisen Geld sparen können.

VIA
Das Reisemagazin aus dem Peter Meyer Verlag;
16 Seiten; gratis

Peter Meyer Verlag
Schopenhauerstraße 11
D-60316 Frankfurt a.M.
www.PeterMeyerVerlag.de